선생님, 오늘 체육 뭐해요?

선생님,
오늘 체육 뭐해요?

초판 1쇄 인쇄 2023년 5월 25 일
초판 2쇄 발행 2023년 10월 15일
초판 3쇄 발행 2024년 4월 15일
초판 4쇄 발행 2025년 4월 25일

지은이　성기백
펴낸이　하태민
책임편집　김유진
디자인　루기룸
펴낸곳　(주)학토재
출판등록　2013-000011호
주소　서울시 송파구 법원로 114 (엠스테이트) B동 715호
전화　02-571-3479
팩스　02-571-3478
홈페이지　www.happyedumall.com
전자우편　haktojae@happyedumall.com

ISBN 979-11-85668-94-9 (93690)
ⓒ 2023, 성기백 All rights reserved.

※ 이 책은 저작권법에 따라 보호받는 저작물이므로 무단 전재와 무단 복제를 금지하며,
　 이 책의 내용을 전부 또는 일부를 이용하려면 반드시 저작권자와 도서출판 학토재의 서면 동의를 받아야 합니다.

※ 책값은 뒤표지에 있습니다.
※ 잘못된 책은 바꿔 드립니다.

신나는 체육 수업을 위한 열정기백쌤의 수업 로드맵

선생님, 오늘 체육 뭐해요?

성기백 지음

학토재

프롤로그

학생들에게 오늘 무엇을 한다고 말할까?

"선생님, 오늘 체육 뭐해요?"

이 질문은 초등학교 선생님이라면 누구나 받아봅니다. 체육 수업이 들은 날 아침, 등교한 학생들이 선생님에게 가장 많이 하는 질문이니까요. 선생님은 이 질문이 반가우면서도 난감합니다. 체육에 대한 학생들의 애정은 잘 알지만 자신이 그 기대를 충족시켜줄 수 있을지 마음속에 부담이 있기 때문입니다.

"학생들에게 오늘 체육 시간에 무엇을 한다고 말하면 될까요?"

오늘부터 '하루살이' 체육 수업에서 벗어나고 싶다면
선생님들은 학생들의 마음에 부응하기 위해 체육 활동을 여기저기에서 찾습니다. 그리고 아이들과 그 활동을 즐겁게 하며 체육 시간을 보냅니다. 1~2년에서 수년간 그렇게 수업을 이어가지만 체육 수업은 여전히 어렵습니다. 세월이 지날수록 체육 수업에 대한 전문성이 쌓일 만한데, 왜 그럴까요? 그것은 체육 수업의 Why와 How가 채워지지 않았기 때문입니다.

그래서 저는 이 책에서 체육 수업이 나아가야 할 방향(Why)과 체육 수업을 효율적이고 의미 있게 하는 방법(How)을 이야기하려 합니다. 체육 수업의 방향(Why)을 알면 당장의 체육 활동에서 한 걸음 물러나, 어떤 체육 활동이 의미 있는지 선택할 수 있는 '선구안'을 갖게 됩니다. 그리고 체육 수업의 방향을 가늠할 수 있는 '나침반'을 얻을 수 있습니다. 또한 체육 수업의 방법(How)을 알면 수업을 계획하고 1시간 동안 이끄는 것이 어렵지 않습니다. 이렇게 체육 수업의 방향과 방법이라는 기본을 채우고 나면 '하루살이' 체육 수업에서 벗어나 1년 동안 체육 수업을 잘 이끌어 나갈 수 있습니다.

이 책은 열정기백쌤이 10년 넘게 체육 수업에서 쌓아온 열정을 담은 결과물입니다. 유튜브 채널 〈열정기백쌤〉에서 지난 8년간 체육 활동 영상을 만들며 쌓은 노하우도 모두 넣었습니다. 저는 이 책이 체육 수업에 진심인 아이들과 '신나는 체육 수업'을 하고 싶은 교사들에게 도움이 되기를 바랍니다.

체육 수업의 방향(Why), 방법(How), 활동(What)

이 책은 총 3개의 Part으로 구성되어 있습니다.

Part 1은 '우리는 체육 수업을 왜 하는가?'로 Why에 해당합니다. 1장에서는 체육 수업을 어려워하는 교사들의 유형을 살펴보며 어려움을 해결하기 위한 해결책을 찾아보면서 큰 숲을 보듯 이야기합니다. 2장에서는 체육 수업을 열심히 해야 하는 이유를 말하고, 초등 체육이 나아가야 할 4가지 방향을 이야기합니다. 이 4가지 방향을 알면 의미 있는 체육 활동을 알아보는 '선구안'을 얻을 수 있습니다.

Part 2는 '체육 수업을 어떻게 해야 할까?'로 How에 해당합니다. 3장에서는 체육 수업이 어려운 교사들이 체육을 쉽게 할 수 있도록 영상을 활용한 수업 방법을 알려 드립니다. 영상 시대에 체육 수업이 쉽게 술술 풀리는 마법을 경험할 수 있도록 말입니다. 4장에서는 체육 수업의 1시간 흐름을 이야기합니다. 각자 루틴한 체육 수업을 점검하며 리드업 게임, 실패하지 않는 체육 수업 노하우를 알게 됩니다.

5장에서는 체육과 교육과정에 대한 이해를 바탕으로 교육과정을 구현하는 체육 수업을 이야기합니다. 6장에서는 체육 수업의 1년 흐름을 말합니다. 첫 단추를 잘 끼워야 하듯 3월 체육 수업은 어떤 흐름으로 가며, 4월~12월까지 체육 수업을 대략 어떻게 설계하면 되는지 그 방법을 제시합니다.

Part 3는 '열정기백쌤이 추천하는 체육 활동'으로 What에 해당합니다. 7장에서는 운이 들어간 활동으로 가위바위보와 주사위가 들어간 활동을, 8장에서는 아이들이 가장 좋아하는 술래잡기, 꼬리 잡기와 같은 태그형 게임을, 9장에서는 공동체 의식을 기르는 모둠별 협력 활동을 소개합니다. 모든 활동을 소개할 수는 없지만 여기서 소개된 활동을 하며 학생들에게 신나는 체육 수업을 선사할 수 있을 것입니다.

끝으로 부록에서는 체육 수업에서 교사가 알아야 할 '안전사고'를 이야기합니다. 체육은 신체활동을 기본으로 하는 교과이기 때문에 다른 교과보다 안전사고의 위험성이 높습니다. 안전사고가 발생하면 다친 학생들을 보는 선생님의 마음은 무너지며, 학부모가 강한 민원을 넣을 경우 체육 수업과 점점 거리를 두게 됩니다. 따라서 안전사고를 잘 예방하고 지혜롭게 대처하여, 교사와 학생 모두 행복한 체육 수업이 되는 방법을 말합니다.

체육 수업의 철학과 방법을 모두 담아서

'기백반 체육교실'이라는 영상을 만든 이후, 2019년부터 주변에서 책을 내라는 권유를 꽤 많이 받았습니다. 그때는 책을 쓸 엄두가 나지 않았습니다. 그런데 코로나19를 지나고 2022년이 되니 평소에 강의하는 내용을 바탕으로 잘 정리하면 책이 한 권 나오겠다는 자신감이 생겼습니다. 그리고 열정기백쌤의 첫 책은 체육 활동들이 백화점식으로 나열된 방식이 아닌, 초등 체육을 10년 넘게 천착한 교사의 입장에서 체육 수업의 철학과 방법을 담고 싶었습니다. 1년간 집필하며 정말 힘들었지만 주변의 격려가 저에게 큰 힘이 되었습니다. 특히나 제 체육 교육의 멘토인 교육과정 평가원 '조기희 박사님'께 큰 감사를 드립니다. 그리고 부족한 원고를 잘 다듬어 보석이 될 수 있도록 애써주신 편집자 김유진 님과 책을 출간해준 학토재에 깊이 감사드립니다.

끝으로 가족들에게 감사한 마음을 전합니다. 가족들의 응원과 지지가 없었다면 아마도 중간에 포기했을 것입니다. 아내이자 친구이자 동료 교사인 유주은 선생님과 제 보물들 '준규리나'에게 큰 감사를 전합니다.

체육에 진심인 열정기백쌤

성기백

프롤로그 학생들에게 오늘 무엇을 한다고 말할까? • 8

PART 1 _ Why
우리는 체육 수업을 왜 하는가?

1장 체육 수업이 어려운 교사들의 말 못할 고민들 • 20
2장 체육 수업을 해야 하는 이유와 방향 찾기 • 42

PART 2 _ How
체육 수업을 어떻게 해야 할까?

3장 영상을 활용하여 이해도 높은 수업 만들기 • 66

열정TIP 경기장, 어떻게 만들까? • 81

4장 체육 수업의 1시간 흐름 이어가기 • 92

열정TIP 갈등 없이! 소외 없이! 모둠 만드는 방법 • 102
열정TIP 신체활동 과제가 필요한 이유와 종류 • 111

5장 체육과 교육과정에 맞게 수업하기 • 122

6장 짜임새를 갖추어 1년 수업 설계하기 • 138

열정TIP 담임교사가 갖고 있으면 좋은 체육 교구 • 157

PART 3 _ What
열정기백쌤이 추천하는 체육 활동

7장 소외되는 학생 없는 운이 들어간 활동 • 162

❶ 가위바위보를 이용한 게임 • 163

열정TIP 릴레이를 효과적으로 하는 방법 • 170

❷ 주사위를 이용한 게임 • 178

8장 아이들이 가장 좋아하는 태그형 활동 • 187

❶ 술래잡기 • 188

열정TIP 술래잡기 할 때 팀 조끼 활용하는 방법 • 193

❷ 꼬리잡기 • 204

❸ 진놀이 • 217

❹ 그 외의 태그형 게임 • 235

9장 공동체 의식을 기르는 모둠별 협력 활동 • 254

❶ 부분의 노력으로 전체의 합이 되는 활동 • 255

❷ 함께 움직이며 공동의 목표를 이루는 활동 • 265

❸ 같은 팀 친구를 배려하고 도와주는 활동 • 281

부록 교사가 꼭 알아야 할 체육 수업 안전사고 • 297

열정기백쌤이 추천하는 초등 체육 활동 50

*해당 쪽에 동영상 QR코드가 있어요.

● 소외되는 학생 없는 운이 들어간 활동

구분	체육 활동	쪽
❶ 가위바위보를 이용한 추격 게임	가위바위보 추격 게임	164
	가위바위보 땅따먹기	166
	릴레이 가위바위보 게임	168
	두 팀 가위바위보 릴레이 게임	172
	피라미드 가위바위보 게임	174
	가위바위보 점수 사냥꾼	176
❷ 주사위를 이용한 게임	거리가 다른 주사위 릴레이 게임	179
	바퀴 수가 다른 주사위 릴레이 게임	181
	31 맞추기 주사위 릴레이 게임	183
	주사위 태그 게임	185

● 아이들이 가장 좋아하는 태그형 활동

구분	체육 활동	쪽
❶ 술래잡기	선 따라 술래잡기	189
	바나나 술래잡기	191
	동대문 술래잡기	194
	그물 술래잡기	196
	스머프 술래잡기	198
	보디가드 술래잡기	201
❷ 꼬리잡기	원조·부활·모둠별 협력 꼬리잡기	205
	깽깽이 부활 꼬리잡기	208
	능력별 꼬리잡기	210
	낚시 꼬리잡기	213
	허수아비 꼬리잡기	215

구분	체육 활동	쪽
❸ 진놀이	나이 먹기	218
	변형 다방구	221
	콘 뺏기 진놀이	223
	보물 쟁탈전 진놀이	225
	충전 에너지 진놀이	228
	잡을까, 말까?	230
	진(陣)부활 피구	233
❹ 그 외의 태그형 게임	추격자	236
	킬러 & 힐러	239
	너구리다 1탄, 2탄, 3탄	241
	아바타 게임	244
	사냥꾼을 피해라	246
	사각 협력 술래잡기	248
	바람개비 달리기 게임	252

● 공동체 의식을 기르는 모둠별 협력 활동

구분	체육 활동	쪽
❶ 부분의 노력으로 전체의 합이 되는 활동	피자 나르기	256
	공 배턴 협력 이어달리기	258
	지그재그 달리기	261
	숫자 릴레이	263
❷ 함께 움직이며 공동의 목표를 이루는 활동	애지중지 공 모시기	266
	협동 Up & Down 공 이어달리기	268
	고무줄 달리기	270
	서바이벌 협력 오래 이어달리기	273
	후프 기차놀이 1탄	275
	후프 기차놀이 2탄	277
	후프 기차놀이 3탄	279
❸ 같은 팀 친구를 배려하고 도와주는 활동	하이파이브 배려 달리기	282
	한마음 달리기	285
	마녀 술래잡기	288
	사거리 놀이	291

PART 1 _ Why
우리는 체육 수업을 왜 하는가?

초등학교 학생들이 가장 좋아하는 과목은 무엇일까? 아마도 대부분의 학생들이 체육을 좋아한다고 이야기할 것이다. 정확히 통계를 내보지 않아도, 초등학교 교사라면 학생들이 체육을 좋아한다는 것을 안다. 체육 수업이 들은 날, 출근한 선생님을 보고 학생들이 항상 하는 질문이 있다.

"선생님! 오늘 체육 시간에 뭐해요?"

초등학교 교사 중에 이 질문을 안 받아본 교사는 없을 것이다. 학생들은 왜 선생님을 보자마자 체육 시간에 무엇을 하는지 물어볼까?

1장
체육 수업이 어려운 교사들의 말 못할 고민들

체육 수업을 어려워하는 교사들의 모습

초등학교 학생들이 가장 좋아하는 과목은 무엇일까? 아마 대부분의 학생들이 체육을 좋아한다고 이야기할 것이다. 정확히 통계를 내보지 않아도, 초등학교 교사라면 학생들이 체육을 좋아한다는 것을 안다. 체육 수업이 들은 날, 출근한 선생님을 보고 학생들이 항상 하는 질문이 있다.

"선생님! 오늘 체육 시간에 뭐해요?"

초등학교 교사 중에 이 질문을 안 받아본 교사는 없을 것이다. 학생들은 왜 선생님을 보자마자 체육 시간에 무엇을 하는지 물어볼까? 체육을 좋아하는 학생의 마음이 느껴진다. 그런데 이 질문은 교사의 마음을 불편하게 만들기도 한다. 체육 수업에 대한 학생들의 기대를 충족시켜줄 수 있을지 걱정이 앞서기 때문이다.

자, 체육 수업을 걱정하는 교사의 모습을 떠올려보자.

첫 학교에서 근무 중인 김○○ 교사는 체육 수업이 너무 어렵다. 어떤 체육 활동이 있는지 잘 모르고 체육 교과서를 봐도 학생들을 어떻게 지도해야 할지 잘 모르겠다. 그래서 체육 수업은 늘 자신이 없고 피하게 된다. 하지만 학생들이 좋아하는 체육을 안 할 수는 없는 노릇이다. 그래서 교사들이 자료를 많이 올려놓는 커뮤니티(인디스쿨, 학년별 밴드, 유튜브 등)에 가서 체육 자료를 찾는다. 자료를 찾다 보면 조회수가 높고 동료 교사들의 추천이 많은 게시글에 눈이 간다. 기쁜 마음에 게시글에 들어가서 어떤 체육 활동인지 확인을 한다.

그런데 그 활동에는 우리 학교에 없는 체육 교구가 들어있다. 급히 다른 게시글을 찾는다. 준비물이 거의 없으면서도 학생들이 재밌어할 술래잡기가 눈에 들어온다. 술래잡기를 하기로 마음먹고 수업을 준비한다. 체육 시간이 되고 학생들에게 체육 활동을 소개한다. 이렇게 준비하면 학생들이 매우 만족하는 날도 있지만, 그렇지 않은 경우도 있다. 전자라면 교사의 기분이 좋지만 후자라면 절망적이다. 가뜩이나 힘든 체육 수업을 열심히 준비했는데 학생들의 반응이 별로라 힘이 빠진다. 어쨌거나 오늘 체육 수업은 끝났다. 다음 체육 수업은 생각하지 않는다. 며칠 후, 체육 수업이 하루 앞으로 다가왔다. 또다시 교사 커뮤니티에 급히 들어간다.

위 사례는 체육 수업을 고민하는 여러 선생님들의 이야기를 들으며 가상으로 설정한 것이다. 그 밖에도 체육 수업을 어려워하는 교사들의 다양한 유형이 있다. 그들은 지금 무엇을 고민하고 있을까?

고민 1 솔직히 체육 수업의 필요성을 잘 모르겠어요

A교사는 체육 수업이 귀찮다. 사실 체육 수업을 왜 해야 하는지 잘 모르겠다. A교사는 어렸을 때부터 체육 수업이 싫었다. 몸을 움직이는 게 귀찮았고, 땀나는 게 싫

었다. 학창시절 체육 시간은 그냥 노는 시간이었다. 당시 선생님은 자율 체육을 많이 시켰다. 주로 피구, 축구, 고무줄 놀이를 했다. 교사가 되고 보니 우리 반 학생들도 비슷하다. 학생들은 맨날 피구만 하자고 한다. 실제로 아이들은 피구를 가장 좋아한다. 그래서 A교사는 대부분의 체육 시간에 피구를 하거나 교실 놀이를 한다. 그러면 학생들이 좋아한다. 체육 시간은 그저 노는 시간이다.

A교사에게 체육 시간은 체육복을 갈아입어야 하는 귀찮은 시간이다. 신규 교사 시절 교장 선생님이 체육 시간에 체육복을 입고 나가야 한다고 했던 말이 마음에 걸린다. 사실 체육복을 갈아입을 곳도 마땅치 않다. 그래서 교실에서 놀이를 하며 체육 시간을 보낼 때가 많다. 더구나 요즘은 미세먼지 때문에 교실에서 체육 수업을 할 때가 많다.

그는 체육 수업의 필요성을 느끼지 못한다. 그 이유는 본인이 신체활동의 필요성을 알지 못하고 경험해보지 못했기 때문이다. A교사는 초중고 시절 체육 수업을 제대로 하는 교사를 만나지 못했다. 일반적으로 교사는 학창시절 자신이 배운 방식에서 영향을 많이 받는다. 과거의 경험이 현재 자신의 교수·학습 방법에 반영되는 것이다.

A교사는 어린 시절 교사가 공 하나 던져주고 학생들이 알아서 노는 일명 '아나공 수업'을 경험했다. 그러니 체육 수업에 대한 좋은 기억이 없고, 이것을 왜 해야 하는지도 모른다. 필요성을 느끼지 못하므로 체육 수업을 위해 체육복을 갈아입는 것도 번거롭게 느껴진다. 자, A교사는 이제 어떻게 해야 할까?

A교사에게는 당장 체육 수업을 해야 할 명분이 필요하다. 체육 수업이 필요한 가장 큰 이유는 '뇌 발달'과 관련이 있다. 인간의 움직임은 뇌와 밀접한 관련이 있다. 운동을 할수록 뇌에 혈류가 공급되어 해마가 발달하고, 뇌세포가 새롭게 생긴다.* 그

렇기 때문에 체육 수업은 성장하는 학생들에게 모든 과목의 기본이 될 만큼 중요하다. 또한 초등학교 체육 수업은 중고등학교 체육 수업의 디딤돌이 되며 평생 체육으로 연결된다. 첫 단추를 잘 끼우지 못하면 그다음 단추가 계속 어긋난다. 주먹구구식으로 재미만 찾는 체육 수업은 한 사람의 체육 인생에 부정적인 영향을 미칠 수 있다.

이와 같이 '뇌 발달'과 '평생 체육'이라는 이 두 가지만 생각해도 초등학교 체육 수업이 나아가야 할 방향이 더욱 명확해진다.

고민 2 재미있는 체육 활동 찾기에도 바빠요

B교사는 반 학생들을 사랑한다. 학생들이 체육 시간마다 재밌다고 웃는 모습이 참 좋다. 그래서 수업에서 학생들이 재밌어할 만한 활동을 찾는다. 그는 학창시절 때 체육 수업을 좋아했다. 체육 시간은 재미있는 시간이었고, 재미있는 체육 활동을 소개해주는 선생님이 참 좋았다.

B교사는 교사들이 자료를 많이 올리는 커뮤니티를 돌아다니며 자료를 찾는다. 재밌는 활동이 보이면 꼼꼼하게 스크랩을 한다. 다음 체육 시간에 학생들에게 소개하기 위해서다. 이렇듯 B교사는 열정 넘치는 교사다. 학생들이 좋아하는 체육 수업을 위해 매시간 자료를 찾는 열정이 대단하다.

그런데 항상 성공하는 것은 아니다. 재미있을 거라고 생각한 활동이 학생들에게 외면당하면 상처를 받는다. 이런 경험이 쌓일수록 점점 학생들의 눈치가 보이고, 체육 수업이 두려워진다. 자신이 힘들게 찾은 활동을 재미없어 하는 학생들이 원망스러울 때도 있다.

---

* 마누엘라 마케도니아, 박종대 역, 『유쾌한 운동의 뇌 과학』, 해리북스, 2020

자, B교사는 이제 어떻게 하면 좋을까?

B교사는 체육 수업에 대한 생각을 바꿔야 한다. 체육 시간이 재미있으면 좋다. 하지만 항상 재밌을 수 있을까? 재미가 기본이지만 재미를 넘어서 더 나아가야 할 방향이 있다.

초등학교 체육에는 학생들이 기본적으로 배워야 할 내용이 있다. 기본 움직임 기술(FMS)과 이동·비이동·조작 움직임, 건강 체력 및 운동 체력 같은 신체활동을 구성하는 하위 요소들이 있다. 이것들을 알면 B교사는 재미를 넘어 의미까지 찾는 체육 수업을 할 수 있을 것이다.

고민 3 체육 활동을 설명할 때 자신이 없어요

C교사는 체육 수업이 답답하다. 학생들에게 새로운 체육 활동을 소개하는 것 자체가 어렵기 때문이다. 교사가 운동장이나 체육관에서 오늘 할 체육 활동에 대해 설명한다고 해보자. 교사는 혼신의 힘을 다해 설명하는데 학생들은 교사의 말을 잘 듣지 않는다. 몇 명은 듣지만 대부분은 집중하지 않고 딴짓만 한다. 이런 모습을 보면 C교사는 화가 난다. 활동이 시작되면 설명을 잘 듣지 않은 학생들이 엉망으로 움직일 것이 뻔하기 때문이다. 활동 규칙을 잘 모르니 규칙을 지키지 않고 엉뚱한 행동을 한다. 그러면 규칙을 잘 지키는 학생들이 교사에게 항의를 한다.

"선생님! 아무개가 반칙해요!"

C교사는 이럴 때 마음이 답답하다. 처음부터 자신의 설명을 잘 들었으면 아무 문제가 없었을 텐데 말이다. C교사는 그런 학생들이 참 원망스럽다.

그래서 전략을 바꿔보았다. 교실 칠판에 그림을 그려가며 차근차근 설명한다. 학생들의 집중도가 예전보다 나아졌지만 설명 시간이 오래 걸린다. 40분 수업 중에 설명하는 데 10분을 쓰기 때문이다. 설명을 마치고 나서 "얘들아, 이해했니?"라고 물어보면 다들 고개를 끄덕인다. 하지만 막상 체육관이나 운동장에 나가 보면 여전히 규칙을 잘 모른다. 열심히 설명했는데 힘이 빠진다. 자신이 설명을 잘 못하는 것인지, 학생들의 이해력이 부족한 것인지 잘 모르겠다.

자, C교사는 이제 어떻게 하면 좋을까?

C교사는 학생들에게 규칙을 이해시키는 과정이 어렵다. 체육 교과는 사진과 글을 보고 활동 방법을 이해하기가 참 어렵다. 규칙과 관련된 글을 읽다 보면 '이렇게 하는 건가? 저렇게 하는 건가?' 하며 고개를 갸웃거리게 된다. 체육 교과서가 교육 현장에서 많이 사용되지 않는 이유도 이와 같다. 과연 해법은 무엇일까?

바로 '동영상'이다. 요즘은 동영상 시대로, 다양한 동영상 플랫폼이 존재한다. 체육 활동을 동영상으로 본 적이 있는가? 체육 활동을 동영상으로 보면 직관적으로 이해가 잘 된다. 교사가 먼저 동영상을 보고 이해한 뒤에 학생들에게 보여주면 학생들도 처음 보는 활동을 잘 이해한다. 디지털 시대가 열린 만큼 체육 수업에서도 동영상을 적극 활용할 때가 왔다.

고민 4 체육 교구를 어떻게 준비해야 할까요?

D교사는 체육 교구 준비가 어렵다. 체육 활동을 하려면 운동장에 경기장을 만들고 다양한 교구들을 준비해야 한다. 그런데 담임교사가 체육 교구를 준비할 시간은 많지 않다. 교실에서 오늘 할 체육 활동을 설명하고 학생들을 인솔해 체육관이나 운동장으로 간다. 그리고 나서 학생들에게 얌전히 있으라고 하고 경기장을 만들고 교구

준비를 한다. 이때 학생들이 얌전히 있을까? 선생님의 통제가 조금이라도 느슨해지면 학생들은 난리가 난다. 그 짧은 시간에 사고를 일으키는 학생도 있다.

D교사는 체육 교구 준비가 어렵다는 이유로 교구가 필요 없는 술래잡기, 태그형 게임을 한다. 그런데 맨날 이런 활동만 할 수는 없다. 심지어 그는 라인기 안에 백회가루를 어떻게 넣는지 잘 모른다. 체육관에 원으로 된 경기장을 그리고 싶은데 그것도 할 줄 모른다. 기본적인 체육 교구를 다루는 지식이 없으니 참으로 답답하다.

자, D교사는 이제 어떻게 하면 좋을까?

D교사는 초등학교에서 담임교사들이 체육 수업에서 겪는 문제를 오롯이 보여주고 있다. 초등학교 체육 전담 교사나 중·고등학교 체육 교사들은 잘 겪지 않는 문제이다. 왜냐하면 체육 전담 교사는 체육 교구를 미리 준비하기 때문이다. 학생들이 수업 장소(운동장 또는 체육관)에 찾아오기 때문에 불편함이 없다. 하지만 초등학교처럼 담임교사가 진행하는 체육은 그렇지 않다. 교구를 준비할 시간이 따로 없어서 문제가 발생한다.

이럴 때는 교사가 학생들과 함께 교구를 준비하면 어떨까? '영상을 활용한 체육 수업'을 하면 가능하다. 학생들이 오늘 할 활동에 대한 '영상'을 먼저 보고 배경지식을 활성화하면, 체육 수업을 좋아하는 학생들과 함께 경기장을 구성하고 교구를 준비할 수 있다.

고민 5 체육 수업 1시간의 흐름을 못 잡겠어요

E교사는 1시간 동안 체육 수업을 어떻게 진행해야 하는지 모르겠다. 국어, 수학, 사회, 과학은 과거나 지금이나 별 차이가 없다. 교과서를 보고 그대로 수업을 진행하

면 된다. 임용고사를 준비할 때 지도안도 많이 작성해보고 수업 실연도 많이 했다. 하지만 체육은 상대적으로 그런 경험이 적었다. 교과서를 봐도 어떻게 수업을 진행해야 할지 모르겠다.

학창시절의 경험을 떠올려봐도 체육 수업이 어땠는지 기억이 잘 나지 않는다. 그냥 남자는 축구, 여자는 피구를 했던 기억이 전부이다. 교과서를 봤던 기억은 없다. 준비운동은 해야 할 것 같은데 그것부터 막막하다. 체육관이나 운동장에서 학생 대형은 어떻게 서야 하는지, 모둠은 어떻게 구성해야 하는지 모르겠다. 그러니 체육 수업이 두렵기만 하다.

자, E교사는 이제 어떻게 하면 좋을까?

E교사는 체육 수업을 진행해야 하는 교수·학습적 지식이 부족하다. 그래서 체육 수업을 1시간 동안 진행하는 것이 어렵다. 체육 수업에 전문성이 있는 교사들은 자기만의 수업 흐름을 가지고 있다. 오늘 할 활동을 설명하고, 준비운동을 하고, 본 활동을 하기 전에 리드업 게임을 하며, 중간중간 적절한 발문(의도를 가지고 학생들을 이끌어주는 질문)을 한다. 수업 마지막에는 정리운동과 정리 활동을 하며 마무리한다. E교사가 1시간의 체육 수업 흐름을 배운다면 체육 수업에 자신감이 생길 것이다.

고민 6 체육 수업도 1년 계획을 세워야 하나요?

F교사는 무척 계획적인 교사다. 그래서 각 과목의 1년 내용을 대략적으로 설계하고 수업에 들어가는 편이다. 그런데 체육 수업은 수업 설계가 어렵다. 국어, 수학, 사회는 교과서 흐름대로 처음부터 진행하고, 중간중간에 수행평가를 하면 된다.

그런데 체육 수업은 교과서대로 수업을 진행하지 않는다. 교과서로 체육 수업을 하는 교사는 거의 없다. 체육에도 교육과정이 있고 영역이 있지만, 잘 모른다. F교사는 3, 4월에는 무슨 영역을 하고, 5월에는 무슨 영역을 하면 되는지 알고 싶다. 1학기 또는 1년의 체육 수업을 미리 설계하고 싶다.

자, F교사는 이제 어떻게 하면 좋을까?

F교사가 1년 체육 수업을 설계하기 어려운 이유는 교육과정에 대한 이해가 부족하기 때문이다. 교사는 교육과정을 확인하며 수업해야 한다. 이것은 예비교사 때부터 배웠던 내용이다. 하지만 교육과정을 제대로 이해하기란 쉽지 않고 초등학교 교사들은 10개의 과목을 가르쳐야 하기 때문에 모든 과목의 교육과정을 자세히 확인하기가 쉽지 않다. 그래서 보통 교과서대로 수업을 진행한다. 교과서는 교육과정을 기본으로 구성되기 때문에, 교과서대로 수업한다는 것은 교육과정을 충실히 소화한다는 뜻이다. 체육도 교과서대로 진행하면 교육과정을 따라갈 수 있다.

그런데 현장에서는 체육 교과서를 잘 사용하지 않는다. 체육 교과서는 다른 교과의 교과서와 다르게 교과서에 제시된 순서대로 지도하지 않는다. 계절, 날씨, 학교 여건 등을 고려한 재구성을 전제로 영역별로 구성되어 있기 때문이다. 그래서 1년의 체육 수업 설계가 어렵고 수업을 어떻게 해야 할지 어려운 것이다. 따라서 체육 수업을 잘 설계하고 싶다면 '체육과 교육과정'을 보고 이해해야 한다. 교육과정에서 내용 체계표를 보고 어떤 요소가 있는지 확인한다. 그리고 신체활동 예시를 보며 해당 학년, 해당 영역에서 어떤 활동을 하면 될까 고민해본다.

고민 7 체육을 싫어하는 학생들에게 어떻게 다가가죠?

G교사는 체육을 싫어하는 학생들이 많아서 체육 수업이 어렵다. 그는 6학년 담임 교사이다. 사춘기가 시작된 학생들은 외모에 관심을 가지면서 신체활동을 더 싫어한다. 운동장을 뛸 때, 앞머리를 잡고 뛰는 학생도 있다. 술래잡기 같은 재미난 활동을 해도 뛰기 싫어서 그냥 잡혀버리고 만다. 술래가 되어도 열심히 하지 않으니 다른 학생들의 원망을 산다. 그렇다고 체육을 싫어하는 학생들을 제외시키고 수업을 진행할 수는 없다. 그들도 수업에 참여시켜야 하는데 체육을 싫어하는 학생들을 보고 있으면 마음이 답답하다. 그들은 왜 체육 수업을 싫어하게 되었을까? 궁금하다. 저학년 때는 움직이는 활동을 좋아했을 텐데 말이다.

G교사는 체육 시간에 소극적으로 참여하는 학생들 때문에 스트레스를 받는다. 고학년 교사라면 대개 이 사연에 공감할 것이다. 모든 학생들이 체육 수업을 좋아할 것 같지만 현장은 그렇지 않다. 자, G교사는 이제 어떻게 하면 좋을까?

체육을 싫어하는 학생들이 생겨나는 이유는 여러 가지다. 가장 큰 이유는 체육 시간에 주로 경쟁 종목을 하기 때문이다. 대표적으로 축구나 피구를 하면서 운동 기능이 부족한 학생들을 패배의 원인으로 지목하는 경우가 많다. 승부욕이 뛰어난 학생은 경기에서 지면 잘 못한 학생에게 "네가 못해서 졌잖아."라는 식으로 공격한다. 그 말을 들은 학생들은 마음속 깊이 상처를 받고 체육 시간을 점점 두려워한다. 그들은 체육 활동을 회피하다가 점점 더 참여하지 않는다. 이렇게 체육을 싫어하는 학생들이 생겨난다. 이런 학생들이 더 이상 나오지 않게 하려면 경쟁하는 종목에서 벗어나 협력적이면서 재미난 게임이나 운이 들어간 게임*을 해야 한다.

---

* 가위바위보나 주사위 던지기처럼 '운'이 들어가서 누가 이길지 모르는 게임을 '운이 들어간 게임'이라고 한다.

고민 8 경쟁심 많은 학생들이 부담스러워요

H교사는 경쟁심이 많은 학생들이 두렵다. 체육 시간에 피구 경기를 하면 꼭 싸움이 난다. 이긴 팀에서는 별 문제가 없는데 진 팀에서 문제가 생긴다. 피구를 잘하는 학생이 피구를 잘 못하는 친구에게 "너 때문에 게임에서 졌잖아!"라고 소리를 지르며 화를 낸다. 그 말을 들은 학생은 억울하다며 선생님에게 와서 이른다. 즐거울 줄 알았던 체육 시간은 곧 엉망이 된다.

체육 시간에 팀을 나눠 경쟁 게임을 하면 경쟁심 많은 아이들의 말 한 마디로 싸움이 종종 일어난다. 이런 학생들은 심지어 선생님의 심판 판정에 따지거나, 팀 구성에 불만을 품고 대들 때도 있다. 이럴 때 교사는 체육 수업이 정말 싫어지고 스트레스가 쌓인다.

자, H교사는 이제 어떻게 하면 좋을까?

경쟁심 많은 학생들 때문에 체육 수업이 부담스럽다고 말하는 교사들이 주변에 꽤 있다. 이런 학생들은 양날의 검이다. 신체활동을 좋아하기 때문에 체육 수업에 적극적으로 참여하지만, 자기 팀이 지면 자존심에 상처를 입고 패배의 원인을 다른 곳으로 돌린다. 보통 운동 기능이 부족한 친구 때문에 졌다거나 선생님의 심판 판정이 잘못되었기 때문에 졌다고 말한다.

경쟁심 많은 학생들을 어떻게 지도해야 할까? 경쟁적인 스포츠 활동을 줄이고 협력적이고 운이 들어간 게임을 하면 좋다. 학생들에게 승패가 중요하지 않으면서 신체 활동 자체를 즐길 수 있는 게임을 소개해보자.

고민 9 체육 시간에 안전사고 날까 봐 무서워요

 I교사는 체육 수업에서 학생들이 다칠까 봐 가장 두렵다. 작년에 체육 수업을 하다가 다쳐서 크게 수술을 한 학생이 있었다. 세 팀이 콩주머니를 가져오는 평범한 활동이었다. 그런데 수업을 시작한 지 얼마 안 돼서 A학생과 B학생이 충돌했는데 B학생이 크게 다쳤다. 콩주머니를 줍고 일어서는 A학생의 뒤통수와 콩주머니를 주우려는 B학생의 눈 밑 광대뼈가 충돌한 것이다. 충돌 직후 B학생은 I교사에게 눈이 움직이지 않는다고 말했다. 깜짝 놀란 I교사는 B학생을 보건실로 데리고 갔다. 보건 선생님은 병원에 가보자고 했고, 병원에 갔더니 '안와골절'이라면서 수술해야 한다고 했다.

 I교사는 황망했다. 콩주머니 나르기라는 평범한 활동을 했는데 수술까지 하는 상황이 되니 당황스러웠다. B학생의 부모님이 내색하지는 않지만 속상해하며 본인을 탓하는 것 같아 마음이 무거웠다. 수술비가 300만 원 가까이 나왔다. 학교안전공제회에서 수술비를 지원했지만 비급여는 지원해주지 않아, 150만 원은 학부모가 부담했다. I교사는 그런 상황 자체가 힘들고 부담스러웠다. 체육 수업을 안 하고 교실에서 수업했다면 아무 일도 없었을 텐데 말이다. 체육 수업이 정말 두렵다.

 자, I교사는 이제 어떻게 하면 좋을까?

 체육 수업은 안전사고가 많이 발생하는 교과 중 하나이다. 신체활동이 기본적으로 있다 보니 다치는 경우가 종종 발생한다. 학교에서는 무엇보다 학생들의 안전이 가장 중요하다. 학교는 부모 대신 학생들의 안전을 책임지는 곳이기 때문이다. 그런데 안전사고만 생각하면 체육 수업을 하지 않는 '보신주의'에 사로잡힐지도 모른다.

 이런 상황을 최소화하기 위해서는 교사가 안전사고에 대한 기본적인 지식을 정확하게 알고 있어야 한다. 어떤 상황에서 안전사고가 많이 발생하며, 안전사고가 발생

했을 때 교사가 어떻게 대처해야 하는지 알아야 한다. 안전사고를 예방하는 방법도 알아야 한다. 안전사고를 없앨 수는 없지만 최소화하고, 발생 시 현명하게 대처하는 전문성이 필요하다.

체육 수업이 어려운 교사, 수업이 어려운 진짜 원인은?

지금까지 체육 수업을 어려워하는 교사들의 모습을 살펴보았다. 위 사례는 필자의 경험담과 체육 수업을 어려워하는 교사들과 나눈 이야기를 토대로 정리한 내용이다. 혹시 '내 이야기다!' 싶었던 이야기가 있었는지 모르겠다. 이렇듯 우리 주변에는 체육 수업을 어려워하는 교사들이 상당히 많다.

체육 수업을 어려워하는 교사들은 체육 수업을 체계적으로 하지 못하고, 당장 1시간을 때우기에 급급하다. 마치 '하루살이 체육 수업' 같다. 오늘 수업을 주먹구구식으로 진행하고, 다음 수업도 코앞에 닥쳐야 그제서야 고민을 시작한다. 이런 과정에서 교사는 스트레스를 많이 받는다.

체육 수업을 어려워하는 교사들은 하루살이식 체육 수업을 어떻게 준비하고 있을까?

체육 수업을 어려워하는 A교사는 어떻게 수업할까?

체육 수업을 어려워하는 교사들은 보통 자기 자신이 신체활동을 좋아하지 않는 경우가 많다. A교사도 어렸을 때 신체활동에 대한 재능이 없고 그에 따라 체육 수업에서 두각을 드러내지 못했고 칭찬을 받은 기억도 없다. 그래서 체육 수업이 즐겁지 않았다. 이런 경험은 중고등학교 때까지 이어지고, 학업에 치여 운동은 뒷전이었다.

그런데 교사가 되면 체육 수업을 피할 수 없다. 문제는 체육 수업을 지도하는 데 필요한 지식이 부족하다는 점이다. 교사는 자신이 경험한 것은 자신있게 가르칠 수 있지만, 자신이 경험하지 못한 것은 가르치기가 어렵다. 이렇듯 체육에 대한 본인의 경험이 부족하기 때문에 어떤 체육 활동이 있는지 잘 모른다. 그래서 체육 수업에 자신이 없고 피하기만 한다.

그런데 체육 수업에 자신이 없다고 가르치지 않을 수는 없다. 체육은 초등학교에서 주당 3시간씩 가르치도록 구성되어 있다. 결정적으로 체육은 아이들이 가장 좋아하는 교과이다. 시간표에 체육이 들어있는데, 수업을 하지 않으면 학생들이 엄청나게 항의를 한다. 따라서 체육 수업에 자신이 없는 교사도 수업을 진행해야 하므로 수업 자료에 손을 뻗는다. 초등학교 교사들이 정보를 얻을 수 있는 플랫폼은 많이 있다. A교사는 학생들이 좋아할 만한 체육 활동을 여기저기에서 찾아본다.

초등교사들이 가장 많이 찾는 '인디스쿨'에는 체육 카테고리가 있다. 교사들은 조회수가 높거나, '좋아요' 또는 댓글이 많이 달린 자료를 중심으로 살펴본다. 교사들이 관심을 기울인 활동이 괜찮은 자료일 가능성이 높기 때문이다.

A교사는 가장 좋아보이는 게시글을 클릭해서 천천히 살펴본다. 그런데 갑자기 문제가 발생한다. 체육 교구라는 장애물이다. 재미있어 보이지만 체육 교구가 낯설다. 또는 학교에 없는 체육 교구이다. 할 수 없이 이 활동은 포기하고 다른 게시글을 찾는다. 그러다 보니 체육 수업을 어려워하는 교사들은 준비물이 없는 활동(술래잡기, 태그형 게임)이나 약간의 준비물(원마커, 콘, 접시콘)만 있으면 되는 활동을 찾는다. 그래야 체육 수업을 손쉽게 할 수 있기 때문이다.

드디어 오랜 시간을 들여 내일 진행할 체육 수업의 활동을 찾았다. 다음 날, 날이 밝고 학교에 출근했다. 역시나 학생들은 A교사를 보자마자 "선생님! 오늘 체육 시간에 뭐해요?"라고 묻는다. A교사는 여유 있게 "조금 있다가 체육 시간에 설명할게."라고 말한다. 얼마 뒤 체육 수업이 시작되자 어제 찾은 활동을 학생들에게 설명한다.

결과는 두 가지 중에 하나이다. 먼저 학생들이 무척이나 좋아하는 경우다. A교사는 노력이 헛되지 않았다는 생각이 들고 무척 만족스럽다. 반대로 학생들이 별로 좋아하지 않을 수도 있다. 심지어 재미없다는 반응도 있다. A교사는 그럴 때 무척이나 실망스럽다. 재밌을 거라 생각한 활동이 학생들에게 아무런 반응이 없다고 생각해 보라. 체육 수업이 더욱 싫어질 것이다.

A교사는 체육 수업을 어떻게든 때웠다. '때웠다'라고 말하는 이유는 하루살이처럼 체육 수업을 한 시간씩 끊어서 가르치고 다음 수업과 연계하지 않기 때문이다. A교사는 체육 수업을 마치고 다음 수업을 생각하지 않는다. 그러다가 체육 수업이 내일로 다가오면 그동안 해왔던 방식을 반복한다. 이 모습이 하루살이 체육 수업을 하고 있는 우리의 모습이다.

체육 수업이 어려운 진짜 이유

체육 수업이 어려운 교사의 모습은 여러 형태가 있다. 특히 A교사 같은 모습이 다수이다. 그렇다면 A교사처럼 체육 수업을 어려워하는 이유는 무엇일까? '디자인씽킹'* 마인드셋의 관점으로 생각해보자. 문제를 해결할 때 가장 중요한 것은 문제의 진짜 원인을 정확히 파악하는 것이다. A교사가 체육 수업을 어려워하는 진짜 이유는 무엇일까? 여러 가지가 있겠지만 핵심은 다음 2가지이다.

첫째, 체육 수업이 어려운 이유는 'Why'가 명확하지 않기 때문이다.

세상을 바라보는 프레임(frame)은 여러 가지가 있지만 필자는 Why, How, What의 프레임으로 세상을 본다. 어떤 일을 할 때 Why가 명확해야 그 일이 잘 된다. 사이먼 시넥은 『나는 왜 이 일을 하는가?』에서 Why의 중요성에 대해 이야기했다.**

체육 수업을 어려워하는 교사들을 보면 'Why(내가 체육 수업을 왜 해야 하지?)'가 명확하지 않다. 체육이 초등학교에서 가르치는 10개 과목 중 하나이기 때문에 마지못해 가르치는 경우가 대부분이다. 이때 'Why'가 명확하면 교사인 내가 가야 할 길이 보인다. 'Why'를 학생들에게 제공하기 위해 어떤 방향으로 수업해야 할지 방향이 보인다. 그런데 'Why'가 부족하면 체육 수업을 열심히 해야겠다는 의지가 생기지 않고, 방향성을 갖기도 어렵다.

그래서 Why가 없는 교사들은 체육 활동(What)을 먼저 찾는다. 당장 눈앞에 있는 체육 수업 1시간을 진행해야 하므로 재미있는 체육 수업이 필요한 것이다. 학생들도

---

* 톰 켈리·데이비드 켈리, 박종성 역, 『유쾌한 크리에이티브』, 청림출판, 2014
** 사이먼 시넥, 이영민 역, 『나는 왜 이 일을 하는가?』, 타임비즈, 2013

재미난 체육 활동을 좋아하고 거기에 만족한다. 교사 커뮤니티에서 1시간 안에 짧게 할 수 있는 체육 활동의 조회수가 높은 이유가 짐작될 것이다. 체육 수업의 노하우가 담긴 콘텐츠는 인기가 별로 없다. 노하우를 알고 실천하는 것이 체육 수업을 더 잘할 수 있는 방법임에도 말이다.

체육 수업에서 'Why'가 없으면 방향성이 없고, 그러다 보면 체육 수업을 인스턴트 식품 소비하듯 재미있는 활동만 찾아 진행한다. 체육 수업이 어려운 교사들은 체육 수업이 왜(Why) 필요한지 생각해보아야 한다. 어떤 방향으로 수업을 끌어가야 하는지 방향성도 명확해야 한다. 결국 체육 수업이 어려운 교사에게 필요한 것은 체육 교육의 철학이다.

둘째, 체육 수업이 어려운 이유는 'PCK'가 부족하기 때문이다.

체육 수업이 어려운 두 번째 이유는 체육 교육의 내용 교수 지식, 즉 PCK(Pedagogical Content Knowledge)가 부족하기 때문이다. 내용 교수 지식(PCK)이란 '특정 내용을 특정 학생들의 이해를 촉진할 수 있도록 가르치는 방법에 대한 교사의 지식'을 말한다(Shulman, 1986; 1987).[*]

교사가 체육 수업에서 전문성을 가지려면 내용 교수 지식을 가지고 있어야 한다. 내용 교수 지식은 '교수학습적 지식(PK)'과 '내용학적 지식(CK)'으로 구성된다. PK(Pedagogical Knowledge)는 교수학습적인 지식으로 수업 설계, 수업 기법, 수업 평가와 같은 것들을 포함한다. CK(Content Knowledge)는 내용학적 지식으로

---

[*] Shulman, L. S. (1986). Those who understand: Knowledge growth in teaching. Educational Researcher, 15(2), 4-14.
  Shulman, L. S. (1987). Knowledge and teaching: Foundations of the new reform. Harvard Educational Review, 57, 1-22.

교사들이 가르치고자 하는 영역에 대한 지식, 즉 체육 활동이나 기본 움직임 기술 같은 것들을 말한다.

내용 교수 지식(PCK, Pedagogical Content Knowledge)

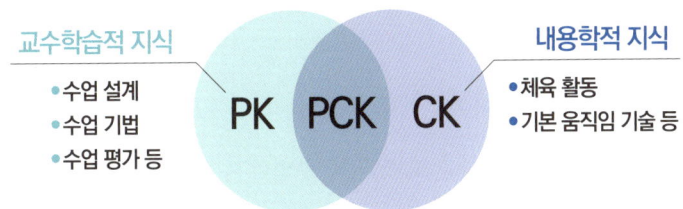

체육 수업을 어려워하는 교사들의 대표적인 문제는 '다양한 체육 활동'을 모르는 데 있다. 어렸을 때부터 체육을 좋아하고, 성인이 돼서도 체육을 향유하는 교사라면 체육 수업에서 무엇을 해야 하는지 잘 알고 있다. 이것은 교사가 경험한 것을 가르칠 수 있는 지식을 가졌다는 뜻이고, 내용학적 지식(CK)도 있다는 뜻이다.

그러나 반대로 어렸을 때부터 신체활동은 물론이고 체육 수업을 좋아하지 않았고, 성인이 돼서도 체육을 향유하지 않았다면 체육 수업에서 무엇을 해야 할지 더욱 잘 모른다. 자신이 경험하지 않은 것을 가르치기란 무척이나 어렵기 때문이다. 이런 교사들은 마치 '체육 수업의 냉장고'가 채워지지 않은 셈이다. 냉장고에 재료가 가득 차 있어야 다양한 음식을 요리할 수 있는데, 그렇지 않기 때문에 수업을 다양하게 할 수 없다.

결국 내용학적 지식(CK)은 자신이 경험해야 가장 확실하게 얻을 수 있는 지식이다. 하지만 대한민국 초등 교사는 다양한 과목을 가르쳐야 한다. 이상적으로 모든 과목의 활동을 경험하면 좋겠지만, 현실적으로 쉽지 않은 일이다. 이때 어떤 해법을 찾을 수 있을까?

'영상을 활용한 체육 수업', 일명 거꾸로 교실 체육 수업이 그 해법이다. 교사는 직접 경험하지 않았어도 가르치는 경험을 하면 충분히 가르칠 수 있다. 이때 영상은 교사가 경험하지 않은 것에 대한 자신감을 채워주고, 체육 수업을 잘 진행할 수 있도록 도와준다. 이렇게 영상을 활용한 체육 수업을 꾸준히 하면 내용학적 지식(CK)이 풍부해져 체육 수업을 잘할 수 있다.

그다음은 교수학습적인 지식(PK)이다. 이것을 갖기 위해서는 체육과 교육과정을 이해해야 한다. 체육과 교육과정을 보면 체육 수업에서 1년 동안 학생들에게 어떤 내용을 가르쳐야 하는지 자세히 있다. 그리고 학생들이 달성해야 할 목표가 '성취기준'으로 나와 있으며, 그 성취기준을 달성하기 위한 방법이 자세히 제시되어 있다. 교육과정에 있는 성취기준은 수업의 목표가 되며, 그다음에 나오는 '교수·학습 방법 및 유의사항'은 해당 내용을 가르칠 때 어떻게 하면 되는지에 대한 방향을 제시한다. 참고로 〈교육과정 성취기준 및 교수·학습 방법 및 유의사항〉을 읽어보자.

교육과정 성취기준 및 교수·학습 방법 및 유의사항

[필드형 경쟁]
[6체03-01]필드형 게임을 체험함으로써 동일한 공간에서 공격과 수비를 번갈아 하며 상대의 빈 공간으로 공을 보내고 정해진 구역을 돌아 점수를 얻는 필드형 경쟁의 개념과 특성을 탐색한다.
[6체03-02]필드형 게임의 기본 기능을 탐색하고 게임 상황에 적용한다.
[6체03-03]필드형 게임 방법에 대한 이해를 바탕으로 게임을 유리하게 전개할 수 있는 전략을 탐색하고 적용한다.
[6체03-04]필드형 경쟁 활동에 참여하면서 책임의 중요성을 인식하고 이를 바탕으로 맡은 바 역할에 최선을 다하며 게임을 수행한다.

> **[네트형 경쟁]**
> [6체03-05]네트형 게임을 종합적으로 체험함으로써 네트 너머에 있는 상대의 빈 공간에 공을 보내 받아 넘기지 못하게 하여 득점하는 네트형 경쟁의 개념과 특성을 탐색한다.
> [6체03-06]네트형 게임을 기본 기능을 탐색하고 게임 상황에 맞게 적용한다.
> [6체03-07]네트형 게임 방법에 대한 이해를 바탕으로 게임을 유리하게 전개할 수 있는 전략을 탐색하고 적용한다.
> [6체03-08]네트형 경쟁 활동에 참여하면서 다른 사람들의 입장을 이해하고 공감하며 게임을 수행한다.

(가) 교수·학습 방법 및 유의 사항

- 스포츠의 정형화된 규칙을 적용하기보다는 학습 주제와 학생들의 발달 단계에 부합되는 형태의 변형된 규칙(경기장, 인원 구성, 사용하는 도구 등)을 적용한다.
- 필드형 경쟁에서는 빈 곳으로 공 보내기, 구역과 역할을 나누어 수비하기 등의 전략과 공 치기, 공 차기, 공 던지기, 공 받기, 달리기 등의 기본 기능을 다룬다.
- 네트형 경쟁에서는 공을 받아 넘기기 어려운 지역으로 공 보내기, 역할을 유기적으로 나누어 수비하기 등의 전략과 공 넘기기, 공 받기, 공 이어주기 등의 기본 기능을 다룬다.
- 필드형 경쟁은 공격과 수비 역할이 명확히 구분되므로 공수교대에 따른 전략의 변화를 명확히 인식할 수 있도록 지도한다.

출처: 2015 개정교육과정 체육과

    교육과정에는 '내용 체계'와 '신체활동 예시'라는 것이 있다. 내용 체계는 체육 수업에서 어떤 내용을 가르치면 되는지 활동이 제시되어 있다. 그 내용을 더 자세하게 예를 들어준 것이 '신체활동 예시'이다. 이 두 가지를 보면 체육 수업에서 어떤 활동을 학생들에게 가르치면 되는지가 명확해진다. 체육 수업을 어려워하며 인터넷이라는 바다에서 허우적거리며 많은 자료를 찾을 필요가 없다. 교육과정의 내용 체계와 신체활동 예시에 있는 활동을 하면 교육과정에 제대로 달성하는 수업을 할 수 있기 때문이다.

가. 내용 체계

〈초등학교〉

영역	핵심 개념	일반화된 지식	내용 요소 초등학교 3~4학년군		내용 요소 초등학교 5~6학년군		기능
건강	건강 관리 체력 증진 여가 선용 자기 관리	• 건강은 신체에 대한 이해를 바탕으로 건강한 생활 습관과 건전한 태도를 지속적이고 체계적으로 관리함으로써 유지된다. • 체력은 건강의 기초이며, 자신에게 적절한 신체활동을 지속적으로 실천함으로써 유지, 증진된다. • 건강한 여가 활동은 긍정적인 자아 이미지를 형성하고 만족도 높은 삶을 설계하는 데 기여한다.	◦ 건강한 생활 습관 ◦ 운동과 체력 ◦ 자기 인식	◦ 건강한 여가 생활 ◦ 체력 운동 방법 ◦ 실천 의지	◦ 건강한 성장 발달 ◦ 건강 체력의 증진 ◦ 자기 수용	◦ 운동과 여가 생활 ◦ 운동 체력의 증진 ◦ 근면성	◦ 평가하기 ◦ 계획하기 ◦ 관리하기 ◦ 실천하기
도전	도전 의미 목표 설정 신체·정신 수련 도전 정신	• 인간은 신체활동을 매개로 자신이나 타인의 기량 및 기록, 환경적 제약을 극복하기 위해 도전한다. • 도전의 목표는 다양한 도전 상황에 대한 수행과 반성 과정을 통해 성취된다. • 도전 정신은 지속적인 수련과 반성을 통해 길러진다.	◦ 속도 도전의 의미 ◦ 속도 도전 활동의 기본 기능 ◦ 속도 도전 활동의 방법 ◦ 끈기	◦ 동작 도전의 의미 ◦ 동작 도전 활동의 기본 기능 ◦ 동작 도전 활동의 방법 ◦ 자신감	◦ 거리 도전의 의미 ◦ 거리 도전 활동의 기본 기능 ◦ 거리 도전 활동의 방법 ◦ 적극성	◦ 표적/투기 도전의 의미 ◦ 표적/투기 도전 활동의 기본 기능 ◦ 표적/투기 도전 활동의 방법 ◦ 겸손	◦ 시도하기 ◦ 분석하기 ◦ 수련하기 ◦ 극복하기
경쟁	경쟁 의미 상황 판단 경쟁·협동 수행 대인 관계	• 인간은 다양한 유형의 게임 및 스포츠에 참여하여 경쟁 상황과 경쟁 구조를 경험한다. • 경쟁의 목표는 게임과 스포츠 상황에서 숙달된 기능과 상황에 적합한 전략의 활용을 통해 성취된다. • 대인 관계 능력은 공정한 경쟁과 협력적 상호 작용을 통해 발달된다.	◦ 경쟁 활동의 의미 ◦ 경쟁 활동의 기초 기능 ◦ 경쟁 활동의 방법과 기본 전략 ◦ 규칙 준수	◦ 영역형 경쟁의 의미 ◦ 영역형 게임의 기본 기능 ◦ 영역형 게임의 방법과 기본 전략 ◦ 협동심	◦ 필드형 경쟁의 의미 ◦ 필드형 게임의 기본 기능 ◦ 필드형 게임의 방법과 기본 전략 ◦ 책임감	◦ 네트형 경쟁의 의미 ◦ 네트형 게임의 기본 기능 ◦ 네트형 게임의 방법과 기본 전략 ◦ 배려	◦ 분석하기 ◦ 협력하기 ◦ 의사소통하기 ◦ 경기 수행하기
표현	표현 의미 표현 양식 표현 창작 감상·비평	• 인간은 신체 표현으로 느낌이나 생각을 나타내며, 감성적으로 소통한다. • 신체 표현은 움직임 요소에 바탕을 둔 모방이나 창작을 통해 이루어진다. • 심미적 안목은 상상력, 심미성, 공감을 바탕으로 하는 신체 표현의 창작과 감상으로 발달된다.	◦ 움직임 표현의 의미 ◦ 움직임 표현의 기본 동작 ◦ 움직임 표현의 구성 방법 ◦ 신체 인식	◦ 리듬 표현의 의미 ◦ 리듬 표현의 기본 동작 ◦ 리듬 표현의 구성 방법 ◦ 민감성	◦ 민속 표현의 의미 ◦ 민속 표현의 기본 동작 ◦ 민속 표현의 구성 방법 ◦ 개방성	◦ 주제 표현의 의미 ◦ 주제 표현의 기본 동작 ◦ 주제 표현의 구성 방법 ◦ 독창성	◦ 탐구하기 ◦ 신체 표현하기 ◦ 감상하기 ◦ 의사소통하기
안전	신체 안전 안전 의식	• 인간은 위험과 사고가 없는 편안하고 온전한 삶을 살아가기 위해 안전을 추구한다. • 안전은 일상생활과 신체활동의 위험 및 사고를 예방하고 적절히 대처함으로써 확보된다. • 안전 관리 능력은 안전 의식을 함양하고 위급 상황에 대처하는 연습을 통해 길러진다.	◦ 신체활동과 안전 ◦ 수상 활동 안전 ◦ 위험 인지	◦ 운동장비와 안전 ◦ 게임 활동 안전 ◦ 조심성	◦ 응급 처치 ◦ 빙상·설상 활동 안전 ◦ 침착성	◦ 운동시설과 안전 ◦ 야외 활동 안전 ◦ 상황 판단력	◦ 상황 파악하기 ◦ 의사 결정하기 ◦ 대처하기 ◦ 습관화하기

초등학교 5~6학년 신체활동 예시

영역		신체활동 예시
건강	(가) 성장과 건강 체력	• 생활 건강 관련 활동(신체의 성장, 성폭력의 예방과 대처, 음주 및 흡연의 실태와 예방 등), 건강 체력 증진 활동(근력, 근지구력, 심폐지구력, 유연성 운동 등)
	(나) 여가와 운동 체력	• 자연 및 운동 시설에서 즐길 수 있는 여가 활동(스키, 캠핑, 등산, 래프팅, 스케이팅, 롤러 등), 운동 체력 증진 활동(순발력, 민첩성, 평형성, 협응성 운동 등)
도전	(가) 거리 도전	• 멀리뛰기, 높이뛰기, 멀리 던지기 등
	(나) 표적/투기 도전	• 볼링 게임, 골프 게임, 다트 게임, 컬링 게임 등 / 태권도, 씨름 등
경쟁	(가) 필드형 경쟁	• 발야구형 게임, 주먹야구형 게임, 티볼형 게임 등
표현	(가) 민속 표현	• 우리나라의 민속 무용(강강술래, 탈춤 등) • 외국의 민속 무용(티니클링, 구스타프 스콜, 마임 등)
	(나) 주제 표현	• 창작무용, 창작체조, 실용 무용 등
안전	(가) 응급 처치와 빙상·설상 안전	• 응급 처치 활동(출혈, 염좌, 골절 등의 발생 시 대처 방법 관련 활동, 심폐소생술 등), 빙상·설상 안전사고 예방 및 대처 활동 등
	(나) 운동 시설과 야외 활동 안전	• 운동 시설과 관련한 안전사고의 종류와 원인 조사 활동, 야외 활동 안전사고 예방 및 대처 활동 등

※신체활동은 교육과정의 목적에 근거하여 선택하되, 학교의 교육 여건을 고려하여 다른 영역의 신체활동 예시나 새로운 신체활동을 선택할 수 있다. 단, 단위 학교의 학년 협의회를 통해 결정한다.

출처: 2015 개정교육과정 체육과

교사는 교육과정을 보고 이해해야 한다. 교육과정을 이해하면 교수학습적 지식(PK)을 알 수 있고, 내용학적 지식(CK)도 채워진다. 교육과정을 읽는 것은 자칫 재미없고 지루할 수 있다. 하지만 체육 수업에 목마름이 있다면 교육과정을 한 번쯤 정확히 이해하고 넘어가자. 이는 좋은 체육 수업의 첫걸음이 된다.

체육 수업이 어려운 교사는 우선 체육 수업이 필요한 이유와 방향을 찾아야 한다. 그리고 체육 수업에 필요한 내용 교수 지식(PCK)을 채워야 한다. 자, 이제 위 내용들을 하나하나 접목하며 체육 수업의 전문성을 길러보자.

체육 수업을 해야 하는 이유와 방향 찾기

체육 수업을 해야 하는 이유(Why)

체육 수업을 해야 하는 이유(Why)는 무엇일까? 무슨 일을 하든지 Why가 명확해야 한다. Why는 일을 하는 이유나 방향이다. Why가 명확해야 본인의 마음도 움직인다. 사람들은 Why가 자기 마음을 설득하지 않으면 움직이지 않으려 하고 억지로 끌려다닌다.

초등학교에서 체육 수업이 활성화되지 않는 가장 큰 이유 중에 하나도 교사들의 마음속에 체육 수업을 하는 이유가 명확하지 않기 때문이다. 만약 누군가가 당신에게 "교사들이 학생들에게 체육을 가르쳐야 하는 이유가 무엇인가요?"라고 묻는다면 무엇이라고 대답하겠는가? 범위를 좁혀서 "당신은 체육 교과를 왜 가르치고 있나요?"라고 물어본다면 뭐라고 대답하겠는가? 선뜻 대답이 나오지 않는다. 이 질문에 깊이 고민해본 교사는 그리 많지 않다.

체육 수업은 건강한 삶을 살기 위해 필요하다?

"당신은 체육 교과를 왜 가르치고 있나요?"라는 질문에 보통 교사는 "학생들의 건강을 위해서요."라고 대답한다. 보통 사람들도 같은 대답을 할 것이다. 운동은 건강을 유지하기 위한 대표 수단이다. 모든 이들이 평생 동안 건강하게 살기 위해 운동을 권한다.

그런데 이 당연한 명제가 학생들에게 설득력이 있을까? 운동을 하지 않으면 건강을 유지하기 어렵다고 느끼는 나이는 30대 이후부터다. 10대인 학생들은 운동하지 않아도 건강하다. 세포 분열이 왕성하기 때문에 운동하지 않아도 건강이 후퇴하지 않는다. 그런 학생들에게 "건강한 삶을 살기 위해 운동이 필요하고, 체육 수업이 필요한 거야."라고 말하기에는 설득력이 너무 약하다.

그렇다면 학생들은 체육 수업을 왜 해야 하는 것일까?

체육 수업은 뇌 발달을 위해 필요하다

체육 수업은 뇌를 발달하기 위해 필요하다. 이것이 필자의 체육 교육 철학에서 가장 바탕이 되는 명제다. 필자는 운동의 필요성을 '뇌 과학'에서 찾는다. 우리가 운동을 해야 하는 이유는 뇌 발달과 뇌 건강을 위해서다. 운동과 관련된 책을 읽다 보면 공통적으로 나오는 충격적인 이야기가 있다. 운동을 하지 않으면 '뇌'의 크기가 줄어든다는 이야기다.

우리에게 뇌가 있는 이유는 무엇일까? 생각하기 위해서도 있지만 생존하기 위해서 있다. 이 생각의 기본 바탕에는 '진화 생물학'이 있다. 인간은 진화의 산물이고, 원시 시대 인간들은 먹고살기 위해 여기저기 이동하며 살았다. 어디에 어떤 먹을거리가 있는지 기억해야 하는데 그 역할을 뇌가 담당한다. 인간의 뇌는 움직이는 과정에서 점점 발달한다. 인간이 뇌를 끊임없이 사용하기 때문이다. 신체활동을 하면 할수록 뇌에 혈액이 많이 공급되고 뇌가 커진다. 긴 시간 동안 인간의 뇌는 크기가 커지고 기능이 발달하는 쪽으로 진화해왔다.

그런데 요즘 사람들은 어떤가? 우리는 옛날만큼 몸을 움직이고 있을까? 요즘 세상은 인간을 어떻게 하면 덜 움직이게 할까 고민하는 쪽으로 발전되는 듯하다. 인간을 덜 움직이게 하는 도구들이 많기 때문에 확실히 덜 움직인다. 가령 2020년부터 시작된 코로나 시대에 우리는 배달 서비스의 눈부신 발전을 지켜봤다. 스마트폰 하나만 있으면 집 안에서 삼시 세끼를 해결할 수 있다. 이렇듯 요즘 사람들의 신체활동 양은 줄어들고 몸은 비대해졌다. 문제는 뚱뚱한 것을 넘어서 움직이지 않으면 뇌의 크기가 줄어든다는 점이다. 현대인들의 뇌의 크기가 예전 인류보다 테니스공 크기만큼 작아졌다고 한다*.

코알라의 뇌도 예전보다 크기가 줄어들었다고 한다. 코알라가 나무에서 편안하게 유칼립투스 나뭇잎만 뜯어먹으면 되기 때문에 움직일 일이 줄어들었기 때문에 뇌가 줄어든 것이다. 멍게도 마찬가지다. 멍게는 어렸을 때는 뇌가 있지만 성체가 되면 뇌를 스스로 잡아먹는 특이한 행동을 한다. 어렸을 때는 스스로 움직이면서 먹이가 많은 곳을 찾아 떠돌아다닌다. 그러다가 먹잇감이 많은 장소에 정착하고, 더 이상 움직이지 않는다. 가만히 있어도 먹을 수 있기 때문이다. 이렇게 멍게는 생각할 필요가 없어지기 때문에 스스로 뇌를 먹는다. 뇌라는 기관이 신체 에너지 사용의 20% 넘게 사용하기 때문에 불필요한 활동을 줄이기 위한 것이다.

생명체의 메커니즘은 효율성을 추구한다. 생존에 필요하다고 생각하면 크기가 커

---

* 권순일 기자, 〈2만 년 전 인간 현대인보다 더 영리했다?〉, 코메디닷컴, 2015

지고 기능이 정교해진다. 반대로 생존에 불필요하다고 생각되면 그만큼 퇴화된다. 인간의 뇌도 마찬가지다. 인간이 운동해야 하는 이유는 뇌를 위해서다. 몸을 움직여야 뇌가 발달하고 그래야 생존에 유리해진다. 생존에 유리하다는 말은 곧 학업 성취가 우수해진다는 뜻과도 자연스레 연결이 된다. 한 마디로 몸을 움직이면 공부를 더 잘할 수 있다.

세계적인 뇌의학 전문가 존 레이티 교수는 저서 『운동화 신은 뇌』*에서 운동을 한 사람들이 학업 성취가 더 우수하다고 말했다. 운동을 하면 뉴런이 대량으로 생산되고, 생성된 뉴런이 살아남으려면 공부를 통해 뇌세포를 사용하라고 한다. 그러면 뇌가 발달하고 학업 성취가 우수해진다. 즉, 공부하기 전에 운동을 하면 뇌가 발달하며 공부에 유리해지는 것이다.

요즘 학부모와 학생들은 공부와 성적에 관심이 많다. 공부를 잘한다는 것은 새로운 지식을 들었을 때 그것을 이해하고 오랫동안 기억한다는 뜻이다. 배운 내용을 오래 잘 기억하면 입시에 필요한 시험을 잘 본다. 이런 기능에 직접적으로 관여하는 뇌의 부분이 해마(Hippocampus)이다.

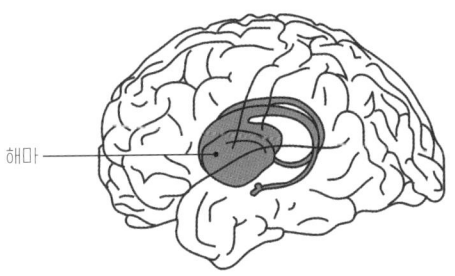

해마가 제기능을 하면 많은 것을 오랫동안 기억할 수 있다.

---

* 존 레이티·에릭 헤이거먼, 이상현 역, 『운동화 신은 뇌』, 녹색지팡이, 2009

너비 1cm, 길이 5cm의 해마는 대뇌변연계의 양쪽 측두엽에 위치하는 기관이다. 해마는 단기 기억을 장기 기억으로 연결하는 역할을 한다. 즉, 해마가 제기능을 하면 많은 것들을 오랫동안 기억할 수 있다.

마누엘라 마케도니아의 저서 『유쾌한 운동의 뇌 과학』*에 보면 해마와 관련된 재미난 실험이 하나 소개되어 있다. 2008년 막스 플랑크 연구소의 전임연구원 보그단 드라간스키(Bogdan Draganski)가 한 저글링 실험이었다. 이 실험을 하기 전까지 사람들은 트레이닝이 뉴런 간의 연결을 변화시킬 수는 있지만 회색질의 구조 자체는 바꾸지 못한다고 생각했다.

이 실험은 사람들을 두 개의 집단으로 나누어 진행했다. A집단은 3개월 동안 공 3개로 저글링을 훈련하도록 했다. 반대로 B집단은 아무것도 시키지 않았다. 3개월 후에 뇌의 변화를 비교했는데 결과는 어땠을까?

A집단은 복잡한 운동을 처리하는 뇌 영역에 변화가 일어났다. B영역은 아무런 변화가 없었다. 주목할 점은 이 변화가 기능상의 변화에 그치지 않고 놀랍게도 뇌 구조상의 변화로 나타났다는 사실이다. 결국 운동이 뇌 구조를 강화시킨다는 뜻이다.

우리 학생들도 마찬가지다. 학생들이 많이 움직이면 뇌 발달로 이어질 것이고, 뇌가 발달하면 그들의 생존에 더욱 유리해진다. 이것 하나만으로 우리가 체육 수업을 열심히 해야 하는 충분한 이유가 되지 않을까?

초등학교 교사들은 대단한 일을 하고 있다. 더욱이 학생들에게 체육을 가르친다는 것은 그들의 뇌를 발달시킬 수 있는 기회를 제공하는 일이다. 그들의 생존을 더욱 유리하게 만들어주는 것이다. 반대로 체육 교육을 제대로 하지 않으면 학생들이 뇌를

---

* 마누엘라 마케도니아, 박종대 역, 『유쾌한 운동의 뇌 과학』, 해리북스, 2020

발달시킬 수 있는 기회를 박탈하는 것이다. 따라서 우리는 학생들의 생존을 위해 체육 교육을 열심히 해야 한다.

체육 수업이 나아가야 할 방향 찾기

체육 수업을 해야 하는 이유를 찾았다면 이제 수업을 해야 한다. 이때 체육 수업이 나아가야 할 방향을 정확하게 짚고 가야 한다. 마치 과거에 사막을 가로지르던 유목민들이 방향을 잃지 않기 위해 '북극성'을 보며 이동하던 모습과 비슷하지 않을까? 체육 수업이 흔들리지 않고 올바른 방향으로 가려면 방향을 정확하게 알고 가야 한다. 그 방향은 다음 4가지로 정리할 수 있다.

체육 수업의 4가지 방향

① 낭만 체육을 실현하라!
② 기본 움직임 기술(FMS)을 갖춰라!
③ 이동·조작 움직임을 활용하라!
④ 건강 체력과 운동 체력을 생각하라!

1) 낭만 체육(재미)을 실현하라!

첫 번째 방향은 낭만 체육, 즉 재미이다. 초등학생들에게 어떤 과목을 좋아하는지 물어보자. 어떤 대답이 가장 많이 나올까? 그렇다. 체육이다. 대부분의 학생들은 체육을 좋아한다. 앞에서도 언급했듯, 학생들은 체육이 들은 날 아침에 교사에게 꼭 묻는다.

"선생님! 오늘 체육 시간에 뭐해요?"

이 질문을 안 받아본 교사는 없을 것이다. 그만큼 학생들은 체육을 좋아한다.

학생들이 체육 수업을 좋아하는 이유는 '신체활동'이 들어가는 유일한 교과이기 때문이다. 학생들은 기본적으로 움직임 욕구가 있고, 그것이 충족된 날 학교 생활이 즐겁다고 느낀다. 필자 또한 그랬다. 체육이 들은 날은 들뜬 마음으로 학교에 갔다. 체육 시간에 운동장에서 피구를 하고 발야구를 하면 그렇게 좋았다. 반대로 비나 눈이 와서 신체활동을 하지 못하면 우울했다. 하늘에서 내리는 비가 그렇게 야속할 수가 없었다. 이렇게 학생들이 느끼는 감정인 '재미'에서 초등학교 체육의 성격이 드러난다. 바로 낭만 체육이다.

초등학교 체육은 '낭만 체육'의 성격을 지닌다. 체육을 단계적으로 보면 초등학교 때는 낭만 단계, 중·고등학교 때는 정밀화 단계, 성인이 되어서는 일반화 단계로 나뉜다.*

초등 체육의 성격은 낭만 체육이다.

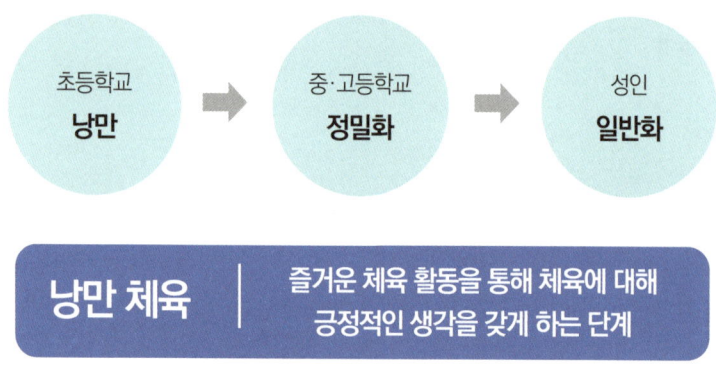

---

* Whitehead, A. N. (1929). The aims of education and other essays. London: The Free Press.

낭만 체육은 즐거운 체육 활동을 통해 체육에 대해 긍정적인 생각을 갖게 하는 단계를 말한다. 중·고등학교 체육에서는 스포츠 종목을 정밀하게 배운다. 그래서 중학교 체육 교과서의 경쟁 영역을 보면 단원명이 '축구', '농구', '배구', '야구' 등 종목 이름으로 되어 있다. 그다음이 자기가 좋아하는 스포츠 종목을 즐기는 평생 체육 단계이다. 성인들이 하는 야구 동호회, 축구 동호회, 농구 동호회가 여기에 해당된다. 이것이 일반화 단계이다. 그런데 초등학교 체육 교과서에서 경쟁 영역을 보면 단원명이 '축구형 게임', '농구형 게임'이라고 되어 있다. 이렇게 '~형 게임'이라고 붙은 이유가 낭만 체육과 관련이 있다. 초등학생의 수준에 맞게 쉽게 변형된 게임을 가르치라는 의미이다.

초등학생들에게 농구를 가르칠 때 중학교에서 하듯 정식 종목으로 가르치면 여러 가지 문제가 발생한다.

첫째, 공이 너무 무겁고 단단하다. 초등학생용으로 제작된 농구공도 있지만 여전히 무겁고 단단하다. 이런 공으로 농구를 하면 손가락을 다치기도 한다. 어떤 운동을 하다가 다쳐본 경험이 있는가? 운동하다가 다치면 다시는 그 운동을 하고 싶지 않다. 그런데 그런 경험을 어린 시절에 하면 어떻게 될까?

둘째, 경기장이 너무 크다. 경기장이 크면 몸집이 작은 초등학생들이 움직이기가 너무 힘들다. 셋째, 골대가 높아 골이 잘 들어가지 않는다. 공은 무겁고 골대는 높으니 초등학생이 어떻게 슛을 성공할 수 있겠는가. 그러면 자연히 재미가 없다. 넷째, 규칙이 까다롭다. 농구를 해본 사람들은 알겠지만, 더블, 트레블링 등 바이얼레이션(violation, 농구 경기에서 테크니컬 파울이나 퍼스널 파울 이외의 규칙 위반) 규칙이나 파울 규칙이 까다롭다. 심판 보는 교사나 참여하는 학생이나 규칙을 잘 모르기 때문에 진행이 어렵다. 그러면 학생들은 금세 흥미를 잃는다.

그러므로 초등학교에서는 초등학생에게 맞는 '변형 게임'이 필요하다. '이해 중심 게임 모형'이 적용되어 '농구형 게임'이 등장하는 이유가 이것이다. 공은 말랑말랑한 것으로 바꾸고, 경기장 크기는 줄이고, 골대는 굳이 림(rim)으로 하지 않고 친구가 잡으면 득점하는 '대장공 놀이'나 '얼티밋 프리즈비'처럼 바꾸는 것이 '농구형 게임'이다. 이렇게 변형하면 초등학생들은 농구형 게임이 재미있다고 생각하기 시작한다. 이처럼 낭만 체육은 체육에 대해 긍정적인 생각을 갖도록 해준다.

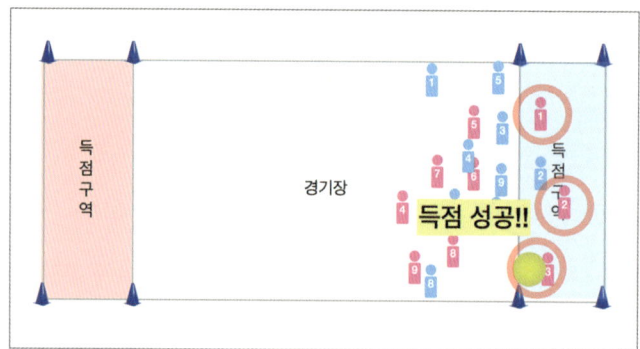

얼티밋 프리즈비 공으로 하기

초등학생들이 졸업할 때 "초등학교 때 체육 수업 어땠어?"라고 물어본다면, 이런 대답이 나와야 한다.

"체육이요? 정말 재미있었어요! 중학교에 가서도 열심히 하고 싶어요."

초등학교 체육은 재밌어야 한다. 그래야 낭만 체육을 실현할 수 있고, 이어지는 중학교 체육도 잘 해나갈 수 있다. 단, 이러한 방향성 때문에 교사들이 자칫 '재미있는 활동'만 찾을 가능성이 높다. 여기에서 반드시 짚고 가야 할 포인트가 있다. 절대 '재미'만 추구하면 안 된다는 점이다.

초등학교 저학년 체육은 재미를 많이 추구해야 한다. 다만 고학년 때까지 재미만 추구하는 것은 바람직하지 않다. 체육 수업이 재미만 있고 남는 것은 없다면 어떻게 될까? 체육 수업이 낭만 단계에서 정밀화 단계로 넘어가려면 스포츠에 필요한 기본 기능은 초등학교 때 익히고 가야 한다. 그래서 다음 방향이 기본 움직임 기술(FMS), 이동·조작 움직임, 건강·운동 체력이다. 재미를 바탕으로 이런 내용들이 들어간 체육 수업을 내실있게 해야 한다.

2) 기본 움직임 기술(FMS)을 갖춰라!

체육 교육을 구성하는 요소 중에 기본 움직임 기술(FMS, Fundamental Movement Skill)이 있다. 우리나라에는 많이 소개되지 않았지만 캐나다, 미국, 싱가포르 등 다른 나라의 체육과 교육과정을 살펴보면 유치원부터 초등학교 이후까지 기본 움직임 기술을 바탕으로 구성된다.*

기본 움직임 기술은 신체활동으로, 모든 스포츠 종목의 기본이 되는 움직임을 말한다. 기본 움직임은 이동 움직임, 비이동 움직임, 조작 움직임으로 나뉜다. 이동 움직임과 비이동 움직임은 몸이 자리를 벗어나 움직이는지, 제자리에서 움직이는가로 구분된다. 이동 움직임은 여기저기로 이동하는 다양한 기술을, 비이동 움직임은 제자리에서 몸이 움직이는 다양한 기술을, 조작 움직임은 공과 같은 물건을 다양한 방법으로 다루는 기술을 말한다.

---

* 김기철·서지영·조기희, 「초등학교 저학년(1~2학년) 신체활동 활성화 방안(연구자료 ORM 2020-17)」, 충북: 한국교육과정평가원, 2020

기본 움직임 기술(FMS)의 종류

이동 움직임	걷기, 달리기(뛰기), 점핑, 호핑, 리핑, 스키핑, 갤러핑, 사이드 스텝, 슬라이딩, 구르기, 기어가기 등
비이동 움직임	돌리기, 털기, 흔들기, 돌기, 꺾기, 펴기, 구부리기, 균형잡기, 비틀기, 들기 등
조작 움직임	던지기, 받기(잡기), 치기, 차기, 흔들기, 몰기(드리블), 굴리기, 튀기기 등

여기서 우리가 많이 경험하는 '스포츠'로 범위를 좁혀보면 '핵심적인 기본 움직임 기술'을 8가지로 추려볼 수 있다. 핵심적인 기본 움직임 기술은 '걷기, 달리기(뛰기), 점프, 치기, 차기, 던지기, 받기, 수영'이다.

핵심적인 기본 움직임 기술

- **이동 움직임**: 걷기, 달리기, 점프, 수영
- **조작 움직임**: 치기, 차기, 던지기, 받기
- **비이동 움직임**

교사들은 체육 수업을 할 때 주로 달리기가 들어간 활동을 많이 시킨다. 술래잡기, 태그형 게임 같은 것들을 많이 한다. 그런데 '달리기' 외에도 점프, 치기, 던지기, 받기와 같은 다른 움직임 요소들이 있는데도 신경 쓰지 않는다.

하지만 이것은 교사들이 놓치지 말아야 할 부분이다. 기본 움직임 기술은 체육계의 기초 중의 기초이다. 이것은 국어, 수학, 사회, 과학 교과의 진단평가에서 이야기하는 3R's(읽기 Reading, 쓰기 Writing, 셈하기 Arithmetic)와 같은 위치를 차지한다. 국어, 수학, 사회, 과학을 잘하려면 '읽기, 쓰기, 셈하기'가 기본이 되어야 한다. '읽기, 쓰기, 셈하기'가 부족한데, 그 이후의 과정을 어떻게 수행하겠는가?

체육 교과의 기초는 '기본 움직임 기술'이다. 위에서 말한 8가지를 못하면 그 이후에 이어지는 스포츠 종목을 잘할 수 없다. 예를 들어, 달리기를 잘 못하는 학생이 있다고 해보자. 이 학생은 달리기가 느리기 때문에 앞으로 이어질 축구, 농구, 배구, 럭비, 배드민턴, 테니스와 같은 종목에서 뛰어난 모습을 보여주기 어려울 것이다. 마찬가지로 '던지기'를 못하면, 그 이후에 이어질 야구, 피구, 축구, 럭비, 농구, 볼링과 같은 스포츠 종목에서 뛰어난 모습을 보여주기 어렵다.

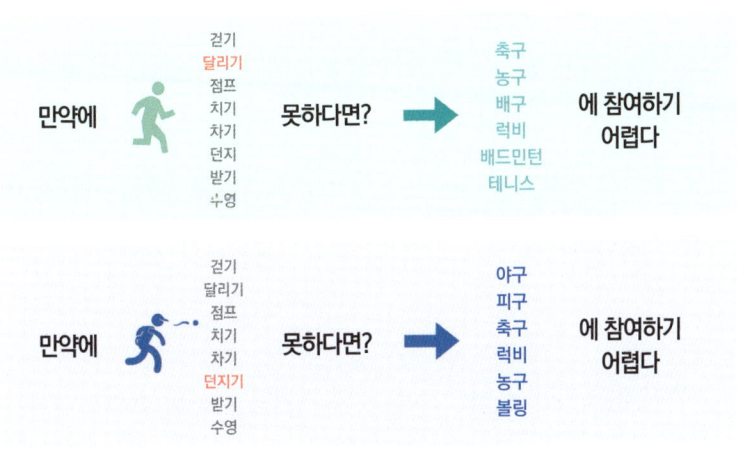

기본 움직임 기술이 부족하면 스포츠 종목을 잘할 수 없다.

초등학생들에게 체육을 가르칠 때 기본 움직임 기술의 핵심적인 8가지 요소를 경험하고 잘할 수 있도록 해야 한다. 그래야 그 이후에 이어지는 여러 활동들을 잘할 수 있다.

학기 초에 우리 반 학생들이 8가지의 핵심적인 기본 움직임 기술을 갖추고 있는지 확인해보자. 체육 교육의 진단평가가 가야 할 방향은 기본 움직임 기술이다. 진단평가를 했는데 우리 반 학생들이 던지고 받기가 부족하다면, 던지고 받기를 연습할 수 있는 활동을 해본다. 교실에서 체육을 할 때도 무작정 '재미'만 좇는 것이 아니라, 던지고 받기와 같은 기본 움직임 기술이 들어간 활동을 하는 것이 좋은 체육의 지름길이다.

3) 이동·조작 움직임을 활용하라!

세 번째 방향은 이동·조작 움직임을 활용하는 체육 수업이다. 앞에서 기본 움직임 기술(FMS)에 대해 말하며 이동·비이동·조작 움직임에 대해 설명했다. 여기에서는 해당 움직임들을 더 깊이 탐색하여 체육 수업에서 필요한 부분과 연결해보자.

첫째, 이동 움직임부터 살펴보자. 체육 수업을 생각하면 이동하는 움직임이 참 많다. 움직이는 방법은 여러 가지가 있는데, 우리는 흔히 걷기와 달리기만 생각한다. 하지만 그 외에 여러 가지 이동 움직임이 있고, 스포츠와 관련되는 대표적인 이동 움직임 8가지는 다음과 같다.

> 걷기, 달리기(뛰기), 점핑, 호핑, 리핑, 스키핑, 갤러핑, 사이드 스텝

스포츠와 관련되는 대표적인 이동 움직임

걷기나 달리기는 우리가 흔히 하는 이동 움직임이니 넘어가겠다. **점핑**은 두 발을 나란히 하여 앞으로 폴짝폴짝 뛰는 움직임이다. **호핑**(앙감질 혹은 깨금발)은 한 발로만 뛰는 움직임이다. **리핑**은 어렸을 때 했던 전래놀이 '한 발 뛰기'처럼 크게 크게 겅중겅중 뛰는 움직임이다. **스키핑**은 발을 두 번 굴러 뛰는 동작으로, 기분 좋을 때 아이들이 많이 보이는 모습이다. **갤러핑**은 말처럼 뛰는 모습이고, **사이드 스텝**은 꽃게처럼 옆으로 이동하는 움직임이다. 정확한 동작은 다음 QR코드로 확인해보자.

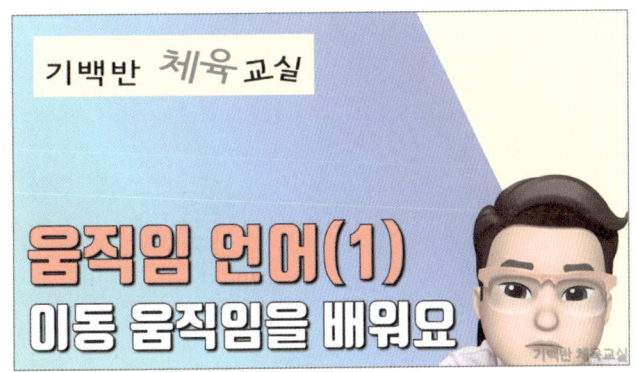

대표적인 이동 움직임 8가지

교사는 왜 이동 움직임을 알아야 할까? 교사가 이동 움직임을 알면 체육에 대한 교사의 자원(resource)이 풍성해진다. 예를 들어보자. 수업 시간에 술래잡기를 할 때, 교사들은 보통 학생들을 뛰게 한다. 학생들이 많이 힘들어하면 빨리 걷기를 시키기도 한다. 그런데 그 외의 이동 움직임은 신경 쓰지 않는다.

어떤 교사가 20분간 '얼음땡'을 하려고 마음먹고 수업을 시작했다고 해보자. 그런데 시작한 지 5분 만에 어떤 학생이 "선생님! 재미없어요. 다른 거 해요!"라고 말한다. 이 활동을 20분 동안 하려고 한 교사는 당황스럽다. 이럴 때 교사가 나머지 6가지 이동 움직임을 이용하여 술래잡기를 변형하면 어떨까?

"얘들아, 이번에는 얼음땡을 스키핑으로 해보자."

이동 움직임을 바꾸면 학생들 입장에서는 새로운 술래잡기가 되고, 흥미를 오래도록 유지할 수 있다. 즉, 이동 움직임을 다양하게 알면 하나의 술래잡기를 8가지 새로운 활동으로 만들 수 있다. 다양한 이동 움직임은 체육 수업을 상당히 다양하게 만들어준다. 앞사람을 좇는 풍차 이어달리기도 뛰는 것만이 아닌 스키핑이나 갤러핑으로 변형해서 할 수 있다.

스키핑이나 갤러핑으로 변형할 수 있는 풍차 이어달리기

이는 코로나로 마스크를 쓰고 체육 수업을 할 때, 어느 정도 해법이 되기도 했다. 마스크를 쓰고 뛰면 호흡이 무척 가쁘다. 하지만 스키핑이나 갤러핑은 뛰기보다 숨이 덜 차기 때문에 마스크를 쓰고도 어느 정도 움직일 수 있다. 코로나 시대에도 이동 움직임을 바꿔서 할 수 있다는 점이 이동 움직임의 큰 장점이다.

둘째, 비이동 움직임이 있다. 비이동 움직임은 체조나 표현 영역에서 여러 움직임 중 하나로 의미가 있다.

셋째, 조작 움직임이 있다. 조작 움직임은 도구를 가지고 하는 움직임을 말한다. 여기서 말하는 도구는 우리 생활에 있는 모든 도구는 물론이고, 체육 수업에서 사용하는 공, 플라잉디스크 등도 포함된다. 조작 움직임에는 던지기, 받기, 치기, 차기가 있다. 이것들 외에도 볼링할 때 필요한 굴리기, 농구할 때 필요한 튀기기, 배구할 때 필요한 되받아치기, 축구할 때 필요한 볼 멈추기도 있다. 이렇듯 학생들이 기본적으로 할 수 있어야 하는 움직임에는 도구를 바탕으로 하는 조작 움직임도 있다. 이것은 스포츠 종목을 잘하기 위해 필요한 기본 움직임이다.

따라서 수업 시간에 학생들이 이동 움직임과 조작 움직임을 잘하는지 살펴보자. 만약 서툰 학생이 있다면 다양한 움직임 활동을 통해 움직임과 관련된 능력을 길러 주어야 한다. 그리고 다양한 이동 움직임과 조작 움직임을 경험할 수 있도록 수업을 구성하는 것이 우리가 나아가야 할 체육 교육의 방향이다.

4) 건강 체력과 운동 체력을 생각하라!

네 번째는 건강 체력과 운동 체력을 생각하는 체육 수업의 방향이다. 건강 체력은 건강한 삶을 살기 위해 필요한 체력이고, 운동 체력은 운동을 잘하기 위해 필요한 체력이다. 건강 체력에는 근력, 근지구력, 심폐지구력, 유연성이 있고, 운동 체력에는 순발력, 민첩성, 협응성, 평형성이 있다.

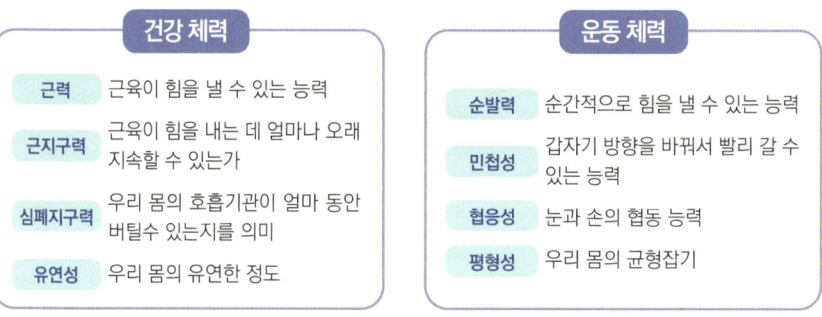

건강 체력과 운동 체력

    체육 수업의 목적에 대해 생각할 때 건강 체력과 운동 체력을 기르는 방향으로 가면 좋다. 이런 체력이 기본이 되어야 건강한 삶을 살 수 있고, 다양한 스포츠를 잘할 수 있기 때문이다. 가령 수업을 기획할 때 해당 수업이 위에서 언급한 체력 요소를 기를 수 있는지 체크하면 수업을 기획하는 데 도움이 된다.

'학생들에게 이 활동을 제시하면 학생들의 심폐지구력이 좋아질까?'

'이 활동은 순발력이나 민첩성이 좋아지는 활동인가?'

건강 체력과 운동 체력을 고려하면 체육 수업이 나아가야 할 방향을 잡을 수 있다. 2020학년도에 시작된 온라인 체육 수업을 예로 들어보자. 당시 코로나바이러스가 유행되어 체육 수업도 온라인으로 했다. 교사들은 체육 수업이 무척 어려웠다. 다른 과목들은 학교나 집에서 지식을 배우면 되니 크게 문제되지 않았다. 하지만 체육은 신체활동을 실제로 해야 하는 교과이므로 집에서 하기가 어려웠다. 층간 소음, 집 천장의 낮음, 교구의 부재 등 여러 원인이 있었다.

이때 교사들이 교사 커뮤니티에서 가장 많이 했던 질문이 "온라인 수업으로 어떤 활동을 해야 하나요?"였다. 체육 수업을 하려니 막상 어떤 활동을 해야 할지 몰랐기 때문이다. 이는 그동안 집에서 체육을 해본 적이 없다는 뜻이었다. 그런데 건강·운동 체력의 측면에서 질문을 바꿔보면 해답이 보이기 시작한다.

"우리 학생들이 체육 수업에서 무엇을 길러야 할까요?"

"건강 체력과 운동 체력입니다."

"집에서 건강 체력과 운동 체력을 기를 수 있나요?"

"네. 기를 수 있습니다."

"어떤 방법이 있죠?"

"홈트레이닝을 하면 근력과 근지구력을 기를 수 있습니다."

"오! 그렇네요."

필자는 2020학년 4월, 유튜브 채널에 홈트레이닝 영상을 올렸고 반응이 아주 좋았다. 영상 조회수가 20~30만 회가 나왔던 것은 체육 수업의 방향, 즉 건강 체력과 운동 체력의 측면에서 온라인 수업을 준비했기 때문이다.

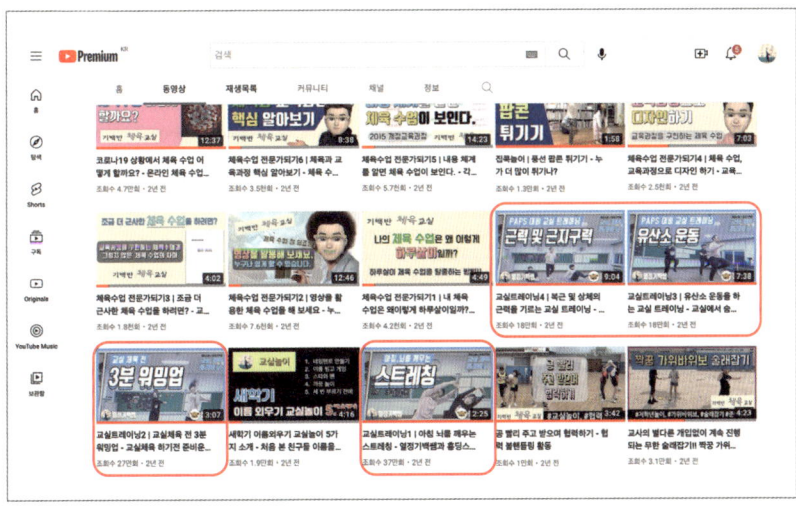

교사들에게 반응이 좋았던 홈트레이닝 영상들

또 다른 질문이 이어진다.

"집에서 기를 수 있는 다른 체력은 무엇이 있을까요?"

"심폐지구력은 층간 소음 때문에 힘들 것 같고, 협응성을 기를 수 있을 것 같은데요?"

"어떻게요?"

"눈과 손이 서로 협력하여 어떤 물건을 위로 던졌다가 받으면 협응력을 기를 수 있어요. 공 같은 것을 던지고 받으면 될 것 같아요. 그런데 일반 공으로 하면 소음이 많이 생길 테니까 양말로 만든 공으로 협응성을 길러보면 어떨까요?"

그래서 홈트레이닝 영상 다음에 '양말공 시리즈'를 유튜브 채널에 업로드했다. 전국에 많은 교사들이 양말공으로 온라인 체육 수업을 하며 학생들의 협응성을 기르기 위해 노력했다.

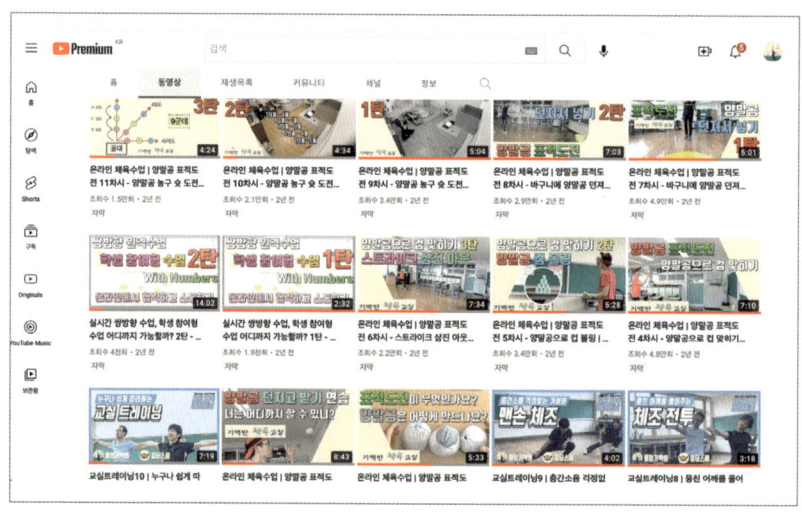

교사들에게 반응이 좋았던 '양말공 시리즈'

이렇듯 건강 체력과 운동 체력이 무엇이고, 이것을 어떻게 기를 수 있는지 알면 체육 수업의 Why가 보이기 시작한다. 일종의 체육 활동을 고르는 '프레임'으로 작용하는 것이다.

코로나 이전에 초등학교 현장에서 '교실 체육'이 유행했던 적이 있다. 교실에서 하는 체육 수업이 무슨 의미가 있을까? 운동장이나 체육관 수업에 비해 신체 활동량이 현저히 적은데 말이다. 그러나 '협응성'을 생각하면 교실 체육도 의미가 있다. 콩주머니 같은 공을 던지고 받으며 협응성을 기르는 활동은 교실에서도 충분히 할 수 있기 때문이다. 이때 교실 체육이 체육 교육의 Why를 가질 수 있는 것이다.

이와 같이 건강 체력과 운동 체력은 교사에게 체육 수업의 방향을 제시하는 역할을 한다.

체육 수업이 나아가야 할 방향

지금까지 체육 수업을 해야 하는 이유와 체육 수업이 나아가야 할 4가지 방향을 살펴보았다. 다음 그림을 보면서 내용을 정리해보자.

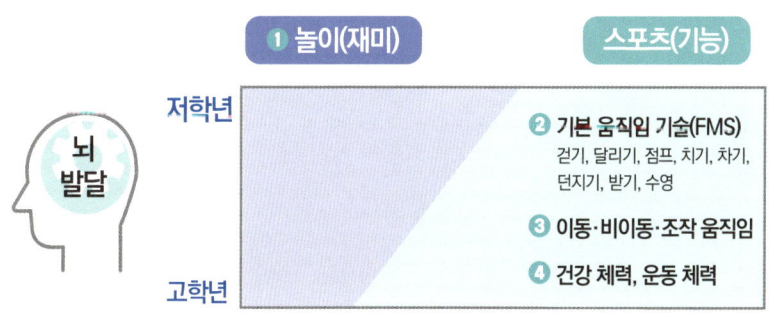

초등 체육의 Why

체육 교육을 열심히 해야 하는 이유는 '뇌 발달'에 있다. 초등학교 학생들의 신체 활동은 곧 뇌 발달을 의미하며, 이는 그들의 생존에 유리하게 작용한다. 따라서 우리는 체육 수업을 해야 한다.

이를 바탕으로 초등 체육 수업이 나아가야 할 방향은 ❶낭만 체육(재미), ❷기본 움직임 기술, ❸이동·조작 움직임, ❹건강·운동 체력이다.

낭만 체육의 키워드는 재미이므로, 재미의 스펙트럼을 고민해야 한다. 저학년 때는 재미가 월등히 높지만, 고학년 때는 재미가 줄어들고 나머지 3가지가 늘어난다. 기본 움직임 기술, 이동·조작 움직임, 건강·운동 체력의 하위 요소들이 들어가 있는 활동을 많이 해야 한다. 이것이 초등 체육이 나아가야 할 방향이다. 체육 수업을 어떻게 진행해야 할지 막막하다면 이 방향을 생각하며 수업을 준비하고 진행해보자.

PART 2 _How

체육 수업을 어떻게 해야 할까?

영상을 통해 교과를 간접 경험하면 교사들의 배경지식(CK)이 쌓인다. 체육 수업 영상은 학생들의 배경지식을 올려주는 데도 효과적이다. 교사가 영상을 보고 체육 활동을 이해한 것처럼, 학생들에게도 동일한 영상을 보여주면 수업 시간에 할 체육 활동을 잘 이해한다.

영상을 활용하여
이해도 높은 수업 만들기

영상을 활용한 체육 수업이 필요한 이유

어렵지 않은 수업은 없지만, 체육 수업은 특히 어렵다. 체육 수업이 어려운 이유는 여러 가지인데, 여기에서는 '내용 전달의 어려움'에 관해 이야기하려고 한다.

체육 수업은 신체활동이 교과의 기본 도구로 사용되고 있다.* 조금 더 구체적으로 이야기해보면, 체육 수업은 학생들에게 활동을 어떻게 하는지 전달하고, 학생들이 그것을 신체활동으로 해보는 수업이다. 그런데 활동 규칙을 이해시키기 위해 글과 사진으로 된 자료를 많이 사용한다는 부분에서 문제가 발생한다. 체육 교과서가 대표적인데, 그것을 읽고 체육 활동을 이해하기란 쉽지 않다. 글을 읽다 보면 '이렇게 하라는 것인가? 저렇게 하라는 것인가?' 하고 고개를 갸웃거릴 때가 많다. 그래서 교육 현장에서 체육 교과서가 외면받는다. 교사들이 교과서를 보고 쉽게 이해하지 못

---
* 교육부(2015b). 체육과 교육과정. 교육부 고시 제2015-74호 [별책 11].

하기 때문이다. 그렇다면 글과 사진의 대안은 무엇일까? 바로 '영상'이다.

요즘은 영상 시대다. 유튜브가 2010년부터 전 세계를 휩쓸기 시작된 이후, 2020년 코로나로 촉발된 영상 수업은 교육계 전반에 대세로 자리 잡았다. 특히 체육 수업에서 사용된 영상이 큰 힘을 발휘했다. 까다로운 체육 활동 규칙도 영상을 보면 쉽게 이해할 수 있었다. 〈열정기백쌤이 만드는 기백반 체육교실〉 영상이 교육 현장에서 많이 사용되는 이유도 이런 맥락일 것이다. 필자는 2015년 2학기부터 인디스쿨에 영상을 올리기 시작했는데 반응이 좋았다. 규칙이 까다로운 체육 활동도 영상을 보면 이해하기가 쉽다는 반응이 많았다.

체육 수업에서 영상의 역할

체육 수업에서 영상은 어떤 역할을 할까? 크게 두 가지로 볼 수 있다.

교사의 배경지식을 높여준다

교사가 학생들을 잘 가르치기 위해서는 해당 분야에 대한 지식과 경험이 있어야 한다. 이것은 1장에서 말한 내용학적 지식(CK, Content Knowledge)과 맥이 통한다. 교사는 자기가 직접 경험한 것은 학생들에게 쉽게 가르친다. 자신의 경험이 내용학적 지식으로 체득되어 있기 때문이다. 반대로 자기가 경험하지 않은 것을 가르치는 것을 매우 힘들어한다. 그러므로 교사들은 평소에 많은 경험을 쌓아야 한다.

초등학교 교사는 10개의 과목을 가르친다. 그러나 각각의 과목에 필요한 모든 경험을 하기란 물리적으로 쉽지 않다. 이것을 해결해주는 방법이 '영상'이다. 영상을 통해 교과를 간접 경험하면 교사들의 배경지식(CK)이 쌓인다. 자동차를 새로 구입해서 세차를 하고 싶은데 방법을 모르겠다면 어떻게 하는 것이 좋을까? 유튜브에서 '세차하는 방법'이라고 검색해서 영상을 두세 편만 찾아보면 세차에 대한 감을 익힐 수 있다. 마찬가지 맥락에서 어떤 체육 수업을 해야 할지 모를 때 유튜브 영상을 찾아보며 체육 수업에 대한 감을 익히면 된다.

학생의 배경지식을 높여준다

체육 수업 영상은 학생들의 배경지식을 올려주는 데 효과적이다. 교사가 영상을 보고 체육 활동을 이해한 것처럼, 학생들에게도 동일한 영상을 보여주면 수업 시간에 할 체육 활동을 잘 이해한다. 100% 이해하는 것은 아니지만 과거 교사의 말과 판서로만 이해하던 것보다 체육 활동의 규칙을 더 잘 이해한다. 학생들의 배경지식이 좋아지면, 그 이후에 이어지는 수업에서 학생들의 참여도가 높아지고, 수업도 더욱 효율적으로 이끌 수 있다.

체육 수업에서 영상의 역할

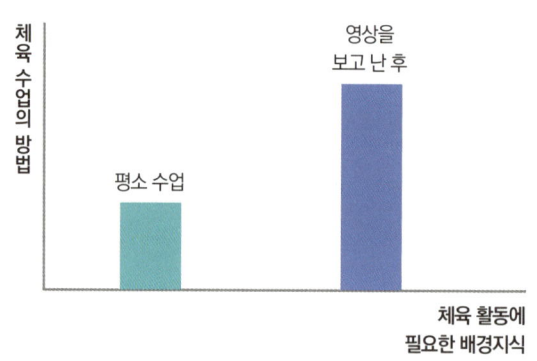

영상을 활용한 수업과 거꾸로교실 수업

'영상을 활용한 체육 수업'을 시작해보자. 영상을 활용한 체육 수업은 수업 전에 학생들에게 오늘 할 체육 활동에 대한 영상을 보여준 다음, 체육 수업을 전개하는 것이다.

영상을 활용한 수업의 첫 시작은 거꾸로교실이었다. 거꾸로교실이란 Flipped Classroom(또는 Flipped Learning)을 우리말로 번역한 것이다. 2007년 미국의 화학 교사였던 존 버그만과 애론 샘즈에 의해 시작되었다.* 학교 교육은 대부분 '강의식' 수업으로 진행되고 있다. 강의식 수업은 교사가 수업 시간 내에 학생들에게 알려주어야 할 지식을 일방적으로 설명하고 이해시키는 방식으로 한다. 그리고 집에서 과제를 수행하며 수업 내용에 대한 지식을 다진다.

반면에 거꾸로교실은 교사가 수업 시간에 강의하고 싶은 내용을 영상으로 만들거나 찾아서 학생들에게 숙제로 영상을 보고 공부를 해오도록 한다. 그리고 수업 시간에는 영상 속 지식을 바탕으로 학생들끼리 서로 가르치는 참여형 수업으로 진행한다.

전통적인 교실 → 거꾸로교실

---

* 존 버그만·애론 샘즈, 정찬필·임성희 공역, 『거꾸로교실』, 에듀니티, 2015

필자는 2015년에 거꾸로교실을 접했고, 이 교수·학습 방법에 상당한 흥미를 느꼈다. 다른 교사들이 국어, 수학, 사회, 과학과 같은 과목에 거꾸로교실을 도입할 때 필자는 체육 과목에 도입했다. 처음 거꾸로교실을 체육 과목에 도입한 이유는 기존 체육 수업에 4가지 문제점이 있다고 생각했고, 거꾸로교실로 그 문제를 해결할 수 있을 거라고 생각했기 때문이다.

기존 체육 수업의 문제점은 무엇일까?

첫째, 운동장은 수업에 집중하기 어려운 공간이다.

교사는 학생들에게 오늘 할 체육 활동을 설명한다. 그런데 운동장이나 체육관에서 설명하기란 쉽지 않다. 운동장이나 체육관은 개방된 공간으로 학생들의 주의를 분산시키는 환경이고 교사의 목소리도 잘 들리지 않는다. 이런 환경에서 교사가 힘들게 설명해도 학생들은 잘 듣지 않는다. 운동장 흙을 만지작거리거나 다른 친구들을 건드리며 장난친다. 이런 학생들을 보고 있으면 교사들은 화가 난다. 수업이 시작되면 설명을 잘 듣지 않은 학생들이 규칙을 위반하고, 이 때문에 다른 학생들이 불만을 토로하고, 수업 분위기도 나빠질 것이 뻔하기 때문이다.

둘째, 활동을 설명하는 시간이 부족하다.

교사는 학생들에게 오늘 할 활동을 충분히 설명해야 한다. 하지만 초등 40분 수업에서 설명을 길게 할수록 학생들의 실제 활동 시간은 줄어든다. 그래서 교사의 마음은 늘 바쁘다. 어느 정도 설명을 하고 학생들에게 "얘들아, 이해했니?"라고 이야기하면 학생들이 "네~"라고 대답한다. 교사는 그 말을 믿고 활동을 시작한다. 하지만 이내 곧 좌절한다. 학생들이 "네~"라고 대답하는 이유는 진짜 이해를 한 것이 아니라 체육 활동을 빨리 시작하고 싶기 때문이다. 학생들은 교사의 짧은 설명을 이해하기 어렵고, 활동은 제대로 이루어지지 않는다. 교사는 제한된 시간 내에 활동을 어디까지 설명해야 할지 체육 시간마다 난감하다.

셋째, 정리운동과 정리 활동을 하지 못한다.

위에서 말한 것처럼 수업 시간에 활동을 안내하다 보면 총 40분 중에 학생들이 실제로 활동하는 시간은 20분을 확보하기가 어렵다. 운동장이나 체육관에서 설명하기 어렵다는 이유로 교실에서 설명하면 약 10분이 소요되고, 그 이후 이동하는 시간 5분, 준비운동을 하고 교구를 준비하는 데 시간이 또 걸린다. 그리고 나면 실제 활동 시간은 20분밖에 안 된다. 이것은 또 다른 문제로 연결된다. 바로 정리운동과 정리 활동을 하지 못한다는 점이다.

현장에서 교사들을 만나서 물어보면 정리운동을 하지 못한다는 비율이 꽤 높다. 학생들이 체육 활동을 즐겁게 하고 있는데 끊기가 어렵다고 말하는 교사도 있다. 그래서 수업이 끝나면 정리운동이나 정리 활동은 하지 않고 허겁지겁 학생들을 교실로 올려 보낸다. 다음 시간이 교과 수업이라 교실로 이동해야 하는 경우가 대부분이기 때문이다.

넷째, 체육 교구 준비가 어렵다.

초등학교에서 담임교사가 운영하는 체육 수업의 가장 큰 문제는 교구 준비가 어렵다는 점이다. 체육 수업이 시작되면 담임교사는 학생들을 데리고 체육관이나 운동장으로 이동한다. 그런데 체육 교구가 준비되어 있지 않은 상태이다. 담임교사가 교구를 준비해야 하는데, 그때 학생들을 어떻게 해야 할지 난감하다. 학생들에게

"얘들아! 선생님 교구 준비하고 올 테니까 조용히 자리에 앉아 있어!" 이렇게 이야기한다고 학생들이 가만히 있을까? 선생님이 없는 틈을 타 장난치고 난리가 날 것이다. 그러다가 사고라도 나면, 그 책임은 모두 담임교사가 진다. 생각만 해도 아찔한 순간이다.

필자는 거꾸로교실 체육 수업을 도입하여 기존 체육 수업의 문제점을 극복했고, 학생들과 즐겁게 수업하고 있다. 그런데 거꾸로교실 수업이 학생들에게 영상을 사전 과제로 주고 집에서 보고 오게 하는 방식이라 과제 부담이나 플랫폼 등 문제가 있었다. 이 문제를 해결하기 위해 체육 수업이 있는 당일에 영상을 보여주는 '영상을 활용한 체육 수업'으로 바꿔서 적용했다.

물론 거꾸로교실 체육 수업이 더 효과적이다. 수업 전날 영상을 보고 오면 교사나 학생 입장에서 부담이 덜 하다. 그리고 학생들이 집에서 각자의 기기로 영상을 보면 이해가 안 될 때 되감아 다시 볼 수 있고, 규칙을 정리할 때 화면을 잠깐 멈출 수 있어 더 편리하다. 하지만 각 교사마다 처한 상황이 다르기 때문에 거꾸로교실 방법이 부담스럽다면 '영상을 활용한 체육 수업'이 좋은 대안이 될 수 있다.

거꾸로교실 체육 수업 vs 영상을 활용한 체육 수업

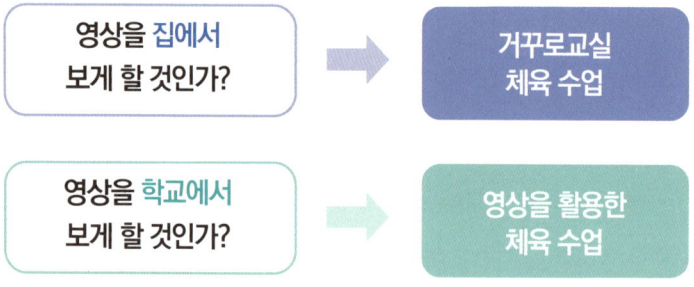

'영상을 활용한 체육 수업'을 할 때 영상을 언제 보여줘야 할까?

❶ 아침 1교시 전에 보여준다.

학교는 보통 9시에 1교시 수업을 시작한다. 학생들의 등교는 8시 40분이면 완료된다. 그럼 체육이 든 날 8시 50분부터 9시까지 체육 영상을 보여주면 어떨까? 이때 공책에 내용 정리도 시킨다. 학기 초부터 약속을 하면 학생들이 잘 따라온다.

❷ 체육 수업 시작 전 쉬는 시간에 보여준다.

체육이 3교시에 들었다면 2교시 수업이 끝나고 바로 체육 영상을 보여준다. 학기 초에 학생들에게 미리 양해를 구하고 약속을 정한다. 화장실은 영상 시청이 끝난 뒤 체육관이나 운동장으로 이동할 때 살짝 다녀오도록 한다.

❸ 체육 수업 내에 보여준다.

여건이 허락되지 않는다면 수업을 시작한 뒤에 영상을 보여주는 것도 하나의 방법이다. 단, 이 경우는 실제 활동 시간이 줄어드는 단점이 있다. 그다지 추천하지 않는 방식이다.

영상을 활용한 체육 수업의 흐름

영상을 활용한 체육 수업을 다음과 같은 순서로 따라 해보자!

1) 체육 수업 디자인하기

체육 수업을 어떻게 진행할지 교사가 고민하는 단계이다. 이 단계는 어떤 수업을 하든 교사들이 거쳐야 하는 과정이다. 다만, 영상을 활용한 체육 수업에서는 본 수업 시간에 무엇을 할 것인지, 그리고 그전에 학생들에게 어떤 영상을 보여줄지 고민해야 한다. 또한 신체활동으로만 끝나는 것이 아니라 학생 중심의 배움이 일어나는 과정에서 어떤 역량을 길러줄 것이며, 이를 위해 어떤 활동 기법을 넣을 것인지 고민해야 한다.

예를 들어, 플라잉디스크로 디스크 골프를 할 때, 단순히 디스크 골프에만 치중하는 것이 아니라 모둠별로 중간중간 회의를 하며 서로 칭찬하고 조언해주는 시간을 갖도록 수업 구조를 계획해야 한다. 그래야 의사소통 및 협력 역량을 기를 수 있다.

2) 영상을 탐색하거나 제작하기

수업을 디자인했다면 학생들에게 사전에 제시할 영상을 준비해야 한다. 의미 있는 수업을 하려면 교사가 직접 영상을 만들면 좋다. 우리 반 학생들의 입장에서 생각한다면 담임교사, 또는 나를 가르치는 체육 교사의 목소리가 들어간 영상이 가장 친근하고 귀에 잘 들어오기 때문이다.

하지만 체육 영상을 만드는 것은 쉽지 않다. 영상을 만드는 기술보다 체육 활동에 대한 배경지식(CK)이 충분히 있어야 하는데, 그 부분이 부족하면 영상 만들기가 어렵다. 그러므로 영상을 직접 만들지 말고, 다른 교사들이 만든 영상을 활용하는 것이 낫다. 교사 커뮤니티에 가면 체육 활동을 친절하게 설명해주는 영상들이 많이 있다. 특히, 코로나 시대에 온라인 수업을 하며 만들어진 영상들이 아주 많다. 이것들을 활용하면 된다.

체육 영상을 직접 만들고 싶다면 86쪽 '체육 영상의 종류 및 만드는 방법'을 참고하자.

3) 학생들에게 영상 공유하기

학생들이 집에서 영상을 보고 오게 하려면 교사와 학생이 함께 있는 플랫폼이 필요하다. e-학습터, 클래스팅, 밴드와 같은 플랫폼이 있다. 여기에 영상을 직접 올리거나 영상 링크를 올려 학생들이 볼 수 있게 한다.

거꾸로교실이 교사들에게 크게 환영받지 못했던 이유 중 하나가 플랫폼의 부재였다. 코로나 시대 이전에 플랫폼을 가지고 학급을 운영하는 교사들은 많지 않았다. 거꾸로교실을 하려면 플랫폼에 학생과 학부모를 가입시켜야 하는데 이 부분이 어려웠다. 그런데 코로나가 이 장애물을 모두 해결해주었다. 2020~2021학년도에 플랫폼이 없었던 학급이 있었던가? 온라인 수업으로 인해 전국의 모든 학급에 플랫폼이 생겼다. 이런 상황이 거꾸로교실 체육 수업을 하기에 적합한 환경을 활짝 열어주었다.

하지만 이 부분이 부담스럽다면 학교에서 아침 시간이나 체육 수업 직전 쉬는 시간에 영상을 보여주면 된다.

4) 수업 전 영상 시청하기

학생들은 교사가 제시한 체육 사전 영상을 집에서 시청한다. 집에서 각자 영상을 시청하면 좋은 점이 있다. 영상을 보다가 잠시 멈출 수 있고, 이해가 안 되면 다시 돌아가서 볼 수 있다. 그런데 영상을 활용한 체육 수업에서는 영상을 함께 보기 때문에 개별화 학습을 하지 못해 아쉬운 점이 있다.

수업 전에 영상을 보고 오도록 미리 안내한다.

각자 영상을 시청할 때는 영상만 보고 끝내는 것이 아니라 시청한 내용을 공책에 정리한다. 게임이라면 그 게임의 규칙을 정리하고, 스포츠 종목이라면 해당 종목의 규칙을 정리한다. 그래야 다음에 이어질 '모둠원끼리 영상 내용을 확인하는 단계'에서 더 의미 있는 학습을 할 수 있다.

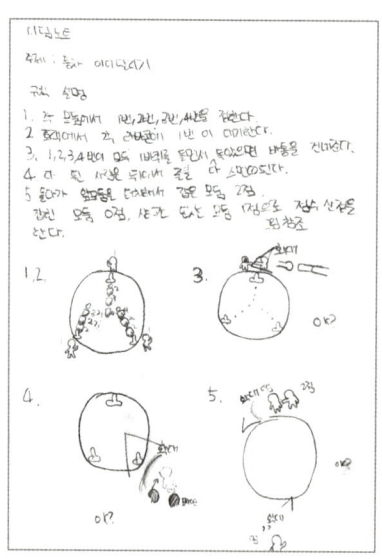

사전 영상을 보고 정리한 학생의 공책

5) 실제 수업 시간

❶ 모둠원끼리 영상 내용 확인하기

체육 수업이 시작되었다. 교사가 학생들에게 질문을 한다.

"여러분! 선생님이 보내준 영상 잘 봤어요?"

"네!"

"자, 그러면 이제 모둠 대형으로 책상을 만들고, 모둠 친구들끼리 설명하는 시간을 갖겠습니다."

모둠에서 설명할 친구를 1명 뽑는다. 이 역할은 돌아가면서 한다. 설명하는 사람은 필기한 내용을 보면서 친구들에게 오늘 할 활동의 규칙을 설명한다. 다른 친구들은 설명하는 사람의 이야기를 들으며 자신이 알고 있는 내용과 상대가 이야기하는 내용이 같은지 비교하며 듣는다. 비판적 사고가 동원되는 것이다. 만약에 본인이 알고 있는 규칙과 다르게 이야기하면 이를 반박하고 토론한다. 이해가 잘 안 되는 점은 서로 질문하고 답변한다.

이 과정이 의미 있는 이유는 '메타 인지' 경험이 활성화되기 때문이다. '메타 인지'란 나를 객관적으로 보는 상태로, 내가 아는 것을 나의 말로 설명할 수 있다면 메타 인지를 발휘하는 것이다. 체육 활동의 규칙을 선생님에게 일방적으로 듣는 것보다 친구들에게 설명하는 것이 메타 인지의 관점에서 볼 때 체육 규칙을 이해하는 데 더 도움이 된다. 이를 영상을 활용한 체육 수업에서 실현하는 것이다. 즉, 설명하는 학생들이 많아지면 많아질수록 게임 규칙을 이해하는 학생들이 더 늘어난다.

모둠별로 학생들을 나눠서 서로 설명하게 하면 어떤 일이 벌어질까? 학생들은 영상을 보고 활동의 규칙을 배우고, 본 활동에 들어가기에 앞서 친구들에게 설명하고 듣는 과정에서 다시 한번 배운다.

이 시간은 3분 정도 걸린다. 규칙이 복잡하면 더 길어지지만 보통 3분 이내에 마무리된다. 학기 초에는 처음이라 오래 걸릴 수 있지만, 시간이 지날수록 학생들이 이 방법에 익숙해져 3분이면 충분하다.

모둠원끼리 영상 내용을 확인한다.

❷ 이해 안 되는 부분 질문하기

모둠원끼리 영상 내용을 확인했다면, 이제 교사가 등장할 차례이다. 교사는 학생들에게 질문한다.

"모둠별로 오늘 할 체육 활동 규칙에 대해 이야기 잘 나누었나요?"

"네!"

"혹시 모둠별로 이야기 나누었을 때 해결이 안 된 부분이 있나요? 게임 규칙이 이해가 안 되는 부분이요."

이렇게 질문하면 학생들이 애매했던 규칙을 질문한다. 교사는 그 규칙에 대해 학생들에게 정확하게 설명해준다. 이런 과정을 거치면 교사와 학생들 간 배경지식의 차이가 줄어든다.

이 과정이 의미가 있는 이유는 교사가 미처 생각하지 못한 것을 학생들이 질문하기 때문이다. 교사가 완벽하게 아는 체육 활동이면 상관없지만, 교사도 직접 경험해 보지 못하고 그저 재미있는 활동이 담긴 영상을 찾아 수업을 진행할 때가 있다. 이때 학생이 이런 질문을 할지도 모른다.

"선생님! 공격수가 보낸 공이 라인에 맞으면 아웃(out)인가요? 인(in)인가요?"

교사가 활동의 규칙을 정확히 모를 수 있다. 하지만 걱정하지 않아도 된다. 오히려 학생들에게 되묻는다.

"이 경우에 아웃으로 할까? 인으로 할까?"

학생들이 아웃으로 하자고 하면 아웃으로 정한다. 이것은 학생들과 서로 합의하면 되는 문제이다. 앞에서 말했지만 초등학교 체육은 '낭만 체육'의 성격을 지니고 있다. 스포츠 종목을 정확하게 수행하는 것보다 우리 반 상황에 맞게 변형하는 수업이 더 의미 있다.

이렇게 규칙을 명확하게 정하면 학생들이 교사의 판정에 불만을 품는 일이 줄어든다. 사전에 서로 약속했기 때문이다. 그래서 이 과정이 의미가 있다. 학생들이 질문하고 교사가 답변하는 과정에서 학생들의 참여도 이끌어낼 수 있다. 이전 수업에서는 교사의 입만 바라보던 학생들이 영상을 통해 활동 규칙을 이미 알고 있기 때문에 보다 더 능동적으로 체육 수업에 참여한다.

앞서 모둠원끼리 영상을 확인(3분)하고 위 과정(3분)을 거쳐 체육관이나 운동장으로 이동하면 10분 이내로 소요된다. 이 시간을 줄이려면 학기 초부터 연습해서 시간을 최대한 효율적으로 활용해보자. 체육 수업을 수업 시작 종이 치기 전부터 시작하는 것도 하나의 방법이다.

❸ 준비운동과 교구 준비하기

이제 운동장이나 체육관으로 이동하여, 준비운동을 하고 교구를 준비할 차례이다. 초등학교 체육 수업에서 가장 큰 어려움 중 하나는 교구 준비다. 그런데 영상을 활용한 체육 수업을 하면 이 문제가 말끔히 해결된다. 기존 체육 수업에서 교구 준비가 어려웠던 이유는 어떤 교구를 어떻게 배치할지가 교사의 머릿속에만 있었기 때문이다. 학생들은 오늘 어떤 활동인지 교사의 설명을 들어야 알 수 있었다. 그런데 이제는 학생들이 영상을 보고 왔기 때문에 오늘 할 활동을 이미 알고 있다. 이렇게 교사와 학생의 배경지식이 비슷해졌으므로 교구를 함께 준비할 수 있다.

필자는 학기 초에 체육부장 1명과 체육부원 3명을 미리 뽑는다. 그리고 그들에게 '너희가 빨리 준비해주면 체육 시간이 늘어난다.'는 일종의 사명감을 심어준다. 그리고 모둠원끼리 설명하는 시간이 끝나면 체육부장과 체육부원을 불러 이렇게 말한다.

"얘들아! 오늘 할 활동 알지? 체육 자료실에 가면 오늘 활동에 필요한 물품이 ○○○에 있어. 그것을 ○○○○○ 배치해서 경기장을 미리 만들면 되는 거야. 알았지? 서둘러서 가봐."

이 말이 끝나면 체육부장과 체육부원들은 재빠르게 체육관으로 가서 교구를 미리 준비한다. 그때 담임교사는 나머지 학생들을 이끌고 체육관으로 이동하면 된다. 교사가 교구를 혼자 준비하는 것이 아니라 학생들과 함께 준비하는 모습이 펼쳐진다.

학생들을 인솔해서 체육관에 가면 어느 정도 교구가 준비되어 있다. 교사는 곧 학생들에게 준비운동을 시키고, 준비가 덜 된 교구를 보충한다. 이렇게 하면 함께 준비하는 학생들 덕분에 체육 수업이 수월해진다.

경기장, 어떻게 만들까?

체육 수업이 어려운 이유 중 하나가 경기장을 교사가 만들어야 한다는 점이다. 보통 경기장 크기는 미터(m)로 제시되어 있는데 매번 줄자로 경기장을 그릴 수는 없다. 이 경우 발걸음으로 크기를 가늠하면 된다. 예를 들어, 줄자로 10m를 재서 몇 걸음인지 가본다. 필자는 14걸음이다. 운동장에서 야구 경기장을 그릴 때 10m라면 14걸음을 가면 된다. 비율적으로 5m라면 7걸음 간다.

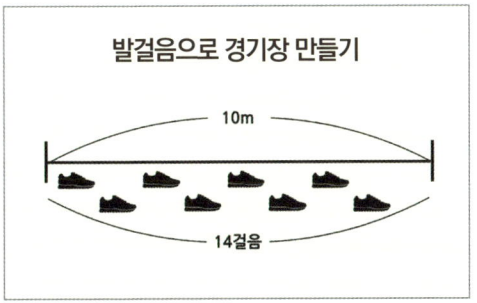

● 직사각형 경기장 만들기

직사각형 경기장은 콘, 원마커, 접시콘으로 만든다. 라인기로 그려도 되지만 시간이 오래 걸리므로, 경기장을 만들어야 할 때는 이 방법으로 한다.

직사각형 경기장의 꼭짓점이나 변의 중점처럼 중요한 포인트에는 콘을 두고, 나머지 콘과 콘 사이에 원마커나 접시콘을 누어 표시한다. 이때, 체육관이라면 원마커를, 운동장이라면 접시콘을 사용한다. 원마커를 운동장에서 사용하면 표면에 스크래치가 생기기 때문에 나중에 체육관에서 사용할 때 미끄러워질 수 있다. 따라서 원마커는 되도록 운동장에서 사용하지 말고, 체육관에서만 사용하자.

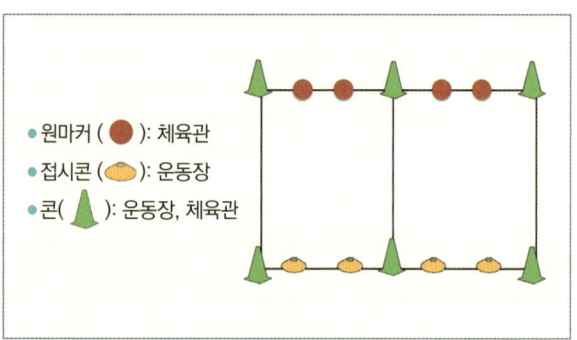

직사각형 경기장 만들기

● 원형 경기장 만들기

원형 경기장 만드는 것을 어려워하는 교사들이 있다. 원형 경기장을 만들 때는 접시콘(운동장), 원마커(체육관)가 필요하며, 다음과 같이 만든다.

❶ 원의 중심을 잡고 접시콘을 둔다.
❷ 반지름 걸음 수를 정한다.
❸ 동서남북에 반지름 발걸음만큼 가서 접시콘을 둔다.
❹ 접시콘 사이사이에 또다른 접시콘을 2~3개씩 둔다.

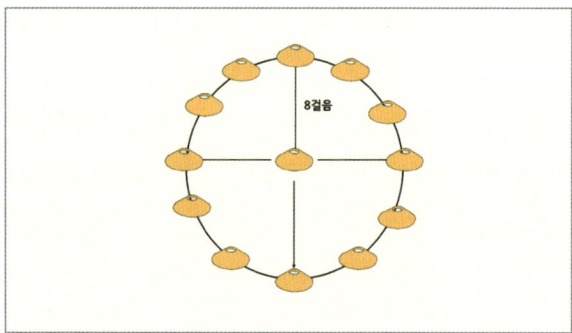

원형 경기장 만들기

❹ 체육 활동하기

준비운동이 끝나면 본 수업으로 들어간다. 오늘 할 활동을 영상으로 보았고, 교실에서 충분히 이해했기 때문에 실제 활동에 바로 들어갈 수 있다. 체육관에서 학생들에게 구구절절 설명하는 것보다 교실에서 앞 과정을 거치면 학생들의 이해도가 훨씬 높아진다. 체육 수업이 훨씬 더 효율적으로 진행되고, 규칙을 이해하지 못해 헤매거나 다투는 경우가 현저히 줄어든다. 설명하는 시간이 줄어들기 때문에 실제 활동 시간도 충분히 확보된다.

❺ 정리운동하고 정리 활동하기

실제 활동이 끝나고 나면 수업 종료 약 3분 전에 학생들을 모아 정리운동을 한다. 정리운동은 학생들의 근육통 예방이나 안전사고 발생 시 학생과 교사를 보호하는 차원에서 매우 중요한 과정이다. 따라서 반드시 해야 한다. 영상을 활용한 체육 수업을 하면 앞에서 설명한 것처럼 훨씬 효율적인 신체활동이 이루어지기 때문에 정리운동과 정리 활동을 할 수 있는 시간이 생긴다.

영상을 활용한 체육 수업의 좋은 점

영상을 활용한 체육 수업을 하면 어떤 점이 좋을까?

완성도 높은 체육 수업을 할 수 있다

첫째, 학생들이 체육 수업을 하기 전에 오늘 할 활동의 영상을 미리 보면 배경지식이 올라간다. 그리고 모둠원끼리 서로 설명하는 '동료학습'을 통해 메타 인지를 경험한다면 활동 내용을 더 잘 이해할 것이다. 이것을 바탕으로 체육 수업의 완성도를 높일 수 있다.

둘째, 활동 내용에 대한 높은 이해로 실제 활동 시간이 늘어나기 때문에 정리운동과 정리 활동도 가능해진다. 많은 교사들이 정리운동과 정리 활동을 하지 못하는데, 이 점이 해결된다.

셋째, 체육 자료를 잘 준비할 수 있다. 영상을 미리 본 학생들의 배경지식이 올라가기 때문에 가능한 일이다.

이렇듯 교사와 학생이 함께 수업을 만들어가면 완성도 높은 체육 수업이 가능해진다.

역량을 기르는 체육 수업을 할 수 있다

신체활동은 기본이고 '역량'도 함께 기르는 체육 수업은 어떨까? 2015 개정 교육과정에서는 '역량'을 추구한다. 영상을 활용한 체육 수업에서는 신체활동에 들어가기 전 모둠원끼리 활동 규칙을 설명한다. 이 과정에서 학생들은 의사소통을 경험하고 의사소통 능력을 기를 수 있다. 이 과정은 상당히 협력적이다. 학생들이 자신이 좋아하는 체육 수업을 잘하기 위해서 머리를 맞대고 설명하기 때문이다. 내가 아는 것과 남이 설명하는 것을 비교하며 듣기 때문에 비판적 사고도 길러진다. 아울러 자기 주도 능력도 기를 수 있다. 교사의 입만 쳐다보던 아이들이 활동의 규칙을 질문하고 교구도 설치하며 능동적인 자세로 바뀐다.

자기 주도 능력을 기르는 것은 중요하다. 체육 수업에서도 프로젝트 학습이 많이 진행된다. 학생들이 게임을 직접 만드는 수업, 표현 영역에서 음악에 맞춰 작품을 만드는 수업 등이 있다. 이때 자기 주도 능력이 있는 학생들은 프로젝트 학습에 더 적극적으로 참여한다. 이 시작이 영상을 활용한 체육 수업이 될 수 있다.

학생들이 다양한 체육 활동을 경험한다

교사가 체육 활동에 관한 경험이 많다면 학생들에게 다양한 경험을 안겨줄 수 있다. 그런데 교사가 경험이 별로 없다면 이를 어떻게 극복할 수 있을까? 교사는 체육 활동이 잘 설명된 영상을 보고 직관적으로 이해할 수 있고, 영상을 활용한 체육 수업으로 학생들을 수업에 참여시킬 수 있다. 이렇게 교사가 직접 경험하지 않았어도 '영상'을 통해 학생들에게 다양한 체육 활동을 경험시켜줄 수 있다. 기존에 피구나 축구를 많이 했던 '아나공 수업'에서 벗어나는 최고의 길은 영상을 활용한 체육 수업이다.

복직해서 6학년 담임교사를 하게 된 교사가 있었다. 그는 특히 체육 수업을 힘들어하는 분이었다. 필자는 그 교사에게 '영상을 활용한 체육 수업'의 흐름을 알려주었고, 6개월 후 다시 만난 그가 말했다.

"열정기백쌤 영상을 활용하고, 체육을 좋아하는 우리 반 아이들의 도움을 받았더니 체육 수업이 너무 수월하더라고요."

체육 수업에 부담을 느끼는 교사들이 많다. 그들에게 영상을 활용한 체육 수업을 해보라고 꼭 추천하고 싶다.

체육 영상의 종류 및 만드는 방법

체육 수업에서 활용하는 영상을 어떻게 만들까? 다음 4가지 방법이 있다.

1) 종이에 쓰면서 영상 만들기

첫째, 종이에 쓱쓱 그리거나 쓰면서 스마트폰으로 찍는 방법이다. 종이, 펜, 스마트폰만 있으면 가장 손쉽게 영상을 만들 수 있다. 어떻게 보면 성의 없어 보이지만 학생들 입장에서 가장 좋은 영상은 나를 가르치는 선생님이 직접 만든 영상이다. 우리 선생님의 목소리가 들어간 영상이 학생들에게 이해도가 가장 높고 라포르(rapport) 형성에 도움을 주기 때문이다. 따라서 영상의 질을 높이려고 하기보다는 학생들에게 오늘 할 활동을 가볍게 설명하는 것이 더 효과적이다.

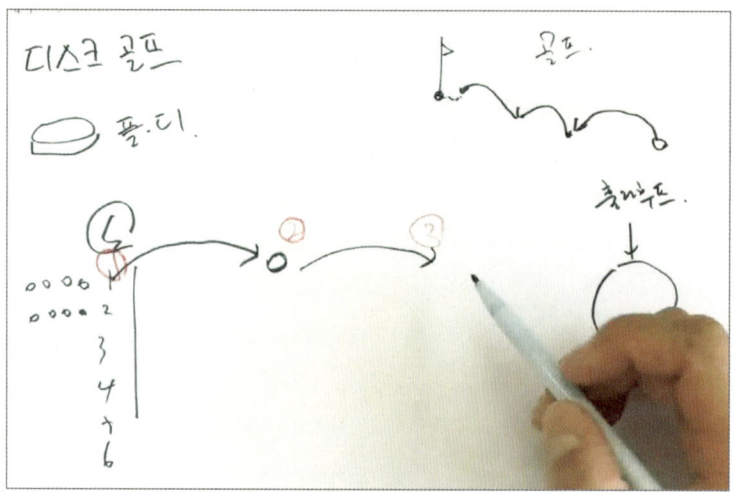

종이에 쓰면서 영상 만들기

2) 구체물로 영상 만들기

둘째, 레고 블록 같은 구체물로 영상을 만드는 방법이다. 필자는 아이가 가지고 놀던 레고 블록을 사용하여 영상을 만들었다. 스마트폰을 거치대에 설치하고, 레고 블록을 사람이라 하고, 손으로 움직이며 활동을 설명했다. 이렇게 영상을 찍으면 종이에 그림을 그리는 것보다 사람의 동선을 보다 더 쉽게 설명할 수 있어서 좋다.

체육 교구가 중요하다면 바로 보여주는 것도 방법이다. 예를 들어, 스캐터볼에 대한 규칙을 설명해야 한다면 스캐터볼을 준비해서 직접 굴려보며 설명할 수 있다.

구체물을 이용하여 영상 만들기

3) 파워포인트 애니메이션으로 만들기

셋째, 파워포인트의 애니메이션 기능을 이용하여 영상을 만들 수 있다. 파워포인트로 내가 만든 도형에 애니메이션 기능을 입힐 수 있다. 그러면 도형이 내가 의도한대로 움직인다. 애니메이션을 이용하면 체육 활동을 이해하기 쉽게 만들 수 있다.(보통 파워포인트를 쓰는데 Mac 사용자라면 Keynote도 좋다.) 그런데 이 방법은 만드는 데 시간이 너무 오래 걸린다. 도형 하나하나에 애니메이션을 지정하며 움직이게 하려면 시간과 공이 많이 든다. 필자는 이 기능을 사용해 영상 한 편을 만드는 데 6시간이 걸렸고, 애니메이션 기능을 넣는 데만 꼬박 2시간이 걸렸다. 따라서 일반적으로 하기에는 적합하지 않은 방법이다.

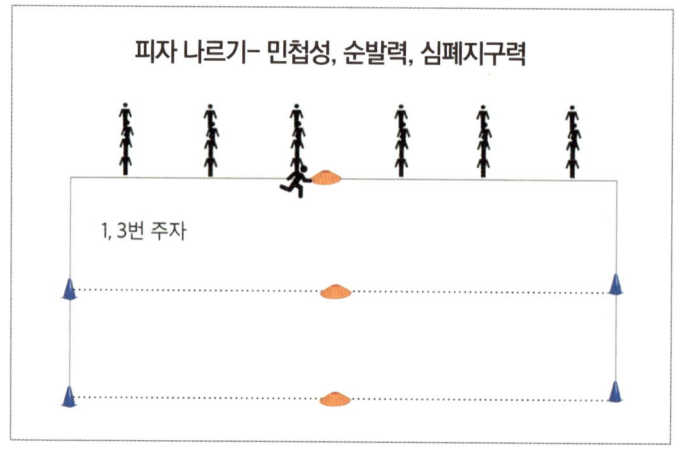

파워포인트로 애니메이션 영상 만들기

4) 미리 찍어놓은 영상으로 만들기

넷째, 미리 찍어놓은 영상으로 영상을 제작하는 방법이다. 앞에서 설명했지만 체육 수업에서 영상은 직관적으로 이해하게 해주는 가장 효과적인 방법이다. 따라서 누군가 실제로 해본 영상을 사전에 보여주는 것은 거꾸로교실에서 가장 좋은 전략이다.

미리 찍어놓은 영상은 다음 3가지로 분류할 수 있다.

❶ 작년에 찍어놓은 영상 활용하기

작년 체육 수업이나 예전에 미리 찍어놓은 수업 장면이 있을 수 있다. 이 영상을 그대로 활용하면 영상을 쉽게 만들 수 있다. 영상을 틀어놓고 교사가 중계하듯이 설명만 하면 된다. 평소 수업 모습을 스마트폰으로 촬영하고, 그 영상을 잘 저장해놓자. 이 자료들이 유용하게 사용될 것이다.

❷ 우리 반 학생들과 사전에 찍어놓은 영상 활용하기

올해 우리 반 학생들 몇 명을 데리고 다음에 할 체육 수업을 위해 영상을 미리 찍을 수도 있다. 그런데 이 방법은 연구대회에 나갈 때나 하지, 평소 수업 때는 하지 않는다. 물론 코로나 시대 온라인 수업에서는 이런 방법으로 영상을 촬영하기도 했다. 하지만 일반적인 상황이라고 보기는 어렵다.

❸ 다른 선생님의 영상 활용하기

'다른 선생님의 영상 활용하기'가 가장 효과적이고 효율적인 방법이다. 초등학교 교사의 특성상 여러 과목을 가르쳐야 하고 가르치는 학년도 6개 학년이다. 그리고 가르치는 학년도 매년 바뀐다. 그래서 한 학년의 체육 영상을 힘들게 만들어도 다음에 쓴다는 보장이 없다. 그러므로 다른 교사가 만든 영상을 활용하는 것이 가장 효율적이다. 필자가 〈기백반 체육교실〉 영상을 만드는 이유도 이 때문이다. 영상을 활용한 체육 수업이 효과적이라고 생각하므로 나 자신과 다른 교사들을 위해 영상을 만드는 것이다.

요즘은 유튜브나 다른 커뮤니티에 재미있는 체육 활동 영상을 만들어 올리는 교사들이 많다. 이런 교사들의 영상을 눈여겨보다가 괜찮은 활동은 스크랩해두고, 다음 수업 때 활용하면 된다.

앞에서도 말했지만, 체육 영상은 담임교사가 직접 만들지 않고 다른 교사의 영상을 써도 크게 문제되지 않는다. 왜냐하면 체육은 지식이 중요한 게 아니라 자신의 몸으로 직접 하는 것이 중요한 교과이기 때문이다. 따라서 활동 규칙에 대한 설명은 누가 하든 상관없다.

위 4가지 방법 중에 자신에게 맞는 것을 선택해서 적용해보자. 물론 우리 반 학생들은 담임교사가 직접 만든 영상을 가장 좋아할 것이다. 하지만 체육 수업은 다른 교사가 만든 영상을 활용해도 괜찮다는 것을 기억하며, '영상을 활용한 체육 수업'을 적극적으로 진행해보자.

영상을 활용한 체육 수업과 내용학적 지식(CK)의 관계

지금까지 영상을 활용한 체육 수업을 해야 하는 이유와 하는 방법에 대해 알아보았다. 이제 영상을 활용한 체육 수업과 내용학적 지식(CK)과의 관계를 정리해보자. 교사들이 체육 수업에 자신 없는 이유 중 하나는 '체육 교육에 관한 내용학적 지식(CK)'이 부족하기 때문이다. 이것을 어떻게 극복할 수 있을까?

우선 교사는 영상을 활용한 체육 수업을 하기에 앞서 필연적으로 영상을 찾는다. 우리 반 학생들에게 적용할 영상을 찾는 과정에서 새로운 체육 활동을 알게 된다. 그러면 교사는 영상을 통해 본인이 직접 경험하지 않은 것을 가르칠 수 있다. 가르치는 방법은 영상을 활용한 체육 수업의 흐름을 따라가면 된다. 이 과정에서 학생들은 체육 수업의 주인공이 될 수 있다. 수업 전에 영상을 미리 봤기 때문에 오늘 할 활동에 대한 배경지식을 가지고 있고, 중간중간 교사의 발문을 따라오며 체육 수업에서 자기 주도적인 입장을 가질 수 있다. 그렇게 교사와 학생이 함께 성공적인 체육 수업을 만들 수 있다.

이렇게 수업을 하면 교사에게 체육 활동에 대한 내용학적 지식(CK)이 쌓인다. 교사가 직접 경험하지는 않았지만 학생들을 한 번 가르치고 나면 그다음 해에도 가르칠 수 있다. 영상을 활용한 체육 수업을 통해 내용학적 지식이 점점 쌓이는 것이다. 이를 테면 '수업 냉장고'가 채워지는 셈이다. '영상을 활용한 체육 수업'은 체육 수업에 자신 없는 교사들에게 자신감을 불러일으키게 해준다.

체육에서 영상을 활용한 수업(거꾸로교실)을 해야 하는 이유

교사가 영상을 찾는 과정에서 새로운 체육 활동을 알게 된다.
▼
영상을 통해 교사가 경험하지 않은 것을 가르칠 수 있다.
▼
학생들이 체육 수업의 주인공이 된다.
▼
교사와 학생이 체육 수업을 함께 만들어 간다.
▼
교사는 체육 콘텐츠(CK)를 쌓고 체육 교육에 자신감도 얻는다.

체육 수업의 1시간 흐름 이어가기

체육 수업에서 루틴이 필요한 이유

사람들은 호기심이 있어 새로운 것을 좋아하지만, 매순간 그렇게 살다 보면 안정되지 않아 힘이 든다. 그래서 우리는 일상 속 루틴의 흐름을 좋아한다. 아침부터 저녁까지 습관처럼 이루어지는 생활의 흐름은 우리를 편안하게 한다. 체육 수업에도 안정된 흐름이 있다. 여기에서는 각자의 수업 흐름과 필자가 제안하는 수업의 흐름을 비교하며 자기만의 1시간 수업을 더욱 견고하게 만들어가기 바란다.

체육 수업의 흐름은 교수·학습 모형에 따라 달라진다. 직접 교수 모형, 협동 학습 모형, 이해 중심 게임 수업 모형, 스포츠 교육 모형 등에 따라 수업의 흐름이 다르다.[*] 단, 보통 수업에서는 다음과 같이 1시간의 흐름을 이어가보자!

---

[*] 유정애 외 9인, 『체육 수업 모형』, 대한미디어, 2010

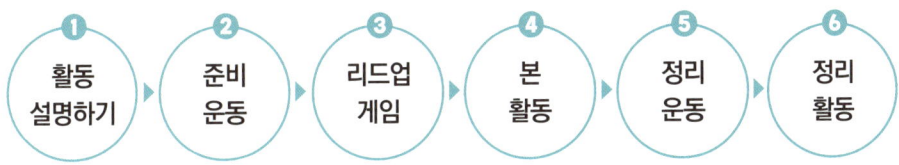

위와 같은 체육 수업의 일반적인 흐름을 알고 나면 체육 수업에 자신감이 생긴다. 알고 나면 별거 아닌데, 모를 때는 엄청 커보이는 것이 이 부분이다.

체육 수업의 흐름을 알기 전에 필요한 사전 지식

1시간의 체육 수업 흐름에 대해 이야기하기 전에 꼭 알아야 하는 2가지가 있다. 하나는 '짧은 호흡의 수업과 긴 호흡의 수업'이고, 다른 하나는 체육 수업에서 학생들이 모이는 '대형'에 관한 이야기다. 이 2가지를 알면 그다음 내용도 이해가 더 쉽다.

짧은 호흡의 수업 vs 긴 호흡의 수업

체육 수업의 구조를 짧은 호흡의 수업과 긴 호흡의 수업으로 나눠보자.

짧은 호흡의 수업은 초등학교에서 많이 하는 유형이다. 1시간 안에 학생들에게 활동의 규칙을 알려주고, 실제로 활동에 들어가는 수업 구조다. 이렇게 1시간 동안 게임을 소화하고, 다음 체육 수업에서는 또 다른 활동을 소화한다. 매시간마다 하는 활동이 달라진다.

초등학교에서 이런 유형이 많이 등장하는 이유는 초등 체육은 '낭만 체육'을 실현하기 때문이다. 2장에서 이야기한 것처럼 초등 체육은 '낭만 체육'의 단계, 즉, 학생들에게 체육 활동은 재밌고 낭만적이라는 인식을 심어주어야 한다. 그런데 같은 활동을 1주~2주 동안 한다면 학생들 입장에서 어떨까? 가령 아무리 재미있는 '얼음땡'이라도 여러 번 계속하면 학생들은 지루해할 것이다. 초등학교 학생들의 특징 중 하나가 흥미가 쉽게 떨어지고 다른 재미있는 거리를 찾는다는 점이다. 그래서 초등학교 체육 수업에는 1시간마다 다른 활동을 하는 '짧은 호흡의 수업'이 많다.

'짧은 호흡의 수업'을 부정적인 관점에서 보면 체육 수업의 내용학적 지식(CK)이 부족한 교사들이 이런 수업을 하게 된다. 1년의 체육 수업 설계를 어떻게 하는지 모르는 상황에서 하기 때문에 학생들이 만족하는 재미있는 활동 위주로 수업을 채우고, 그다음 시간에도 재미있는 활동을 찾아 진행한다. 이것이 '짧은 호흡의 수업'이다.

긴 호흡의 수업은 중등에서 많이 나오는 유형이다. 중학교 체육 선생님들과 이야기를 나누어 보면 자신들이 자신있는 종목을 짧게는 1주, 길게는 2개월 이상 진행한다고 한다. 실제로 중학교는 경쟁 영역의 스포츠 종목을 가르치기 때문에 나오는 당연한 결과이다. 경쟁 영역의 스포츠 교육 모형을 적용하거나, 표현 영역의 프로젝트 수업이 진행되는 경우가 대표적인 긴 호흡의 수업이다.

스포츠 교육 모형은 특정 종목(농구, 축구, 티볼 등)을 정해 모둠이나 학급 대항으로 리그전 시합을 하는 수업 모형을 말한다. 2개 모둠이 시합하는 동안 다른 모둠은 게임을 진행하고 심판을 본다. 또는 영상을 촬영하거나 아나운서와 해설자가 되기도 한다. 이런 구조 속에서 1~2개월 정도 길게 수업이 진행된다.

한편, 표현 영역을 지도할 때는 프로젝트 수업이 많이 진행된다. 표현 영역은 보통 작품을 완성해서 발표하는 흐름을 가진다. 모둠별로 노래와 안무를 정해 연습하고, 발표날에 친구들 앞에서 발표하고 다른 친구들은 감상한다. 이렇게 수업이 진행하는 데 1~2개월 정도가 소요된다.

짧은 호흡과 긴 호흡의 수업에 대해 설명하는 이유는 체육 수업을 어려워하는 교사들에게 새로운 시각을 제시하기 위함이다. 매번 1시간의 짧은 호흡으로 수업하며 다른 활동을 찾는 것도 중요하지만, 긴 호흡의 수업이 있음을 알고 수업을 설계해보면 좋겠다. 학기 초, 건강 영역에서 건강 체력이나 운동 체력을 주제로 짧은 호흡의 수업을 진행하는 것은 좋다. 하지만 경쟁 영역이나 표현 영역은 긴 호흡으로 수업을 진행하는 것이 더 의미 있다.

체육 수업에 많이 활용되는 대형 3가지

체육 수업에는 대형이 반드시 필요하다. 대형이 있어야 학생들이 고민하지 않고 자신이 있을 자리에 위치하기 때문이다. 이것은 대단히 중요한 기능을 한다. 만약 학생들이 자신이 어디에 있어야 할지 모른다면 체육 수업을 시작하기 전부터 우왕좌왕한다. 체육 수업이 어려운 이유가 이런 점 때문이다.

교실에서 수업을 하면 책상과 걸상이 있고, 자기 자리가 정해져 있기 때문에 어디에 있어야 하는지가 명확하다. 하지만 체육 시간에 운동장이나 체육관에 모이면 뻥 뚫려 있기 때문에 학생들이 자기 자리를 찾지 못한다. 어색함을 없애려고 친한 친구들끼리 모여있으러다 보니 대형은 엉망이 된다. 그래서 체육 수업에는 대형이 '반드시' 있어야 한다고 서두에서 밝힌 것이다.

대형의 종류에는 3가지가 있다.

체육 수업에서 많이 활용되는 대형

여기서 대형을 자세히 소개하는 이유는 이 이후에 이어질 1시간의 체육 수업 흐름에서 대형에 관한 내용이 나오기 때문이다.

❶ 모둠 대형 모이기

이 대형은 모둠별로 한 줄씩 만들어 직사각형 모양으로 서는 대형이다. 이 대형은 처음 수업을 시작할 때, 준비운동이 끝나고 본 활동을 설명할 때, 본 활동 중간에 모여서 피드백 주고받을 때 필요하다.

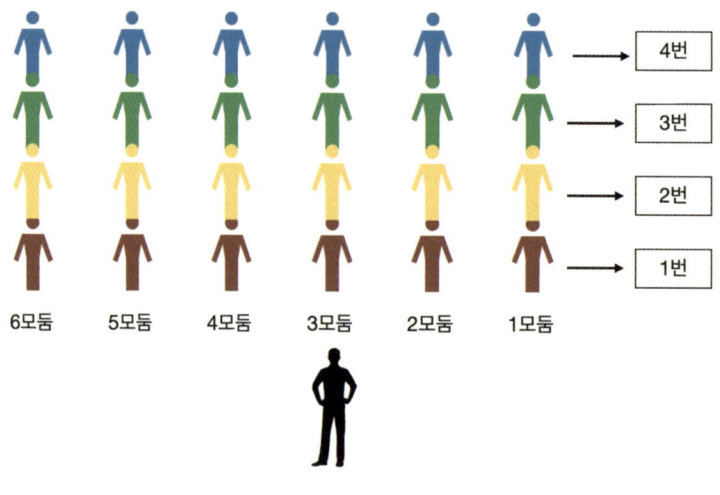

모둠 대형 모이기

보통 모둠은 4인 1모둠으로 구성한다. 모둠원을 짝수로 구성하는 것이 2인 활동에서 유리하다. 그리고 각 모둠에서 1, 2, 3, 4번 번호를 정한다. 보통 1번이 리더를 맡는다. 번호를 정하는 이유는 모둠별로 순서가 정해져 있으면 게임 활동을 할 때 편하기 때문이다. 릴레이 게임 같은 것을 할 때 번호가 이미 정해져 있으면 그 시간을 따로 할애하지 않아도 된다. 그리고 준비물이나 팀 조끼를 모둠별로 가져오게 할 때도 유용하다.

"4번이 모둠에서 필요한 준비물을 가져오세요."

"3번이 팀 조끼를 가져오세요."

이런 식의 지시를 할 수 있으므로 체육 수업을 보다 효율적으로 할 수 있다.

❷ 원 대형 모이기

원 대형은 동그랗게 원으로 서는 대형이다. 이 대형은 준비운동이나 정리운동, 반성이나 성찰을 할 때 주로 사용된다. 원 대형으로 모이면 서로의 얼굴을 쳐다볼 수 있기 때문에 서로가 친밀감을 느껴서 좋다. 특히 준비운동이나 정리운동을 할 때 이 대형으로 하면 좋다. 기존에 우리가 많이 이용했던 대형은 군대에서 많이 사용되는 직사각형 대형이다. 이 대형으로 서면 학생 입장에서 친구들의 뒤통수가 보이고 교사의 얼굴만 보게 된다. 함께 한다는 느낌이 적고, 교사의 지시에만 따라야 할 것 같은 권위적인 대형이다. 이에 비해 원 대형은 수평적이고 의사소통을 하기가 좋다.

원대형을 설 때 교사를 중심으로 반시계방향으로 1모둠, 2모둠 순으로 선다. 그리고 각 모둠 안에서 1번, 2번, 3번, 4번 순서로 선다. 이렇게 각자의 자리가 있어야 어디에 서야 할지 몰라 우왕좌왕하는 것을 막을 수 있다.

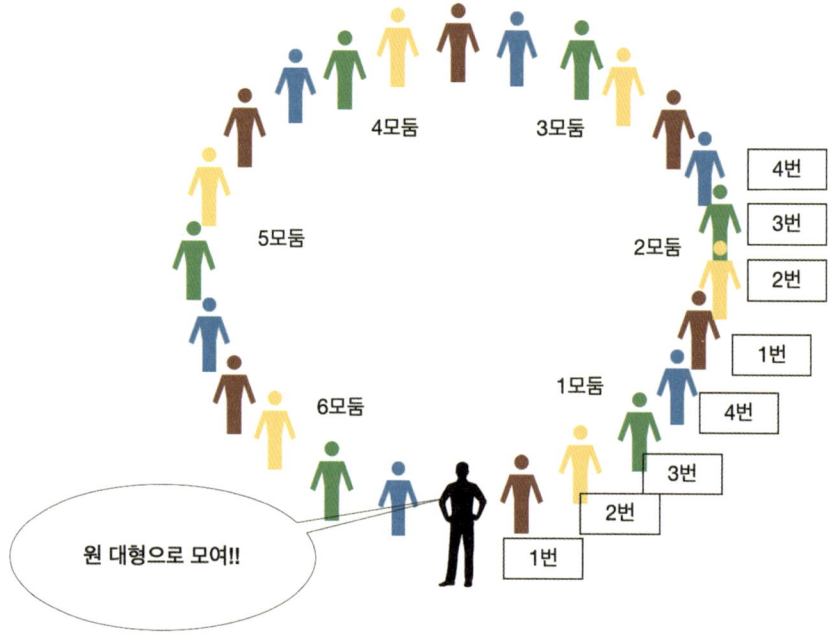

원 대형 모이기

❸ 교실 대형 모이기

이 대형은 교실에서 모둠별 수업을 할 때 앉는 것처럼 모이는 대형이다. 주로 모둠별로 모여 토의할 때 사용된다. 본 활동 중간에 노하우를 나누는 시간이나 전략에 관한 토의를 할 때 사용된다. 이 대형은 모둠별로 원을 만들면 되는데, 모둠별로 모여서 그 안에서 1, 2, 3, 4번이 반시계방향으로 모이면 된다. 이 모습으로 앉아서 교사의 지시에 따라 토의를 한다.

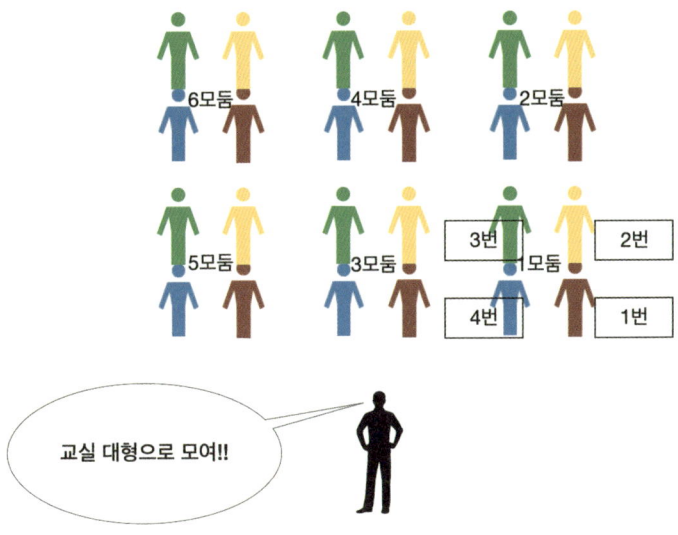

교실 대형 모이기

지금까지 체육 시간에 많이 서는 대형에 관해 알아보았다. 이 대형을 어떻게 서고, 어떻게 연습하는지 다음 장에서 소개하겠다.

1시간의 체육 수업 흐름

체육 수업의 1시간 흐름

1) 활동 설명하기

대부분의 수업은 교사가 학생들에게 오늘 할 활동을 설명하며 시작한다. 오늘은 무엇에 대해 배울 것인지, 지난 시간에 배웠던 것은 무엇인지 설명하며 수업을 시작한다. 때로는 시범을 보이기도 한다. 오늘 해야 할 활동에서 필요한 기본 기능을 교사가 시범으로 보여준다. 이렇게 말이나 시범으로 수업을 시작하는 것은 보통 긴 호흡의 체육 수업에서 많이 사용된다. 지난 시간에 이어 비슷한 활동을 전개하면 되기 때문에 가능하다.

하지만 '짧은 호흡의 수업'에서는 활동 설명이 달라진다. 체육관(운동장)이나 교실에서 교사가 말로 설명하면 효율성이 상당히 떨어진다. 말보다 '영상을 활용한 체육 수업'이 더욱 효율적이다. 오늘 할 활동을 설명할 때는 수업 구조에 따라 방법이 달라지는데, 새로운 게임 활동을 소개할 때는 특히 영상을 활용한 체육 수업이 좋다.

이 단계에서는 '모둠 대형'으로 모여서 수업을 시작한다.

2) 준비운동

두 번째 흐름은 준비운동이다. 준비운동을 하지 않는 교사는 없다. 교사는 준비운동의 중요성에 대해 익히 알고 있다. 준비운동은 체온을 높여 본 활동에서 보다 강력한 에너지를 발휘할 수 있게 하고, 부상을 방지하는 역할도 한다. 안전사고에서도 큰 역할을 한다. 체육 수업에서 안전사고가 발생했을 때 학생이 준비운동을 한 것과 하지 않은 것은 교사의 책임에 엄청 큰 영향을 미친다. '예측 가능성 측면'에서 준비운동이 필요한데, 만약 준비운동을 하지 않으면 그 부분에 대해 책임질 가능성이 높다.

준비운동을 할 때는 원 대형으로 서서 한다. 원 대형으로 서서 하면 교사와 학생들이 서로의 얼굴을 보며 준비운동을 할 수 있어 친밀감을 느낄 수 있다. 또한 준비운동 중간중간에 오늘 할 활동에 대해 의사소통하기에도 좋다.

준비운동은 '관절 풀기'와 '스트레칭', 2단계로 하면 된다. 원칙은 아래부터 위로 하고, 왼쪽부터 시작해서 오른쪽으로 간다.

관절 풀기는 '손목 발목 돌리기 - 무릎 운동 - 허리 돌리기 - 어깨 작게 돌리기 - 어깨 크게 돌리기 - 목 돌리기' 순서로 한다. 관절 풀기는 말 그대로 관절을 돌리거나 반동을 주며 부상을 방지하고 몸의 체온을 높인다.

스트레칭은 근육을 쭉쭉 펴서 유연하게 만든다. 이 과정을 통해 관절의 가동 범위를 넓히고 근육을 늘려 부상을 방지한다. 순서는 '다리 작게 - 다리 크게 - 런지로 허벅지 스트레칭 - 팔 스트레칭 - 어깨 스트레칭 - 위로 쭉 뻗기 - 왼쪽 및 오른쪽으로 굽히기 - 손 아래로 스트레칭 - 손 뒤로 해서 스트레칭'이다.

준비운동은 국민 체조나 청소년 체조로 할 수 있다. 그 외에도 교사만의 각자 스타일이 있다. 다음 '준비운동 및 정리운동' 영상을 보고 더 좋은 방향으로 만들어보자.

준비운동 및 정리운동

갈등 없이! 소외 없이! 모둠 만드는 방법

체육 시간에 모둠 간 경쟁으로 게임할 때가 많다. 예를 들어, 우리 학급 인원이 24명인데 6개 모둠을 만들고 싶다고 해보자. 이럴 때 학생들에게 몇 명씩 모이라고 하면 될까? 4명(24명/6개 모둠)이다. 그런데 학생들에게 4명씩 모이라고 하면 무슨 일이 일어날까?

당연히 친한 친구들끼리 모인다. 친한 친구가 4명이면 상관이 없는데 6명이 친한 사이라면 난감하다. 교사가 4명씩 모이라고 했는데 6명이 모여 팔짱을 끼고 난감한 표정으로 발을 동동 구르고 있다. 반대로 소외되는 친구들은 혼자 우두커니 서 있다. 이 모습을 지켜보는 교사는 마음이 무척 아프다. '내가 왜 이렇게 모둠을 나누려고 했지?'라며 후회가 밀려온다.

이런 난처한 상황을 현명하게 극복하는 방법이 있다. 교사가 만들고 싶은 모둠 수를 생각해서 그 수만큼 모이게 하는 것이다. 만약 6개의 모둠을 만들고 싶다면 6명씩 모이라고 하면 된다. 순서는 다음과 같다.

❶ "자! 여러분, 6명씩 짝지으세요."

교사가 이렇게 이야기하면 학생들은 신나서 친한 친구들끼리 모인다. 남자는 남자끼리, 여자는 여자끼리 모인다. 운동 기능이 뛰어난 친구들끼리 모인다. 왜냐하면 게임에서 이기고 싶기 때문이다. 반면에 소외된 친구들은 여전히 혼자 있다. 이때 교사는 그런 친구들끼리 모아서 6명을 만들어준다. 마음이 아프지만 눈 딱 감고 여기까지 한다.

❷ "각 모둠에서 번호 정하세요!"

각 모둠에 번호를 정하라고 한다. 학생들은 다른 모둠과 시합하는 순서를 정하는 줄 알고 신나서 1번부터 6번까지 정한다.

❸ "자! 1번 손 드세요!"

각 모둠에서 번호를 정했으니 1번부터 6번까지 번호를 확인한다.

"자! 1번 손드세요. 다음 2번 손드세요."

이런 식으로 손을 들게 한다. 그래야 학생들은 자신이 몇 번인지 정확하게 기억한다.

❹ "1번끼리 모이세요. 2번끼리 모이세요."

교사 앞에 1번, 2번, 3번, 4번 순으로 한 줄로 모이라고 한다. 이때 학생들은 1번끼리 먼저 시합하는 줄 알고 1번 친구를 응원한다. 잠시 뒤, 교사 앞에 1번~6번까지 각각 4명씩 모인다.

❺ "앞뒤로 인사 나누세요. 이것이 한 모둠입니다."

"앞뒤로 인사 나누세요."라고 하는 순간 학생들의 눈이 휘둥그레진다. 이미 모둠이 정해진 줄 알았는데 새로 편성되었기 때문이다. 결국 앞뒤로 모인 친구들끼리 한 모둠이 된다.

이렇게 모둠을 편성하면 남녀가 고루 섞이고, 운동 기능이 제각기인 친구들끼리 고루 섞인다. 최초에 6명씩 모이라고 했을 때 남자는 남자끼리, 여자는 여자끼리 모였고, 운동 기능이 뛰어난 친구들끼리 모였기 때문이다.

이 방법의 핵심은 교사가 만들고 싶은 모둠 수를 생각하고, 그 숫자대로 모이라고 하는 것이다. 체육 시간에 갑자기 3개 모둠을 만들어야 한다면? 3명씩 모이라고 하면 된다.

경쟁 영역에서 두 팀으로 구성할 때는 보통 실력이 비슷한 친구들끼리 짝을 지은 다음, 가위바위보를 해서 이긴 팀과 진 팀으로 나눈다. 교사는 그렇게 모인 친구들을 보고 머릿속으로 시뮬레이션을 한 다음, 바꿔야 할 친구들은 바꿔서 균형을 맞춘다. 연습 경기를 하면서 팀의 균형을 살피고, 다시 한 번 해본 뒤에 실제 게임에 들어가면 된다.

필자는 모둠을 구성할 때 위 방법 외에 평소 교실 수업 시간에 하는 모둠대로 체육 수업을 운영한다. 교실에서 보통 4명씩 한 모둠으로 구성하기 때문에 그 모둠대로 체육 수업에 참여하는 것이다. 두 개의 팀이 할 때는 1, 2, 3모둠 대 4, 5, 6모둠, 이런 식으로 같은 모둠은 항상 같은 팀이 되도록 구성한다. 왜냐하면 체육 시간에 계속 함께 뛰는 것만으로도 모둠 세우기가 되기 때문이다. 모둠을 다양하게 구성하는 방법을 알아보면서 교사 자신에게 맞는 방법을 찾아 체육 시간을 운영해보자!

3) 리드업 게임

보통은 준비운동이 끝나면 본 활동으로 들어간다. 그런데 본 활동에 들어가기 전에 리드업 게임을 하는 것이 좋다. 리드업 게임이란 본 활동에 필요한 기능이 들어 있는 간단한 게임으로, 몸과 마음을 본 활동으로 이끄는 역할을 한다. '본 활동에 필요한 기능'이란 앞에서 설명한 기본 움직임 기술, 이동·조작 움직임, 건강 및 운동체력을 말한다. 이런 기능은 단순히 연습하기보다는 간단한 게임을 통해 몸과 마음을 본 활동으로 이끄는 것이 좋다. 초등은 '낭만 체육'을 실현하기 때문에 그렇다.

예를 들어 5학년 건강 영역에서 '제자리멀리뛰기'를 수업한다고 해보자. 이때 준비운동이 끝나고 바로 본 활동에 들어가는 것이 아니라, 점프가 들어가는 활동, 하체 운동으로 좋은 스쿼트, 또는 개구리 점프를 리드업 게임으로 하여 미리 경험해보도록 한다. 그러면 본 활동에서 제자리멀리뛰기를 더 잘할 수 있다.

이런 상황에서 리드업 게임으로 아주 적합한 활동이 있다. 바로 '짝꿍 가위바위보 술래잡기'이다. 이 활동은 2명씩 짝을 지어 가위바위보를 한 후 도망자와 술래를 결정해 술래잡기를 하는 활동이다.

짝꿍 가위바위보 술래잡기

짝꿍 가위바위보 술래잡기

활동 소개
이 활동은 2명씩 짝을 지어 가위바위보를 한 후, 이긴 사람은 바로 도망가고 진 사람은 신체활동 과제를 한 후 쫓아가는 술래잡기다. 이 술래잡기의 좋은 점은 첫째, 교사가 진행하지 않아도 학생들끼리 알아서 하고, 둘째, 계속해도 끝나지 않는 무한 술래잡기라는 점이다. 그런 장점을 활용해서 체육 수업을 시작할 때 리드업 게임으로 하면 아주 좋다. 교사는 학생들에게 이 활동을 시키고 교구를 준비하면 아주 효율적으로 수업을 운영할 수 있다. 또한 기존 가위바위보 술래잡기가 익숙해지면 '몸으로 하는 가위바위보'를 도입해도 좋다.

기본 사항
- **인원** 2명~30명　● **소요 시간** 5분
- **준비물** 없음
- **경기장 모습** 체육관, 운동장 어디에서든 가능하다.

활동 순서
❶ 두 사람씩 짝을 짓는다.
❷ 둘이 가위바위보를 한다.
❸ 이긴 사람은 도망자가 되어 바로 도망가고, 진 사람은 술래가 되어 신체활동 과제로 점핑잭(팔벌려 뛰기)을 3번 한다.
❹ 진 사람은 점핑잭 3번이 끝나면 도망자를 잡으러 간다.
❺ 도망자가 술래에게 잡히면 다시 가위바위보를 하며 앞의 과정을 반복한다.
❻ 파트너는 바뀌지 않으며, 아이들이 힘들어할 때까지 이 활동을 하면 준비운동이 충분히 된다.

위 활동은 1년 내내 리드업 게임으로 활용해도 좋다. 본 활동이 어떤 활동인가에 따라 여러 가지로 변형할 수 있기 때문이다. 다음과 같이 변형해보자.

❶ 몸으로 하는 가위바위보로 바꾸기

가위바위보는 '운'이 많이 반영되는 활동이다. 가위바위보는 손으로 할 수 있지만 몸으로 하면 신체 활동량이 늘어나서 좋다. 신체 활동량이 늘어날수록 학생들의 뇌 발달에 도움을 주기 때문이다. 몸으로 하는 가위바위보의 모습은 아래 사진과 같다.

'가위바위'라는 예령에서 팔 벌려 뛰기 할 때의 예비 동작을 두 번 하고, 그다음 가위, 바위, 보를 내는 것이다. 가위는 가슴 앞으로 손을 X자로 만들고, 바위는 머리 위로 동그라미를 그리고, 보는 양팔을 벌려주면 된다. 자세한 내용은 아래 QR코드로 영상을 통해 확인해보자.

몸으로 하는 가위바위보

짝꿍 가위바위보 술래잡기는 처음 할 때 손으로 가위바위보를 하지만 몸으로 하는 가위바위보를 배우고 나면 이 방법으로 하는 것이 더 의미 있다. 그리고 몸으로 가위바위보를 하면 손으로 하는 것보다 학생들의 신체 활동량을 더 늘릴 수 있다.

❷ 이동 움직임 바꾸기

걷기, 뛰기, 점핑, 호핑, 리핑, 스키핑, 갤러핑, 사이드 스텝 등 8가지 이동 움직임도 리드업 게임으로 활용할 수 있다. 앞에서 설명한 '제자리멀리뛰기'에서 필요한 운동 기능은 '점프'이다. 짝꿍 가위바위보를 할 때 이동 움직임을 '뛰기'에서 '점핑'으로 바꿀 수 있다. 점핑을 하고 나서 하체 근육의 온도를 높이고 관절을 풀어주면 학생들이 본 활동에서 보다 더 나은 기량을 펼칠 수 있다.

만약에 농구형 게임에서 '수비'를 체험해보는 시간이라면 '사이드 스텝'으로 이동 움직임을 바꿔서 해본다. 리드업 게임에서 사이드 스텝을 경험하며 익숙해지면 본 활동에서 수비와 관련된 활동을 하기가 쉽다.

❸ 신체활동 과제 바꾸기

세 번째는 신체활동 과제를 바꾸는 것이다. 원래 활동에서는 점핑잭을 했다. 그 외에 개구리점프, 런지, 스쿼트, 버피, 푸쉬업 등 신체활동 과제가 아주 많다. 여기에 등장하는 활동은 홈트레이닝을 할 때 하는 활동을 생각하면 이해가 쉽다. 이 게임에서 신체활동 과제는 단지 도망자가 도망갈 시간을 벌어주는 것이기 때문에 점핑잭 외에 다른 신체활동 과제로 바꾸어도 괜찮다. 따라서 다양한 신체활동 과제를 제시하면서 본 활동에 필요한 기본 기능을 경험시켜준다면 리드업 게임으로서 더욱 의미가 있다.

앞에서 예를 들었던 '제자리멀리뛰기'는 개구리 점프나 스쿼트로 신체활동 과제를 제시할 수 있다. 그러면 하체 운동을 통해 본 활동에 도움을 줄 수 있다. 만약에 뛰어다니면서 전신을 써야 한다면 점핑잭이나 버피 같은 활동을 하여 온 몸의 근육을 써본다.

이렇듯 짝꿍 가위바위보 술래잡기는 리드업 게임으로 아주 훌륭하게 활용된다. 실제로 필자는 건강·도전 영역의 리드업 게임으로 이 활동을 많이 사용한다. 이 활동을 평소 체육 수업에서 많이 활용해보자.

만약 건강 영역이나 도전 영역이 아니라면 어떤 리드업 게임이 좋을까? 농구형 게임 지도를 하고 있고, '공으로 하는 얼티밋 프리즈비(Ultimate Frisbee, 플라잉디스크를 주고받으며 득점하는 게임)'를 한다고 생각해보자. 이 활동은 농구형 게임의 거의 마지막 시간에 할 수 있는 활동으로, 학생들이 농구형 게임에 필요한 '던지고 받기 기능'을 할 수 있어야 한다.

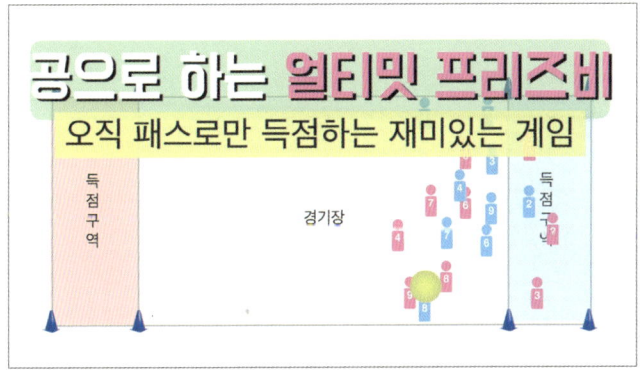 

공으로 하는 얼티밋 프리즈비

그래서 리드업 게임으로 던지고 받기가 들어간 '공 패스 술래잡기'를 하면 좋다. 공 패스 술래잡기는 2명씩 짝을 지어 패스 연습을 하다가 교사가 호루라기를 2번 불었을 때 공을 잡은 사람이 술래, 그렇지 않은 사람이 도망자가 되어 쫓기는 게임이다. 호루라기를 3번 불 때까지 잡히거나 못 잡은 사람이 신체활동 과제를 받는다.

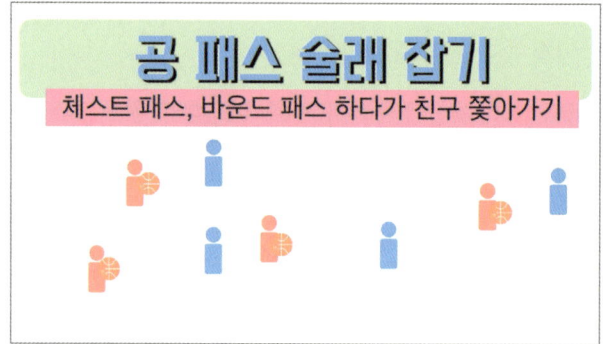

공 패스 술래잡기

이 활동을 하면 학생들이 던지고 받기, 즉 패스 활동에 익숙해진다. 그렇게 기본 기능을 준비하는 것이 리드업 게임의 목적이다. 준비운동이 1년 내내 똑같이 이루어지는 활동이라면, 리드업 게임은 본 활동의 주요 기능에 초점을 맞춘 재미난 게임이다.

앞으로는 체육 수업에서 본 활동을 들어가기 전에 리드업 게임에 대한 고민을 하면 좋겠다. 리드업 게임을 선택하려면 사전에 낭만 체육이 실현된 재미난 활동들을 많이 알아야 한다. 2장에서 말한 '체육 교육의 방향 4가지'도 명확하게 알아야 한다. 그래야 본 활동에 적합한 리드업 게임을 정확하게 선택할 수 있다.

신체활동 과제가 필요한 이유와 종류

신체활동 과제란 무엇일까? 홈트레이닝할 때 나오는 동작들을 생각하면 된다. 점핑잭(Jumping Jack), 스쿼트(Squat), 런지(Lunge), 마운틴 클라이머(Mountain Climber), 개구리 점프(Froggy Jump) 등이 있다.

신체활동 과제가 필요한 이유는 학생들의 게임 참여에 대한 동기를 높이기 위해서다. 특히 고학년들에게 해당되는 이야기이다. 저학년 학생들은 체육 활동 자체에 흥미가 높기 때문에 이긴 팀에 대한 보상이나 진 팀에 대한 벌칙이 없어도 즐겁게 참여한다. 하지만 고학년 학생들은 게임을 할 때 분위기가 종종 느슨해진다. 학생들이 이겨도 그만, 져도 그만이니 대충 하는 것이다. 이때 교사는 이긴 팀에 보상을 하거나 진 팀에게 벌칙을 줄 수 있다. 그런데 체육 수업에서 보상을 주는 방법은 별로 없다. 교사가 학생들에게 흔히 줄 수 있는 보상은 초콜릿 같은 것들인데 금전적인 문제가 발생하고, 이런 보상은 강도가 점점 세져야 효과가 유지되는 단점이 있다.

그러므로 벌칙으로 신체활동 과제를 주는 것이 더 효과적이다. 체육 수업의 분위기가 느슨해진 상태에서 게임에서 진 팀에게 스쿼트 10회와 같은 신체활동 과제를 부여한다. 이것은 신체활동 측면에서도 의미가 있다. 신체활동이 늘어날수록 학생들의 뇌가 발달하고 체력이 향상되기 때문이다. 또한 신체활동 과제를 받지 않기 위해 같은 모둠끼리 협력하는 분위기가 형성된다. 이런 맥락에서 신체활동 과제는 체육 수업에 꼭 필요하다.

신체활동 과제 10가지 종류

신체활동 과제의 종류에는 무엇이 있을까? 다음 표를 잘 보고 체육 시간에 적절하게 활용해보자.

신체활동 과제	동작	운동 부위
점핑잭 Jumping Jack		전신
크로스잭 Cross Jack		전신
스쿼트 Squat		하체
개구리 점프 Froggy Jump		하체
런지 Lunge		하체

신체활동 과제	동작	운동 부위
버피 Burpee		전신
마운틴 클라이머 Mountain Climber		복근 및 하체
플랭크 Plank		복근 및 코어근육
사이드 플랭크 Side Plank		옆구리 복근
발 올렸다가 내리기 Leg Drop		복근 및 하체

4) 성공하는 '본 활동' 노하우

이제 '본 활동'이다. 본 활동은 교사가 오늘 하기로 마음먹은 활동을 하는 단계이다. 첫 단계인 '활동 설명하기'에서 말한 활동을 하면 된다.

여기서 말하고 싶은 이야기 중 하나는 '성공하는 체육 수업의 노하우'이다. 초등 체육 수업으로 낭만 체육을 실현하다 보면 새로운 체육 활동을 할 때가 많다. 그런데 혹시 새로운 체육 활동을 하다가 실패했던 경험은 없는가? 어떤 체육 활동이 너무나 재미있어 보여서 학생들에게 자신있게 소개했는데, 실패했던 경험 말이다. 필자는 그런 경험이 많다. 새로운 체육 활동을 발굴하는 입장에서 동료 교사들이 재밌다고 하는 활동을 많이 해볼 수밖에 없다. 그러다 보면 성공할 때도 있지만 반대로 실패할 때도 많다. 여기서 말하는 '실패'는 재미없다는 학생들의 반응, 혹은 경쟁으로 인해 다툼이 일어나는 경우를 말한다.

결과적으로 실패하는 이유는 새로운 체육 활동에 대한 맹신 때문이다. 어디선가 봤던 재밌어 보이는 활동이 교사의 머릿속에서는 완벽해도 실제 학급 상황에서는 맞지 않았던 것이다. 이같은 위험한 체육 수업에서 벗어나는 방법은 무엇일까?

체육 수업을 성공시키는 2가지 마법의 문장이 있다. 자, 따라해보자!

"얘들아, 처음에는 가볍게 연습 게임을 해보자."

"해보니까 어때? I like, I wish 해보자."

❶ 얘들아, 처음에는 가볍게 연습 게임을 해보자

호흡이 짧은 수업에서 새로운 활동을 하기 위해 학생들에게 규칙을 설명했다고 해보자. 교실에서 할 수도 있고, 체육관이나 운동장에서 할 수도 있다. 또는 '영상을 활용한 체육 수업'을 했을 수도 있다. 그런데 아무리 이해도가 높아도 80%를 넘기 힘들다. 또한 그 정도 되는 친구는 3분의 1도 되지 않는다. 이런 상황에서 바로 게임을 하면 무슨 일이 일어날까?

규칙을 제대로 이해한 학생들이 교사에게 항의하기 시작한다. 규칙을 잘 지키지 않는 학생들을 가리키며 제재를 해달라고 요구하는 것이다. 또는 승부욕이 뛰어난 친구들이 게임에서 이기기 위해 친구들에게 지시하고 화를 내기 시작한다. 이때 게임 규칙을 잘 모르는 친구들은 우왕좌왕하기 마련이고, 자칫 안전사고로 이어질 수도 있다. 이때 첫 번째 마법 문장이 필요하다. 활동에 처음 들어갈 때 학생들에게 이렇게 말하는 것이다.

"얘들아, 처음에는 가볍게 연습 게임을 해보자."

이렇게 말하면 2가지 장점이 있다. 첫째, 게임 규칙을 잘 몰랐던 학생들이 연습 게임을 하면서 규칙을 제대로 이해한다. 둘째, 연습 게임은 힘을 빼고 참여하기 때문에 안전사고가 덜 발생한다. 교사가 연습 게임을 하자고 말하는 순간 분위기가 전체적으로 상당히 느슨해진다. 심지어 승부욕 강한 아이들 중에 이렇게 말하는 아이들도 있다.

"얘들아, 너무 열심히 하지 마. 이거 연습 게임이잖아. 진짜 게임에서 이기려면 체력을 아껴야지!"

처음에는 조금 여유롭게 게임에 임해야 안전사고도 덜 발생된다. 그리고 게임 규칙을 잘 몰라서 지키지 못하는 친구들에게도 한결 너그러워진다. 연습 게임이기 때문에 규칙을 위반해도 그냥 넘어간다. 심지어 규칙을 잘 모르는 다른 팀 친구에게 규칙을 알려주기도 한다. 덕분에 규칙을 빨리 이해하지 못하는 학생도 마음 편하게 참여할 수 있다. 이렇게 학생들은 연습 게임을 하면서 게임 규칙을 배운다. 연습 게임을 할 때는 이동 움직임에서 '달리기'보다 '빠르게 걷기'를 하는 것이 좋다. 규칙을 잘 모르는데 달리게 하면 학생들끼리 충돌할 확률이 높다. 이때 빠르게 걸으면 안전하다. 처음 하는 연습 게임에서는 '빠르게 걷기'로 참여하면 좋겠다.

❷ 해보니까 어때? I like, I wish 해보자

첫 번째 마법 문장, '연습 게임'이 끝났다. 이제 학생들을 '모둠 대형'으로 불러 모아서 이렇게 말한다.

"얘들아! 우리 처음으로 해본 활동이었는데. 해보니까 어때? I like부터 해보자. 재밌었니?"

학생들은 2가지 반응으로 대답한다. 아주 높은 목소리로 "네!"라고 대답하거나 낮은 목소리로 "네."라고 한다. 첫 번째 높은 목소리는 정말 재밌었던 거고, 두 번째 낮은 목소리는 그저 그랬다는 뜻이다. 여기서 선생님에게 "재미없는데요!"라고 대답하는 학생은 흔치 않다.

우선 재밌었다고 하는 학생에게 다시 물어본다.

"어떤 점이 재밌었니?"

"어떤 장면이 너의 심장을 뛰게 했니?"

교사가 구체적으로 물어보면 학생들도 구체적으로 어떤 장면에서 재밌었다고 말한다. 이런 식으로 학생들의 피드백을 생생하게 듣는 것이다. 교사 생각에 재밌고 의미있을 것 같아서 소개했어도, 학생들의 반응은 전혀 다를 수 있다. 또한 구체적으로 어떤 활동이 재밌었다는 피드백을 통해 우리 반 학생들이 어떤 활동을 좋아하는지 정보를 얻을 수 있다. 이는 다음 활동을 고르는 데에도 도움이 된다. 여기서 멈추지 말고 다시 한번 물어본다.

"얘들아, 이번에는 I wish인데 말이야. 방금 한 활동에서 아쉬운 점은 없었니? '이 규칙은 이렇게 바꾸면 더 재밌을 것 같아요.' 이런 것들 말이야."

이렇게 물어보면 체육에 관심있는 학생들이 입을 열기 시작한다.

"선생님! ○○하는 규칙을 XX하는 것으로 바꾸면 좋을 것 같아요."

교사는 학생들의 의견에 귀를 기울이고 공감하며 규칙을 바꿔본다. 그러고 나서 수정한 규칙으로 다시 게임을 한다. 이렇게 하면 게임이 훨씬 잘 진행된다. 이미 연습 게임을 한 번 했기 때문에 대부분의 학생들이 규칙을 잘 알고 있고, 규칙까지 수정했기 때문에 완성도가 더 높아진다.

두 번째 마법 문장인 'I like, I wish'를 하면 2가지 장점이 있다.

첫째, 교사의 부담이 줄어든다. 교사에게는 체육 수업을 재미있게 이끌어야 한다는 부담감이 있다. 우리 반 학생들이 체육을 너무 좋아하기 때문에 새로운 활동을 소개해서 즐거운 시간을 보내야 한다는 압박감도 있다. 그런데 이같은 방법으로 하면 교사의 완벽주의에서 벗어날 수 있다. 연습 게임을 통해 우리 학급에 맞지 않는 규칙을 변형해서 새롭게 다시 해볼 수 있기 때문이다.

둘째, 학생들의 자기주도성이 길러진다. 예전 체육 수업을 생각해보면 학생들은 교사의 입만 바라보고 있었다. 그리고 늘 이런 생각으로 수업에 참여했다.

'오늘은 어떤 활동으로 우리들을 즐겁게 해줄 거예요. 선생님?'

하지만 이제는 교사가 활동에서 아쉬운 점을 묻고, 학생들이 그것에 반응한다. 학생들이 제안한 변형 규칙을 교사가 반영하고, 새롭게 반영된 게임을 한다. 이 과정에서 학생들은 체육 수업의 주인공이 되고 자기주도성이 길러진다. 이런 과정을 거쳐 창의적인 교사와 학생이 나오는 것이다.

실제로 이런 수업을 거쳐 개발된 게임이 있다. 바로 '콘 뺏기 진놀이'다. 이 놀이가 새롭게 나오기 전에 필자가 알던 진놀이는 '깃발 뺏기'였다. 두 팀이 하는 진놀이로, 상대팀 중앙에 있는 깃발을 뺏으면 1점을 얻는 게임이었다. 수비하는 입장에서는 깃발을 빼앗으러 오는 공격수를 터치한다. 터치당한 공격수는 뒤쪽에 있는 감옥에 갇히게 된다.

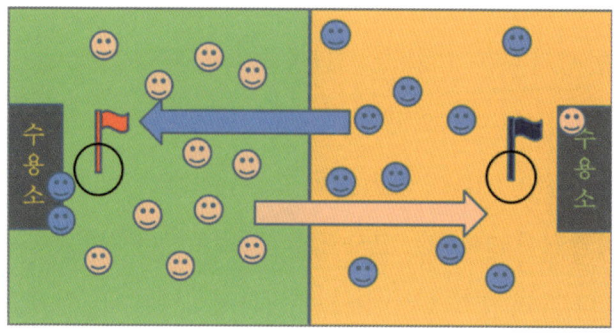

진놀이

이 게임을 동료 교사의 블로그에서 보고 무척 재밌을 거라고 생각했다. 그래서 우리 반 학생들에게 자신있게 소개했지만 결론은 실패였다. 왜냐하면 학생들이 자기 목숨이 소중해 누구 하나 자신있게 상대방 진영으로 뛰어가지 않았기 때문이다. 내가 아웃되면 다른 친구가 살려줄 거라는 믿음이 있어야 하는데 그런 것이 하나도 없었다. 곰곰이 다시 생각해보니 수비에게 너무 유리한 게임이었다. 깃발이 하나밖에 없으니 그 주변에 수비가 모여있으면 공격이 절대 뚫을 수 없는 구조였다. 그리고 감옥(수용소)이 뒤에 있으니 같은 팀 친구들을 구하러 가기도 어려웠던 것이다.

그래서 2가지 마법 문장으로 학생들과 소통했고, '콘 뺏기 진놀이'가 탄생했다. 기존의 진놀이를 하고 나서 학생들에게 아쉬운 점에 대해 물어보았다. 그랬더니 깃발의 개수를 늘리면 좋겠다는 의견이 나왔다. 깃발이 1개밖에 없어서 공격이 너무 불리하고 아웃되니 재미없다고 말했다. 그래서 그 자리에서 깃발을 라바콘으로 바꾸고 개수도 6개로 늘렸다. 감옥도 경기장의 끝이 아니라 중간에 배치하고 2개로 늘렸다. 그랬더니 수비가 불리하고 공격이 유리한 게임이 되어 아이들이 적극적으로 상대방의 진으로 쳐들어갔고 게임이 흥미진진해졌다. 공격이 유리해지니 곧 라바콘을 뺏고 빼앗는 쟁탈전으로 바뀌었다.

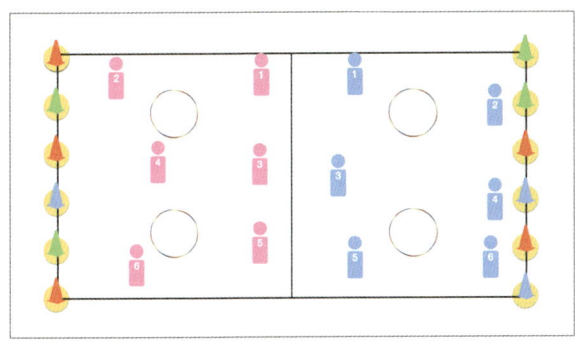

콘 뺏기 진놀이

본 활동에서는 기존에 교사가 하려고 마음먹은 활동을 하면 된다. 긴 호흡의 수업이라면 지난 번에 했던 수업을 진행하면 된다. 처음 시작하는 활동이라면 단원의 도입부터 차근차근 진행하면 된다. 짧은 호흡의 수업이면서, 새로운 활동을 소개할 계획이라면 '마법의 문장' 2가지를 적용해보자. 그러면 처음 하는 활동이라도 체육 수업을 성공적으로 진행할 수 있다.

5) 정리운동

정리운동을 하기 위해서는 본 활동을 수업 종료 3분 전에 끝내야 한다. 교사에게 쉬운 일은 아니다. 종이 치지 않은 상태에서 교사가 활동을 멈추라고 하면 재미있게 활동하는 학생들 입장에서 마음이 불편해지기 때문이다. 하지만 교사가 학생들의 반응에 일희일비하면 안 된다. 학기 초부터 정리운동의 중요성을 학생들에게 강조하여 반드시 해야 하는 활동으로 인식시켜야 한다.

다만 정리운동은 준비운동처럼 길게 하지 말고 짧게 한다. 준비운동을 할 때는 관절 풀기와 스트레칭을 하고, 정리운동에서는 '스트레칭'만 한다. 정리운동의 주목적은 많이 쓴 근육을 정적으로 쭉쭉 늘려주며 피로가 쌓이지 않도록 하는 기능이 있기 때문이다.[*] 그래서 스트레칭만 하면 된다. 이렇게 하면 시간도 절반으로 줄어들어서 좋다.

정리운동의 대형은 준비운동과 마찬가지로 원을 만들어 한다.

6) 정리 활동

정리운동이 끝나면 정리 활동을 한다. 원 대형으로 정리운동을 했으니 이 상태에서 정리 활동을 한다. 오늘 한 활동의 의미를 다시 한 번 설명한다. 오늘 수업의 목표, 즉 Why에 대해 다시 한 번 상기한다.

예를 들어, '콘 뺏기 진놀이'를 했다면 순발력과 민첩성, 심폐지구력과 같은 건강 체력 및 운동 체력을 기르는 것이 목표였음을 상기시킨다. 그리고 나서 자신이 얼마나 수업에 열심히 참여했는지 엄지손가락으로 자기 평가를 한다. 잘했으면 엄지손

---

[*] 그레첸 레이놀즈, 데이먼 리 역, 『1일 20분 똑똑한 운동』, 콘텐츠 케이브, 2013

가락을 위로, 보통이었으면 옆으로, 열심히 하지 않았으면 아래로 한다. 열심히 한 학생은 스스로를 칭찬하고 열심히 하지 못한 학생은 다음에 열심히 하자고 스스로를 격려한다. 대부분의 친구들은 자신이 열심히 했다고 평가한다. 이렇게 수업을 마무리하고 교실로 돌아간다.

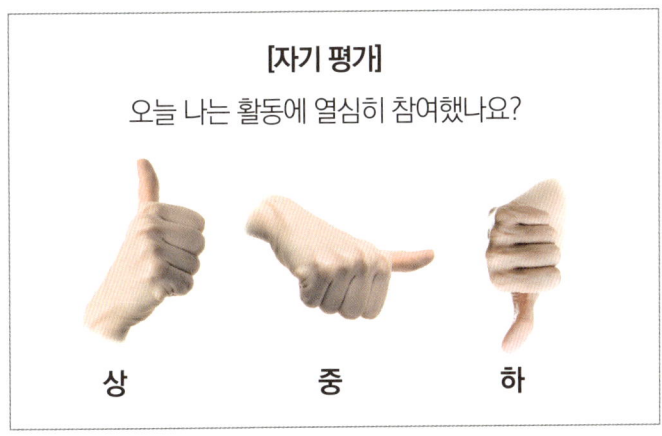

자기 평가

체육과 교육과정에 맞게 수업하기

조금 더 근사한 체육 수업을 위하여

　체육 수업이 어려운 여러 이유 중 하나는 내용 교수 지식(PCK)이 부족하기 때문이다. 체육 교과에서 내용 지식(CK)과 교수 지식(PK)을 채우기 위해서는 체육과 교육과정을 잘 이해해야 한다. 교사들은 임용고사를 위해 교육과정을 열심히 공부하지만 교사가 되어 현장에 나오면 교육과정을 크게 생각하지 않는다. 교육과정이 적용된 교과서라도 활용하면 좋은데 그렇지 않다.

　초등학교 현장에서 유독 교과서를 활용하지 않는 과목이 2가지 있다. 바로 체육과 미술이다. 주변 동료 교사들에게 물어봐도 체육과 미술은 대부분 교과서를 활용하지 않고, 기존에 자신이 알고 있던 지식이나 교사 커뮤니티를 이용한다고 한다.

　그러다 보니 교사들의 체육 수업 설계가 교육과정이 아닌 '재미'에만 초점이 맞춰져 있다. 교사들은 재미있는 체육 활동을 찾아 학생들에게 제공하며, 이로 인해 학생들은 체육 시간을 '노는 시간'으로 인식한다.

가령, 6학년 담임인 A교사가 학생들의 재미를 위해 축구를 한다고 해보자. 축구를 하는 이유는 단순하다. 교사 본인이 어렸을 때부터 축구를 좋아했고 반 아이들도 좋아하기 때문이다. 축구를 주제로 학생들과 열심히 수업하는 A교사가 괜찮아 보이지만 교육과정 측면에서는 바람직하지 않다. 2015 개정 교육과정에서 5~6학년군 경쟁 영역은 '필드형 경쟁'과 '네트형 경쟁'을 하도록 되어 있다. 그런데 A교사가 진행한 축구는 영역형 경쟁으로, 3~4학년 학생들을 가르치게 되어 있다.

마치 어떤 교사가 미술 시간에 '왜'를 고민하지 않고 '우리 반에 색종이가 있으니까 종이접기를 해야겠다.'라고 생각하고 수업하는 것과 같다. 이는 미술 교과의 교육과정에서 제시하는 내용 체계나 성취기준을 따르지 않는 것이다.

교육과정을 구현하는 체육 수업이란 과연 무엇일까? 교육과정을 구현하는 체육 수업은 생각보다 단순하다. 기존에 하던 평범한 수업에 '숟가락'만 하나 얹으면 된다. 예를 들어, 교육과정을 잘 모르는 A교사가 교사 커뮤니티에서 자료를 찾다가 '틱택토(Tic Tac Toe)'라는 재미있는 활동을 알게 되었다고 해보자. 이 활동은 훌라후프를 3×3의 모양으로 놓고 왕복 달리기를 통해 팀 조끼를 훌라후프에 두어 한 줄을 먼저 만드는 팀이 이기는 활동이다.

틱택토

교육과정을 잘 모르는 A교사는 체육 수업 때 학생들에게 틱택토를 소개하며 이렇게 말한다.

"얘들아, 선생님이 오늘 재미난 활동을 알려줄게. 바로 '틱택토'라는 활동이야. 우리 오늘 체육 수업에서 재미있게 해보자."

반면에 교육과정을 아는 B 교사는 어떻게 수업할까? A교사와 똑같이 수업하지만 수업 도입부에서 이렇게 설명한다.

"얘들아, 우리 오늘 '틱택토'라는 활동을 할 거야. 이 활동을 오늘 왜 할까? 우리는 건강 영역에서 운동 체력에 대해 배우고 있거든. 오늘은 그 중에서 순발력과 민첩성을 기르는 활동을 할 거야. 이 활동으로 적합한 활동이 틱택토야. 순발력은 순간적으로 힘을 내는 것이고, 민첩성은 방향을 갑자기 바꾸는 거야. 머리도 함께 써야 하는 틱택토 활동을 하면서 순발력과 민첩성을 길러보자."

A교사와 B교사는 같은 수업을 했지만 수입의 도입 부분이 약간 다르다. B교사는 A교사와 같은 수업을 했지만 '목적'을 분명히 알려주는 수업을 했다. 수업 초반에 학생들이 경험해야 하는 활동과 활동 이유를 분명히 설명했다. 이것이 바로 교육과정을 구현하는 수업이다.

우리는 체육 수업을 할 때 '목적'에 대해 고민해야 한다. 만약 어떤 사람이 당신에게 "당신은 이 체육 수업을 왜 했습니까?"라고 묻는다면 뭐라고 대답할까?

"학생들이 재미있어 하니까요."

이 대답은 교육 전문가가 할 답변으로 적절하지 않다. 체육 수업은 재미만 추구하는 시간이 아니다. 교사는 어떤 맥락에서 이 수업을 했는지 설명할 수 있어야 한다. B교사처럼 말하기 위해서는 체육과 교육과정을 어느 정도 이해하고 있어야 한다.

자, 우리가 '교육과정'에 대해 공부해야 하는 이유가 더욱 분명해졌다. 우리 교사들은 수업의 전문가이기 때문이다.

2015 개정 교육과정에 대한 이해

2015 개정 교육과정은 2015년에 고시되어, 1·2학년은 2017년, 3·4학년은 2018년, 5·6학년은 2019년에 시행되었다. 이 책에서 교육과정에 대해 자세하게 이야기하면 독자들이 이 책을 덮을지도 모른다. 하지만 체육 수업을 잘하기 위해서는 체육과 교육과정에 대한 이해가 반드시 필요하다. 그래서 교육과정에서 기본적으로 꼭 알고 가야 할 내용만 간략하게 설명하고자 한다. 2015 개정 교육과정 체육과는 성격, 목표, 내용 체계 및 성취기준, 교수·학습 및 평가의 방향으로 구성되어 있다.

체육과의 성격

'체육과의 성격'에서 첫 문장은 다음과 같이 시작한다.

> 체육과는 '신체활동'을 통해 체력 및 운동 능력을 비롯한 건강하고 활기찬 삶에 필요한 능력을 기르고 사회 속에서 바람직한 인성을 발휘함으로써 자신의 삶을 개척하고 체육 문화를 창조적으로 계승·발전시킬 수 있는 자질을 함양하는 교과이다.

참 의미 있지만 어려운 문장이다. 여기서 가장 중요한 핵심 단어는 '신체활동'이다. 체육은 신체활동이 꼭 포함되어야 하는 교과이다. 그래서 '체육과의 본질과 역할'에 이런 문장이 등장한다.

신체활동은 '체육'을 타 교과와 구별 지을 수 있는 가장 핵심적인 요소이다. 체육과에서 신체활동을 교육의 본질이자 교육의 도구로서 활용한다.

이렇듯 체육 수업에서는 신체활동을 반드시 해야 하며 그렇지 않으면 체육 수업을 했다고 보기 어렵다. 최근 미세먼지 때문에 교실에서 체육 수업을 하는 경우가 부쩍 늘었다. 신체활동이 없는 놀이를 하며 체육 수업을 했다는 경우가 있는데, 이것은 교육과정과 맞지 않는다. 교실 체육을 하더라도 의미 있는 신체활동이 포함된 수업을 해야 체육 수업을 했다고 할 수 있다.

체육과의 목표

체육과의 목표는 다음과 같다.

> 가. 건강의 가치를 이해하고 건강 및 체력을 증진하며 건강 관리를 지속적으로 실천한다.
> 나. 도전의 가치를 이해하고 도전의 신체활동을 수행하며 도전 정신을 발휘한다.
> 다. 경쟁의 가치를 이해하고 경쟁의 신체활동을 수행하며 선의의 경쟁을 실천한다.
> 라. 표현의 가치를 이해하고 창의적인 신체 표현을 수행하며 심미적 안목을 갖는다.
> 마. 신체활동에서 안전의 중요성을 이해하고 안전하게 신체활동을 수행하며 안전 의식을 함양한다.

목표는 지식, 기능, 태도의 측면에서 기술되어 있다. 목표가 5가지인 이유는 체육과 영역이 5가지로 구성되어 있기 때문이다. 건강, 도전, 경쟁, 표현, 안전으로 각 영역과 목표가 하나씩 연결된다. 이러한 영역 체계는 신체활동의 가치를 중요하게 생각한 2007 개정 교육과정부터 시작되어 2009와 2015 개정 교육과정까지 이어지고 있다.

2015 개정 교육과정의 특징은 역량을 함양하는 교육과정이라는 점이다. 총론에서는 핵심역량으로 자기 관리 역량, 창의적 사고 역량, 지식정보처리 역량, 심미적 감성 역량, 의사소통 역량, 공동체 역량까지 총 6가지를 제시한다. 체육과에서는 4가지를 제시한다. ① 건강 관리 능력, ② 신체 수련 능력, ③ 경기 수행 능력, ④ 신체 표현 능력이다. 체육 교과를 열심히 하는 과정에서 체육과 교과역량을 기르고 총론의 핵심역량까지 함께 기르고자 하는 것이 역량 함양 교육과정의 목적이다.

체육 수업을 설계할 때는 체육과 교과역량에 신경을 써야 한다. 이때 주의할 점이 있다. 건강 관리 능력이 건강에, 신체 수련 능력이 도전에, 경기 수행 능력이 경쟁에, 신체 표현 능력이 표현에 연결되는 것은 맞지만, 각 영역에서 하나의 체육과 역량만을 기르라는 것은 아니다.

체육과 영역과 교과 역량의 연결

각 영역에서 하나의 체육과 역량만 기르라는 뜻이 아니다.

어떤 활동을 하더라도 4가지 역량을 모두 길러야 한다. 다만 그 크기가 다를 수 있다. 예를 들어 4학년 경쟁 영역에서 축구형 게임 수업을 한다고 생각해보자. 경쟁 영역에서 축구 게임을 하기 때문에 '경기 수행 능력'을 가장 크게 기를 수 있다. 그런데 그 과정에서 기초 체력을 기를 수 있고 이것은 '건강 관리 능력'으로 이어진다. 그리고 방과 후에 학생이 혼자 슛 연습을 한다면 '신체 수련 능력'을 기를 수 있다. 프리킥을 찰 때 멋진 자세를 고민하며 찬다면 이것은 '신체 표현 능력'으로 이어질 수 있다.

체육 수업과 교과역량과의 관계

경쟁 **4학년 축구형 게임**

건강 관리 능력	기초 체력 기르기
신체 수련 능력	혼자 슈팅 연습
경기 수행 능력	**축구 게임에 참여하기**
신체 표현 능력	멋진 폼

이렇듯 체육과의 교과역량은 하나의 수업으로 모두 기를 수 있다. 2015 개정 교육과정의 핵심이 '역량'인 만큼 총론의 핵심역량과 체육과의 교과역량을 고민하며 수업을 설계하고 실행해보자.

체육과의 내용 체계 및 성취기준

❶ 내용 체계

내용 체계에서 꼭 짚고 가야 하는 것이 내용 요소이다. 내용 요소에는 체육 수업에서 학생들에게 가르쳐야 할 내용이 담겨 있다. 교사가 가져야 할 내용 교수 지식(PCK)에서 '내용'은 내용 체계와 연관이 있다. 체육 수업에서 학생들에게 무엇을 가르쳐야 할지 모를 때 내용 요소를 보면 된다.

체육과 교육과정 내용체계

영역	핵심 개념	일반화된 지식	내용 요소 초등학교 3~4학년군		내용 요소 초등학교 5~6학년군		기능
건강	건강 관리 체력 증진 여가 선용 자기 관리	• 건강은 신체에 대한 이해를 바탕으로 건강한 생활 습관과 건전한 태도를 지속적이고 체계적으로 관리함으로써 유지된다. • 체력은 건강의 기초이며, 자신에게 적절한 신체활동을 지속적으로 실천함으로써 유지, 증진된다. • 건강한 여가 활동은 긍정적인 자아 이미지를 형성하고 만족도 높은 삶을 설계하는 데 기여한다.	• 건강한 생활 습관 • 운동과 체력 • 자기 인식	• 건강한 여가 생활 • 체력 운동 방법 • 실천 의지	• 건강한 성장 발달 • 건강 체력의 증진 • 자기 수용	• 운동과 여가 생활 • 운동 체력의 증진 • 근면성	• 평가하기 • 계획하기 • 관리하기 • 실천하기
도전	도전 의미 목표 설정 신체·정신 수련 도전 정신	• 인간은 신체활동을 매개로 자신이나 타인의 기량 및 기록, 환경적 제약을 극복하기 위해 도전한다. • 도전의 목표는 다양한 도전 상황에 대한 수행과 반성 과정을 통해 성취된다. • 도전 정신은 지속적인 수련과 반성을 통해 길러진다.	• 속도 도전의 의미 • 속도 도전 활동의 기본 기능 • 속도 도전 활동의 방법 • 끈기	• 동작 도전의 의미 • 동작 도전 활동의 기본 기능 • 동작 도전 활동의 방법 • 자신감	• 거리 도전의 의미 • 거리 도전 활동의 기본 기능 • 거리 도전 활동의 방법 • 적극성	• 표적/투기 도전의 의미 • 표적/투기 도전 활동의 기본 기능 • 표적/투기 도전 활동의 방법 • 겸손	• 시도하기 • 분석하기 • 수련하기 • 극복하기

그리고 그 뒤에 이어지는 '신체활동 예시'를 보면 어떤 활동을 해야 하는지 더 자세히 알 수 있다. 이것을 하나하나 자세히 설명하기에는 지면이 너무 많이 할애될 것 같으니, 자신이 맡은 학년의 내용을 자세히 살펴보자.

초등학교 3~4학년 신체활동 예시

영역		신체활동 예시
건강	(가) 건강과 체력	• 일상생활에서 실천할 수 있는 체력 운동(맨손체조, 줄넘기 등), 기본 생활 습관 형성 활동(몸의 바른 자세, 손 씻기, 양치질, 올바른 식습관 등)
	(나) 여가와 운동 방법	• 일상생활에서 실천할 수 있는 여가 활동(걷기, 자전거타기, 플라잉디스크, 제기차기, 투호, 사방치기 등), 기초체력 측정 및 증진 활동(스트레칭, 팔굽혀펴기, 왕복달리기, 전력달리기 등)
도전	(가) 속도 도전	• 단거리달리기, 이어달리기, 오래달리기 및 걷기, 장애물달리기, 자유형, 평영, 배영 등
	(나) 동작 도전	• 매트운동, 뜀틀운동, 평균대운동, 태권도 품새 등
경쟁	(가) 경쟁의 기초	• 태그형 게임, 기초적인 수준의 영역형/필드형/네트형 게임 등
	(나) 영역형 경쟁	• 축구형 게임, 농구형 게임, 핸드볼형 게임, 럭비형 게임, 하키형 게임 등
표현	(가) 움직임 표현	• 움직임 언어(이동 움직임, 비이동 움직임, 조작 움직임)를 활용한 표현 활동, 표현 요소(신체, 노력, 공간, 관계 등)를 활용한 표현 활동 등
	(나) 리듬 표현	• 공 체조, 리본 체조, 훌라후프 체조, 음악 줄넘기, 율동 등
안전	(가) 신체활동과 수상 활동 안전	• 신체활동과 관련된 안전사고의 종류와 원인 조사 활동, 수상 안전사고 예방 및 대처활동 등
	(나) 운동 장비와 게임 활동 안전	• 운동 장비와 관련된 안전사고의 종류와 원인 조사 활동, 게임 안전사고 예방 및 대처 활동 등

※ 신체활동은 교육과정의 목적에 근거하여 선택하되, 학교의 교육 여건을 고려하여 다른 영역의 신체활동 예시나 새로운 신체활동을 선택할 수 있다. 단, 단위 학교의 학년 협의회를 통해 결정한다.

초등학교 5~6학년 신체활동 예시

영역		신체활동 예시
건강	(가) 성장과 건강 체력	• 생활 건강 관련 활동(신체의 성장, 성폭력의 예방과 대처, 음주 및 흡연의 실태와 예방 등), 건강 체력 증진 활동(근력, 근지구력, 심폐지구력, 유연성 운동 등)
	(나) 여가와 운동 체력	• 자연 및 운동 시설에서 즐길 수 있는 여가 활동(스키, 캠핑, 등산, 래프팅, 스케이팅, 롤러 등), 운동 체력 증진 활동(순발력, 민첩성, 평형성, 협응성 운동 등)
도전	(가) 거리 도전	• 멀리뛰기, 높이뛰기, 멀리 던지기 등
	(나) 표적/투기 도전	• 볼링 게임, 골프 게임, 다트 게임, 컬링 게임 등 / 태권도, 씨름 등
경쟁	(가) 필드형 경쟁	• 발야구형 게임, 주먹야구형 게임, 티볼형 게임 등
표현	(가) 민속 표현	• 우리나라의 민속 무용(강강술래, 탈춤 등) • 외국의 민속 무용(티니클링, 구스타프 스콜, 마임 등)
	(나) 주제 표현	• 창작무용, 창작체조, 실용 무용 등
안전	(가) 응급 처치와 빙상·설상 안전	• 응급 처치 활동(출혈, 염좌, 골절 등의 발생 시 대처 방법 관련 활동, 심폐소생술 등), 빙상·설상 안전사고 예방 및 대처 활동 등
	(나) 운동 시설과 야외활동 안전	• 운동 시설과 관련한 안전사고의 종류와 원인 조사 활동, 야외 활동 안전사고 예방 및 대처 활동 등

※ 신체활동은 교육과정의 목적에 근거하여 선택하되, 학교의 교육 여건을 고려하여 다른 영역의 신체활동 예시나 새로운 신체활동을 선택할 수 있다. 단, 단위 학교의 학년 협의회를 통해 결정한다.

신체활동 예시는 교과서 집필자들에게 중요한 방향을 제시한다. 교과서 집필자들이 체육 교과서를 집필할 때 신체 활동 예시에 제시된 활동을 반드시 포함해야 하기 때문이다. 그러니 어떤 체육활동을 해야 할지 잘 모르겠다면 교육과정의 내용 요소와 신체활동 예시를 참고해보자. 그러면 1년간 체육 수업에서 우리 반 학생들에게 어떤 내용을 가르쳐야 할지가 보일 것이다.

❷ 성취기준

성취기준은 학교 현장에서 가장 많이 사용되는 기준이다. 동료 장학이나 임상 장학을 할 때 성취기준의 내용을 포함하여 학습 목표를 진술하고, 수업을 구성한다. 수행평가를 할 때 기준이 되므로 한 번은 꼭 읽어볼 필요가 있다. 그런데 문장이 상당히 포괄적이다. 그만큼 현장에서 유연하게 해석하고 창의적으로 수업하라는 의도가 담겨 있다. 성취기준은 큰 방향을 제시하는 것이지 자세한 내용까지 강제하지는 않는다.

2015 개정 교육과정을 보면, '교수·학습 방법 및 유의 사항'과 '평가 방법 및 유의 사항'이 있는데, 이 내용이 상당히 자세하고 친절하다. 예를 들어, 3-4학년군 경쟁 영역에서 '교수·학습 방법 및 유의 사항'을 보면 7가지 중 네 번째 내용이 다음과 같다.

> 영역형 경쟁에서는 공간 만들기, 공간 차단하기, 골 넣기와 막기의 기본 전략과 공 이어 주기, 공 몰기, 공 빼앗기, 골 넣기와 막기 등의 기본 기능을 다룬다.

이 문장을 보면 농구형 게임이나 축구형 게임에서 필요한 공격 및 수비 전략과 기본 기능이 무엇이 있는지 알 수 있다. 결국 농구형 게임이나 축구형 게임을 지도할 때 공 이어주기, 공 몰기, 공 빼앗기, 골 넣기와 막기의 기본 기능이 들어간 활동을 먼저 지도한 다음, 실제 게임을 하면 된다는 방향을 알 수 있다. 어떻게 수업을 진행해야 할지 막막한 교사들에게 방향을 친절하게 제시한다.

교수·학습 및 평가의 방향

교수·학습 방향은 꼭 알고 가야 한다. 말 그대로 체육 수업이 가야 할 방향을 제시하고 있기 때문이다. 2015 개정 교육과정에서는 다음 6가지 방향을 제시한다.

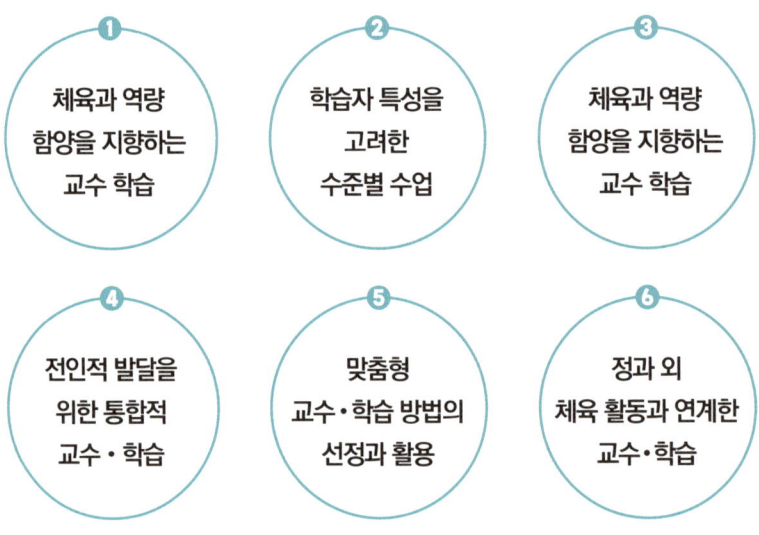

이 6가지 중에서 '학습자 특성을 고려한 수준별 수업'과 '정과 외 체육 활동과 연계한 교수·학습'에 대해 자세히 알아보자.

❶ 학습자 특성을 고려한 수준별 수업

체육 수업에 참여하는 학생들의 운동 기능에 차이가 상당하다. 우리 길은 낭만 체육을 실현해야 하는 초등 체육이다. 따라서 운동 기능이 부족한 친구들에 대한 배려가 필요하므로 수준별 수업을 해야 한다.

발야구를 하다 보면 이런 학생들이 꼭 있다. 던지고 받기 기능이 부족해 공을 무서워한다. 이런 학생들은 보통 2루와 3루 사이, 내야와 외야의 경계에 애매하게 서 있다. 게임이 시작하면 그냥 가만히 서 있으면서 공이 자신에게 오지 않기만을 바란다.

그럴 때 이 학생에게 특별한 능력을 주면 어떨까? 원래 발야구에서는 1루를 수비할 때 수비수가 공을 잡아야 타자가 아웃된다. 그런데 이 학생은 공을 잡지 않고 공이 손에 닿기만 해도 아웃이 되도록 한다. 공 잡기를 어려워하니 공에 닿기만 해도 아웃되는 특별한 능력을 주는 것이다. 그러면 이 학생은 발야구 경기에서 1루수를 할 수 있지 않을까? 공을 잡는 것보다 단순히 터치하는 것이 더 쉽기 때문이다. 이것이 수준별 수업이다. 소외되는 학생 없이 모두가 즐거운 낭만 체육을 실현하기 위해 꼭 필요한 것이 수준별 수업이다.

❷ 정과 외 체육 활동과 연계한 교수・학습

정과 체육 수업은 평소에 하는 체육 수업을 말한다. '정과 외 체육 활동'은 수업 전 아침시간, 점심시간, 방과 후 시간, 하교 후 가정에서 하는 활동을 의미한다. 보통은 정과 체육 수업에만 집중하지만, 정과 외 체육 수업으로 상당히 많은 신체활동을 학생들에게 경험시킬 수 있다.

정과 외 체육 수업은 코로나 시대에 빛을 발했다. 코로나바이러스로 등교하지 못했을 때, 학생들은 집이나 집 앞에서 신체활동을 해야 했다. 필자는 층간 소음 문제가 생길 수 있어서 바깥에서 왕복 오래달리기(셔틀런) 활동을 하도록 했다. 그리고 〈열정기백쌤〉 채널에 셔틀런 영상을 올리며 심폐지구력을 기르자고 했다. 그랬더니 댓글로 이렇게 묻는 교사가 있었다.

"선생님, 집 앞에서 체육 활동을 하라고 해도 되나요? 그러다가 다치면 큰일 나는 것 아닌가요?"

여기서 말하는 '큰일'은 안전사고와 교사의 책임을 의미한다. 필자는 아래와 같이 답변했다.

"선생님, 2015 개정 교육과정 교수·학습 방향 6가지 중에 맨 마지막에 '정과 외 체육 활동과 연계한 교수·학습'이라고 있습니다. 이것은 정과 체육 수업 외에 집에서 정과 외 체육 수업을 하라는 것인데요. 코로나 시대 이전부터 강조되었던 방향입니다. 즉, 집 앞에서 체육 활동을 해도 된다는 뜻입니다."

정과 외 체육 수업은 특히 건강 영역에서 필요하다. 성취기준을 보면 건강 체력이나 운동 체력을 기르기 위해 운동을 습관화하라는 내용이 나온다. 이를 위해서는 집에서 운동을 해야 한다. 따라서 정과 수업만 고민하지 말고, 집에서도 할 수 있는 활동을 제안하여 학교와 가정을 연계한 체육 수업을 시도해보자.

교육과정을 구현하는 체육 수업 설계하기

지금까지 체육과 교육과정에 대해 알아보았다. 이제 교육과정을 구현하는 체육 수업 설계를 고민해보자. 다음은 체육 수업이 어려운 A교사의 이야기이다.

예시 교육과정을 구현한 A교사의 수업 설계

A교사는 6학년 담임교사다. 그는 다음 주에 있을 체육 수업을 위해 교사 커뮤니티 인디스쿨에 들어가 자료를 찾았다. 여러 게시물 중에 〈열정기백쌤〉의 '콘 뺏기 진놀이' 활동이 재밌어 보였다. A교사는 체육 시간에 이 활동을 하기로 마음먹었다.

이 활동은 학생들이 콘을 뺏기 위해 상대방 진영에 침입하고, 반대로 침입한 상대팀을 쫓아가는 활동이다. A교사는 이 활동이 체육과 5개 영역 중 어디에 해당하는지 '신체활동 예시'를 통해 확인했다.

'3~4학년에서는 체력 운동, 여가 활동, 아니면 태그형 게임에 해당되네? 5~6학년에서는 건강 영역 중 건강 체력 증진 활동이나 운동 체력 증진 활동에 해당하고. 우리 반 아이들은 6학년이니까 운동 체력 증진 활동 중 순발력, 민첩성을 기르는 활동으로 콘 뺏기 진놀이가 적합하겠다'.

곧이어 A교사는 수업 목표를 설정하기 위해 성취기준을 확인했다. '여가와 운동 체력'에 3가지의 성취기준이 있는데 딱 떨어지는 것은 없지만 마지막 성취기준과 연관 지으면 좋겠다고 생각한다.

[6체01-06] 건강 증진을 위해 계획에 따라 운동 및 여가 활동에 열정을 갖고 꾸준히 참여한다.

성취기준은 한 단원에 해당할 정도의 큰 기준이므로, 1차시 학습 목표는 이것보다 작게 설정해야 한다. 학습 목표를 너무 거창하게 설정하면 만들기가 어렵다. 학습 목표는 '우리 반 학생들이 1시간 동안 무엇을 배워가면 좋겠는가?'에 대한 답으로 생각하면 쉽다. A교사가 '콘 뺏기 진놀이'를 생각했을 때 순발력과 민첩성이 핵심 단어였으므로, 학습 목표를 아래처럼 설정한다.

순발력과 민첩성이 무엇인지를 알고 활동에 참여하며 기른다.

이렇게 '목적'을 분명히 하는 학습목표를 설정하고, 수업 장면을 상상해 본다. 이때 필요한 것이 교수·학습 방향이다. 위에서 설명한 '수준별 수업'에 대해 고민한다.

'콘 뺏기 진놀이'에 필요한 운동 기능에는 무엇이 있을까?

달리기와 순발력, 민첩성이 필요하다. 그런데 이런 기능이 부족한 친구들이 있다. 이 친구들을 어떻게 배려하면서 참여시킬 수 있을까? A교사는 '꼬리잡기'에서 힌트를 얻었다. 술래잡기 같은 태그형 게임에서 손으로 상대방을 터치하는 것이 엉덩이 쪽에 있는 꼬리를 빼는 것보다 훨씬 쉽다. 결국, 수비수가 자기 진영에 침입한 공격수를 터치할 때 운동 기능이 부족한 친구에게는 꼬리를 주어 그것을 빼앗겨야 아웃되는 것으로 한다. 이렇게 하면 아웃되기 어렵기 때문에 운동 기능이 부족한 친구들도 적극적으로 게임에 참여할 수 있다. 이런 방식으로 설계하면 학생들과 즐겁게 수업할 수 있다.

위 내용은 교육과정에 대한 고민이 들어간 간단한 수업 설계 방법이다. 더 좋은 체육 수업을 위해서는 고려해야 할 사항이 많다. 교육과정의 내용을 상세하게 다룰 수 없어서, 핵심만 담아 교육과정에 기반한 수업을 설계해보았다. 이번 장에서 교육과정을 함께 살펴보았으니 내용 교수 지식(PCK, 내용학적 지식(CK)과 교수학습적 지식(PK))이 어느 정도 자리 잡혔으리라 믿는다. 내용 체계 및 신체활동 예시를 통해 내용학적 지식(CK)을 기를 수 있고, 그 외의 교육과정 내용은 교수학습적 지식(PK)을 기를 수 있기 때문이다. 이렇게 전문성 있는 수업을 하려면 교사들이 교육과정을 꼼꼼하게 이해하는 것이 꼭 필요하다. 잘하고 싶은 과목의 교육과정은 꼭 한 번 살펴보자.

짜임새를 갖추어
1년 수업 설계하기

[3월] 체육 수업, 이렇게 해요!

　3월은 설렘의 달이다. 교사와 학생 모두 새롭게 시작하는 마음으로 학교에 온다. 학생들이 무척이나 좋아하는 체육 시간, 그것도 첫 시간에 무엇을 할까? 첫 단추를 잘 끼워야 1년이 편하다는데, 3월에는 체육 수업을 어떻게 진행해야 할지 고민이다. 학생들은 체육 시간을 노는 시간으로 인식하는 편이다. 교사들이 주로 학생들의 입맛에 맞춰 재미있을 만한 활동을 많이 해주기 때문이다. 대표적으로 많이 하는 활동이 피구다. 학생들에게 체육 시간에 무엇을 하고 싶은지 물어보면 10명 중 6~7명은 피구라고 대답한다. 그런데 3월부터 학생들의 요구에 부흥해서 피구를 하면 첫 단추를 잘못 채우는 것이다. 어쩌면 1년 내내 학생들의 입맛에 맞는 재미있는 게임만 해야 할지도 모른다. 학생들의 눈치를 보면서 말이다.

　3월, 체육 수업의 처음 한 달을 어떻게 풀어가면 좋을까?

> **3월 1주차** 체육 교과서 읽기

체육 수업이라고 첫 시간이 특별할 것은 없다. 다른 과목은 보통 첫 시간을 어떻게 시작하는가? 그렇다. 교과서로 시작한다. 교과서를 처음 펼쳐 목차를 살펴보며 1학기에 어떤 내용을 배우는지, 어떤 순서로 수업을 진행할 것인지 설명한다. 체육 수업도 마찬가지다. 첫 수업을 할 때 체육 교과서를 가지고 한다.

첫 체육 시간에 교사가 학생들에게 "얘들아, 체육책 꺼내라."라고 말하면 학생들의 반응은 어떨까? 눈이 휘둥그레지며 "책이요? 체육 시간인데요?" 이렇게 묻는 경우가 다반사이다. 지금껏 체육 수업은 첫 시간부터 운동장이나 체육관에서 신체활동을 해왔기 때문이다. 하지만 여기에서 뒤로 물러서면 안 된다. 다시 한번 진지한 목소리로 "얘들아, 체육책 꺼내."라고 말한다. 그렇게 수업을 시작한다.

수업의 흐름은 다음과 같다.

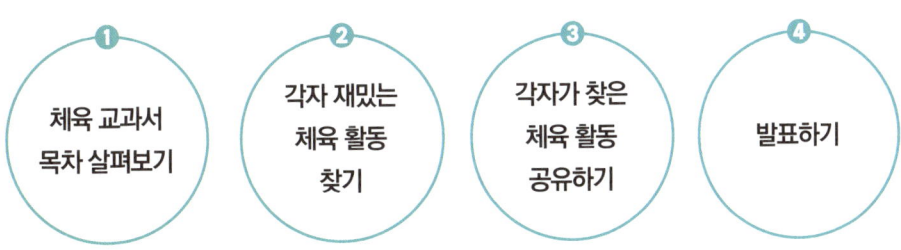

❶ 체육 교과서 목차 살펴보기

처음에는 교과서 목차에서 5가지 영역을 살펴본다. 체육 교과서는 10개의 과목 중 유일하게 영역명과 단원명이 같다. 체육과의 영역은 건강, 도전, 경쟁, 표현, 안전으로 5가지인데 이것이 곧 단원명이다. 학생들에게 5가지 단어의 뜻을 알려주며 1년 동안 거기에서 무엇을 배우는지 대략적으로 설명한다. 이 부분을 지도하기 위해서는 교사가 교육과정을 이해하고 있어야 한다.

❷ 각자 재밌는 체육 활동 찾기

이번에는 학생들에게 약 10분 동안 '재미있는 활동'을 찾아보라고 한다. 체육 교과서를 처음부터 끝까지 넘기며 재밌어 보이는 활동, 꼭 해보고 싶은 활동에 별표를 그리라고 한다. 학생들은 이 과정에서 체육 과목에도 책이 있고, 그 안에 재미있는 활동이 제법 있음을 알게 된다.

학교 현장에서 교과서를 활용해 체육 수업을 하는 경우가 거의 없기 때문에 학생들에게는 나름 신선한 경험이 된다. 학생들이 책을 볼 때 교사도 빠르게 책을 넘기며 어떤 내용이 있는지 살펴본다. 준비된 교사라면 2월쯤 전 과목 교과서를 미리 살펴봤겠지만, 초등교사에게 10개의 과목은 너무 많은 게 사실이다. 미처 교과서를 보지 못했다면 교사도 이때 함께 체육책을 넘겨보며 어떤 내용이 있는지 살펴본다.

❸ 각자가 찾은 체육 활동 공유하기

10분 뒤 학생들에게 책상을 모둠별로 만들도록 한다. 모둠에서 '돌아가며 말하기'를 하며 재밌겠다고 생각한 활동을 서로 이야기하라고 한다. 이때, 모둠별로 화이트보드와 보드마카, 지우개를 나눠준다. 친구들이 하는 이야기를 한 명이 기록하며 정리하는 것이다. 최종적으로 가장 재밌을 것 같은 활동 3가지를 뽑으라고 한다. 모둠별로 재밌는 활동에 대한 공유가 끝나면 전체적으로 이야기를 나눈다.

모둠별로 재미있는 활동 정리하기

❹ 발표하기

각 모둠에서 한 명씩 일어나서 발표를 한다. 각 모둠에서 재밌을 것 같은 활동 3가지를 발표하면 교사는 그 내용을 칠판에 정리한다. 교사는 모둠 발표가 끝난 뒤 학생들에게 이 활동들을 1년 동안 꼭 해보자고 이야기하며 마무리한다.

이렇게 첫 시간에 체육 교과서를 살펴보는 것은 3가지 의미가 있다.

첫째, 학생들에게 체육 시간은 노는 시간이 아님을 가르쳐준다. 체육도 엄연히 교과서가 있고 다른 과목처럼 교과서로 수업한다는 것을 알려주어야 한다. 첫 시간에 교과서를 보는 것은 학생들에게 상당히 큰 영향을 준다.

둘째, 체육 교과서에도 재미있는 활동이 있음을 알려준다. 학생들은 체육 교과서를 별로 좋아하지 않는다. "체육책을 꺼내라."라는 말을 밖에서 신체활동을 하지 않을 거라는 뜻으로 이해하기 때문이다. 하지만 첫 수업을 하면서 체육 교과서에도 재미있는 활동이 있고, 이것대로 수업해도 괜찮겠다는 생각이 들도록 한다.

셋째, 교사도 체육 수업을 준비한다. 교사가 미리 체육 교과서를 살펴보면서 1년의 체육 수업을 준비하면 좋겠지만, 그렇지 못하다면 이 과정에서 교과서를 훑어보는 것은 의미가 있다. 이 이후에 어떤 흐름으로 수업을 끌어갈지 생각할 수 있기 때문이다.

3월 1주차 준비운동, 모둠 대형 연습, 가볍게 놀이하기

첫 번째 체육 시간은 교과서로 시작했다. 두 번째 시간에는 무엇을 하면 좋을까? 바로 준비운동에 대해 알려주고 모둠 대형 만들기를 연습한다. 그러고 나서 시간이 남으면 가벼운 놀이를 한다.

학생들은 두 번째 시간에 체육관이나 운동장에 가기를 기대한다. 첫 시간에 교실에서 했기 때문이다. 교사는 학생들의 기대에 부응하며 흔쾌히 "체육관(운동장)에 가자!"라고 학생들에게 이야기한다. 교실은 곧 환호성으로 가득 찬다.

두 번째 시간에는 먼저 대형에 대해 알려준다. 대형은 크게 3가지(모둠 대형, 원 대형, 교실 대형)이다. 처음에는 모둠 대형으로 모이기를 연습한다. 이어서 원 대형 모이기를 하고, 교실 대형으로 모이기를 한다. 이렇게 대형을 여러 번 바꾸며 계속 연습한다. 3월 학기 초에 학생들과 대형 연습을 제대로 해두면 신기하게도 이것들이 1년 동안 꾸준히 유지된다. (대형에 대한 설명은 4장을 참고해보자.)

원 대형으로 모이는 학생들의 모습

   대형에 익숙해지면 이제 원 대형으로 모여 준비운동을 한다. 준비운동은 관절 풀기와 스트레칭 순서로 한다. 교사가 "하나 둘 셋 넷." 하고 외치면, 학생들이 "둘 둘 셋 넷." 하고 외친다. 이렇게 준비운동이 끝난다.

   준비운동을 하고 시간이 남는다면 가벼운 놀이를 한다. 이때 '짝꿍 가위바위보 술래잡기'가 어떨까? 이 활동은 1년 내내 하게 되므로 두 번째 시간에 가르치면 좋다. 준비운동을 원 대형으로 했기 때문에 2명씩 짝지어주기 좋다. 교사의 오른쪽부터 2명씩 짝을 지어주고, 마지막이 홀수로 남으면 3명이 짝을 하라고 한다. 그리고 나서 짝꿍 가위바위보 술래잡기를 한다. 학생들은 술래잡기를 좋아하며 수업에 재미있게 참여한다. 이렇게 두 번째 체육 수업이 마무리된다.

3월 2주차 진단평가하기

보통 3월 첫 주는 체육 수업을 2시간 정도 하게 된다. 이제 2주차 3~5번째 수업을 준비해야 할 때이다. 2주차에는 진단평가를 한다. 다른 과목(국, 수, 사, 과)을 생각해보면 첫 번째 주나 두 번째 주에 진단평가를 한다. 체육도 다른 과목과 마찬가지로 진단평가가 필요하다.

체육 수업에서 진단평가를 하는 방법은 다음과 같다.

❶ 학생들이 원하는 체육 활동하기

가장 추천하는 방법은 '학생들이 원하는 체육 활동 하기'이다. 세 번째 체육 수업이 시작하면 학생들에게 물어본다.

"얘들아! 오늘 체육 시간에는 무엇을 하고 싶니? 너희가 하고 싶은 거 하자."

이렇게 이야기하면 학생들이 의외라는 표정을 짓는다. 첫 번째 시간과 두 번째 시간에 학생들이 원하는 것을 해주지 않았는데 갑자기 해주겠다고 하기 때문이다. 이렇게 학생들의 마음을 산 다음 그들이 원하는 활동을 하며 진단평가를 하는 것이다.

보통 고학년 학생들은 피구, 축구, 발야구를 꼽고, 3~4학년 학생들은 피구를 가장 선호한다. 피구는 초등학생들이 가장 좋아하는 스포츠 종목이고, 태권도 학원에서도 많이 하기 때문에 친근한 활동이다.

교사는 "오늘은 피구를 원하는 학생들이 많으니 피구를 하겠다."라고 말한다. 그런데 이 상태에서 바로 운동장에 나가면 안 된다. 운동장에 나가기 전에 반드시 해야 할 과업이 있다. 바로 피구 규칙을 확인하는 것이다. 현재 교실 안에는 얼마 전까지 각자 다른 반에서 공부하던 아이들이 모여 있다. 이 아이들이 배웠던 피구 규칙은 담임교사에 따라 조금씩 다르다. 그러므로 교실에서 반드시 이 규칙을 통일하고 나가야 한다.

먼저 학생들에게 묻는다.

"피구 규칙 설명해볼 사람 있니?"

학기 초이기 때문에 학생들이 발표하기를 꺼려한다. 아무도 손을 들지 않으면 교사가 천연덕스럽게 말한다.

"엇? 아무도 없네? 그러면 오늘은 체육 수업하지 말아야겠다."

학생들은 이 말에 화들짝 놀라며 여기저기서 손을 들고 서로 설명하겠다고 한다. 좋아하는 체육 수업을 포기할 수 없는 것이다. 이런 식으로 피구 규칙을 발표하며 서로 다르게 알고 있던 것들을 하나로 통일한다. 이 과정이 의미 있는 이유는 학생들의 참여를 끌어낼 수 있고, 체육 수업에서 의사소통을 경험할 수 있기 때문이다. 체육 수업에서 항상 교사의 입만 바라보던 학생들이 자신들의 의견을 내고 그것이 수용되는 경험을 하는 것이다.

이제는 운동장에 가서 피구를 한다. 시간이 많지는 않다. 교실에서 피구 규칙을 통일하느라 시간을 10분 넘게 썼기 때문이다. 피구가 시작되면 교사는 심판을 보면서 학생들을 관찰한다. 바로 이 시간에 진단평가를 한다.

학생들이 흔하게 했던 체육 활동을 해보게 하며 그들의 운동 기능을 관찰하는 것이다. 이때 관찰할 사항은 '기본 움직임 기술(FMS)'과 '운동 체력'이다. 어떤 친구가 던지고 받기를 잘하는지, 민첩성 있게 공을 잘 피하는지 보며 기능이 뛰어난 학생, 기능이 부족한 학생을 파악한다. 그리고 신체활동을 좋아하는 학생과 그렇지 않은 학생도 확인할 수 있다.

이렇게 세 번째 체육 시간이 끝났다. 학생들은 자신들이 하고 싶어하는 활동을 했기 때문에 만족스럽고, 교사는 학생들의 상태를 확인할 수 있어 의미 있는 시간이 된다.

네 번째 시간, 다섯 번째 시간도 이렇게 진행하면 된다. 세 번째 체육 수업에서 피구를 했으니 그다음에는 축구나 발야구를 한다. 교실에서 규칙에 대해 이야기하고 운동장에 나가서 진단평가를 하면 된다. 교사는 이 상황에서도 학생들을 관찰하며 현재 상태에 대한 정보를 수집한다. 축구라면 공 차기 기능, 공 다루는 기능, 심폐지구력, 순발력, 민첩성을 살펴보고, 발야구라면 공 치기, 공 던지기, 공 받기, 달리기를 잘하는지 살펴본다.

❷ 50m 달리기 측정하기

학생들이 하고 싶은 종목이 없을 수 있다. 또는 저학년들은 스포츠 종목을 다양하게 알지 못한다. 특히 1~2학년은 체육 교과가 없기 때문에 경험해본 체육 활동이 많지 않다. 그럴 때 50m 달리기 기록을 측정해보면 어떨까? 달리기는 기본 움직임 기술(FMS) 중에서도 가장 기본이 되는 활동이다. 달리기 실력을 알면 운동 기능이 뛰어난 학생과 그렇지 않은 학생을 알 수 있고, 이 정보를 바탕으로 체육 수업에서 모둠을 편성할 때 좋다.

교사는 운동장에서 50m가 어디부터 어디까지인지 알고 있어야 하며, 호루라기와 스마트폰, 학급 명렬표와 볼펜을 준비한다. 학생들을 번호순이나 키 순서대로 세운 다음, 두 명씩 짝지어서 출발선에 세워놓고 교사는 결승선으로 간다. 호루라기를 불어 학생들을 출발시킨 다음 스마트폰 초시계로 학생들이 결승선을 통과할 때 기록을 측정하고 적는다. 첫 기록을 측정하고 나서 다시 한 번 뛸 학생이 있는지 묻는다. 그러면 여기저기서 다시 하겠다고 한다. 그렇게 다시 한 번 기회를 주고 최고 기록을 정리한다.

50m 달리기 수업은 진단평가의 측면도 있지만, 학생들에게 체육 시간에 숨차게 뛰었다는 느낌을 주는 데 의미가 있다. 체육 수업에 숨차게 뛰고 나면 학생들의 움직임 욕구가 충족되고 체육 수업과 담임교사에 대한 만족도가 올라간다.

❸ 친구에게 달리기 도전하기

체육관에서 하기에 좋은 '친구에게 달리기 도전하기'도 있다. 이 활동은 2가지 단계로 진행된다. 1단계에서는 반환점 달리기를 하여 측정한 기록을 알려준다. 그리고 나서 가장 빠른 학생부터 느린 학생 순서로 일렬로 선다.

2단계는 가장 느린 친구부터 앞 친구에게 도전하는 활동이다. 친구에게 도전하며 오랜만에 숨차게 달리기도 하고, 나의 달리기 실력이 우리 반에서 어느 정도인지 알아볼 수 있는 활동이다.

친구에게 달리기 도전하기

친구에게 달리기 도전하기

활동 소개
이 활동은 우리 반 학생들의 달리기 실력을 알아볼 때 하면 좋다. 자신보다 기록이 좋은 친구에게 도전하며 도전의식을 기를 수 있다. 학기 초에 해도 좋고 운동회를 앞두고 해도 좋다. 학생들이 한 번씩은 모두 뛰어야 하며, 그 이후부터는 낮은 등수부터 높은 등수에게 도전하면 된다.

출처: 티처런 리더 조기희 선생님에게 배운 활동

기본 사항
- **인원** 2명~30명   **소요 시간** 20분
- **준비물** 라바콘 4개, 호루라기, 스마트폰(초시계)
- **경기장 모습** 콘 2개로 출발선을 표시하고, 나머지 라바콘 2개로 반환점을 표시한다. 도착선은 출발선과 동일하다.

활동 순서

활동 준비
1. 학생들을 남녀 구분 없이 키 순서대로 줄을 세운다. 처음에는 키가 비슷한 친구들끼리 뛰는 것이 다리 길이가 비슷해서 공정하다고 생각하기 때문이다.
2. 키 순서대로 한 줄로 섰으면, 짝수를 왼쪽으로 이동시켜 두 줄을 만든다.
3. 출발선으로 이동하여 뒤에 앉힌다.

1단계 최초 기록 측정하기
1. 처음에 뛸 2명을 출발선에 나오라고 한다.
2. 학생들은 출발선에 서서 교사의 신호를 기다린다.

❸ 교사의 출발 신호에 맞춰 출발한다.
❹ 반환점에 있는 라바콘을 돌아 출발선으로 다시 돌아온다.
❺ 학생들은 선생님이 알려주는 기록을 잘 기억한다.
❻ 모든 학생들이 2명씩 짝을 지어 달리기를 한다.
❼ 1등 기록부터 가장 낮은 기록순으로 일렬로 앉는다.

2단계 친구에게 도전하기
❶ 가장 낮은 등수에 있는 친구부터 자기보다 높은 등수의 친구에게 도전할 수 있다.
❷ 이때 원하지 않는 학생은 하지 않고, 원하는 학생만 한다.
❸ 자기보다 높은 등수에 있는 누구에게나 도전할 수 있다.
❹ 도전할 친구를 골랐으면 둘이 경기장에 나와 달리기 시합을 한다. 이때 초를 잴 필요는 없고, 누가 빨리 왔는지만 판단한다.
❺ 도전에 성공하면 그 친구 앞으로 이동하고, 실패할 경우 원래 자기 자리로 돌아간다.
❻ 수업 시간이 끝나기 전까지 계속 도전한다.

열정기백쌤의 수업 경험담

이 활동을 할 때 주의할 점이 2가지 있다. 한 번 뛴 친구는 바로 뛰지 않고, 한 번 쉬었다가 뛴다. 연속해서 뛰면 심장에 무리가 갈 수 있기 때문이다. 또한 충분한 공간을 확보하고 출발선과 도착선을 만들어야 한다. 그래야 도착한 뒤에 속력을 줄이지 못해서 충돌하는 안전사고를 방지할 수 있다.

이렇게 3월 2주차 체육 수업은 진단평가를 한다. 진단평가를 토대로 학생들이 기본 움직임 기술(FMS)에서 무엇이 괜찮고 부족한지, 어떤 친구가 운동 기능이 뛰어나고 부족한지, 체육 수업에 대한 흥미는 어떤지 알 수 있다. 이 정보는 모둠을 구성하고, 체육 수업을 설계하는 데 도움이 된다.

3월 3주차 운이 들어간 게임하기

어느새 3월의 2주가 지나갔다. 담임교사 입장에서 학급 운영은 어느 정도의 궤도에 들어왔을 것이다. 체육 수업도 지난 주 진단평가까지 해서 어느 정도 진행이 되었다. 이제 3월 3주차에는 어떤 활동을 하면 좋을까?

'운이 들어간 게임'을 하면 좋다. 대표적으로 가위바위보와 주사위 던지기가 있다. 가위바위보는 누가 이길지 모르고, 주사위는 1부터 6까지 숫자 중 어느 것이 나올지 모른다. 이런 특성을 이용해 체육 수업을 하는 것이다. 체육 수업에서 '운'이 필요한 이유는 초등학교 체육의 철학 중 하나인 '낭만 체육'을 실현하기 위해서이다. 체육 수업에서 소외되는 학생이 없도록, 모든 학생들이 즐겁고 의미 있는 수업에 참여해야 한다. 그런데 학기 초부터 경쟁적인 스포츠 종목을 하면 소외되고 상처 받는 학생들이 나오기 시작한다.

예를 들어, 학생들이 가장 좋아하는 피구를 한다고 생각해보자. 던지고 받기 능력이 뛰어난 학생들은 피구 활동이 참 재미있다. 자신들이 주인공이 되어 공을 던지며 친구들을 아웃시키면서 성취감도 느낀다. 반면에 운동 기능이 부족한 학생들은 친구들이 공을 주지도 않고, 공을 잘 던질 자신도 없으니 피하기만 한다. 공이 무서운 나머지 소극적으로 임하거나 빨리 아웃되기를 바라고 실제로 그렇게 되고 만다. 경쟁적인 스포츠 종목의 더 큰 문제는 패배한 팀에서 드러난다. 이긴 팀은 아무 문제가 없다. 패배한 팀에서 승부욕이 뛰어난 친구가 패배의 원인을 운동 기능이 부족한 친구에게 떠넘긴다. 운동 기능이 부족한 친구는 가뜩이나 체육 수업이 부담스러운데 패배의 원인까지 떠안고 나면 체육이 더 싫어진다. 이처럼 낭만 체육과는 거리가 먼 현상이 학기 초 경쟁적인 스포츠 종목 때문에 발생한다.

그러므로 초등학교 체육 수업에는 학기 초에 '운'이 들어간 게임이 어울린다. 운이 들어간 게임을 하면 운동 기능이 부족한 친구도 운이 좋아 승리하는 경험을 맛볼 수 있다. 이런 작은 성공 경험은 운동 기능이 부족한 친구에게 체육을 좋아하게 만드는 계기가 된다. 또한 운이 들어간 게임에서 지더라도 패배의 원인을 운 때문으로 돌리기 때문에 상처도 덜 받는다.

운이 들어간 게임에 대한 소개는 7장에서 할 것이다. 거기에 있는 활동에서 3가지를 골라 3월 3주차에 해보자.

3월 4주차 술래잡기 및 태그형 게임하기

어느덧 3월의 마지막 주가 되었다. 위에서 설명한 대로 체육 수업을 진행하면 어렵지 않게 3월 4주차에 도달할 수 있다.

3월 4주차는 대부분의 학생들이 좋아하는 술래잡기나 태그형 게임을 한다. 술래잡기는 술래가 있고 나머지는 도망자가 된다. 술래가 도망자를 잡으면 술래가 바뀐다. 도망자는 잡힐 것 같으면 '얼음'을 하고, 다른 친구들이 '땡'을 해주는 형태가 술래잡기다. 태그형 게임은 태그(tag), 즉, 손으로 터치하는 것을 포함한 모든 게임을 말한다. 술래잡기는 물론이고 그 외에 꼬리잡기, 진놀이가 태그형 게임에 포함된다. 술래잡기는 팀 간 경쟁이 없지만, 태그형 게임은 팀 간 경쟁이 있는 더 발전된 형태이다.

3월 4주차에 간단한 술래잡기나 태그형 게임을 하는 이유는 무엇일까?

첫째, 술래잡기 및 태그형 게임을 하면 학생들이 마음껏 뛸 수 있다. 1년 동안 체육 수업을 잘 진행하려면 모든 학생들이 체육 시간을 좋아하게 해야 한다. 그러려면 평소 체육 수업에서 소외되어 있던 학생들도 체육 시간이 재밌다고 느껴야 한다. 술래잡기를 싫어하는 학생은 없다. 어렸을 때부터 많이 해본 활동이기 때문이다. 사람들은 보통 누군가에게 쫓기는 활동을 스릴있어 하며 좋아한다. 진화생물학적으로 볼 때 인간은 생존을 위해 위험한 동물로부터 도망쳐야 했고 그러기 위해 달렸기 때문이 아닐까 짐작해본다. 술래잡기로 체육 수업을 끌어가면 대부분의 학생들이 뛰는 활동에 열심히 참여하며 체육 수업에 흥미를 느낀다.

둘째, 1년간의 체육 수업을 가볍게 시작할 수 있다. 술래잡기는 규칙이 간단하기 때문에 지도하는 교사나 활동에 참여하는 학생이나 부담이 적다. 만약 3월부터 스포츠 종목인 축구나 농구에 들어가면 부담스럽다. 기본 기능이 부족해서 연습하는 데 시간이 많이 걸리고, 규칙이 까다로워 규칙을 이해하는 데도 시간이 오래 걸리기 때문이다. 그래서 규칙이 간단한 술래잡기나 태그형 게임을 하면 좋다.

셋째, 체육 활동에 필요한 달리기 기능을 기를 수 있다. 기본 움직임 기술(FMS) 8가지 중에 달리기가 있다. 술래잡기에는 술래와 도망자가 있고, 기본적으로 달리고 쫓는 구조이기 때문에 심폐지구력, 순발력, 민첩성을 기를 수 있다. 따라서 3월에 하는 술래잡기는 다른 활동에 필요한 기초 체력을 기르는 활동이 된다. 또한 술래잡기를 하다 보면 도망자가 술래에게 잡히지 않기 위해 방향을 속이는 페이크(fake) 동작을 하는데, 이 동작은 영역형 경쟁에서 필요한 기본 동작이다.

넷째, 앞으로 할 체육 수업에서 리드업 게임으로 활용하기 위해서이다. 준비운동이 끝나고 본 활동으로 들어가기 전에 체온을 끌어올리고 본 활동에 필요한 기능을 익히기 위해 리드업 게임을 한다. 그때 매번 같은 활동을 하면 지루해하므로, 3월 4주차에 배운 다양한 술래잡기를 기억했다가 리드업 게임으로 활용한다면 체육 수업을 의미 있게 진행할 수 있다.

위와 같은 이유로 3월 4주차에는 술래잡기 및 태그형 게임을 하면 좋다. 구체적인 활동은 7장에서 자세히 소개할 것이다. 여러 활동 중에 3가지를 골라 3월 4주차에 활용하면 3월 체육 수업을 의미 있게 진행할 수 있다.

[4월~12월] 체육 수업 설계는 이렇게 해요!

어느새 3월이 다 지나갔다. 4월부터 무슨 활동을 하면 좋을까? 우리는 교육과정을 따라 체육 수업을 운영한다. 체육과 교육과정에는 5개 영역(건강, 도전, 경쟁, 표현, 안전)이 있다. 3월에 하면 좋은 운이 들어간 게임과 술래잡기는 건강 영역에 해당한다.

자, 4월 체육 수업은 어떻게 설계하면 좋을까? 설계 방법에는 2가지 유형이 있다.

1학기에 5개 영역을 하는 유형

첫 번째 방법대로 하면 1년에 5개 영역을 두 번 지도하게 된다. 약 10년 전까지만 해도 이런 방식으로 교육과정 운영을 주로 했다. 그런데 이렇게 하기란 생각보다 쉽지 않다. 1년에 영역을 두 번 한다는 것은 수행평가를 두 번 한다는 뜻이기 때문에 총 10번의 수행평가를 해야 한다. 그래서 요즘 대부분의 학교들은 두 번째 방법으로 한다.

1학기에 5개 영역을 하는 방법

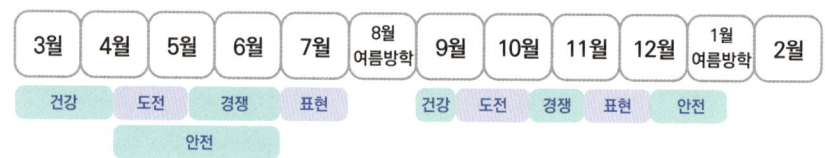

1년에 5개 영역을 하는 유형

두 번째는 1년에 5개 영역을 하는 유형이다. 이것을 설계하기 위해서는 대략 건강, 도전, 경쟁, 표현, 안전 영역을 언제 할 것인지 시기를 먼저 고민해야 한다.

1년에 5개 영역을 하는 방법

4월부터는 무엇을 하면 좋을까? 3월에 이어 4월에도 건강 영역을 하면 좋다. 3~4학년이면 태그형 게임이나 진놀이를 하며 체력을 기르고, 5~6학년이면 학생건강체력평가(PAPS)를 대비한 여러 가지 활동을 해본다.

3, 4월에 건강 영역으로 했다면 5, 6월은 경쟁 영역을 하면 좋다. 3학년은 태그형 게임이나 경쟁의 기초, 4학년은 영역형 경쟁, 5학년은 필드형 경쟁, 6학년은 네트형 경쟁이다.

두 달 동안 무슨 활동을 할지 종목을 하나 정한다. 신체활동 예시를 보면 어떤 종목을 하면 좋은지 나온다. 그다음 성취기준의 흐름대로 지도를 한다. 성취기준의 흐름에 따라 만들어진 것이 교과서다. 교과서를 보고 내용이 마음에 든다면 그대로 따라 하고, 그렇지 않다면 흐름은 따라가되 내용을 바꿔서 수업한다.

아울러 경쟁 영역을 지도하면서 안전 영역을 같이 지도하면 좋다. 특히 4학년과 5학년에서 하면 매우 좋다. 4학년 안전 영역은 게임 활동 안전이다. 경쟁 영역 경기 중에 안전 영역을 같이 지도하고 수행평가를 하면 좋다. 5학년은 응급처치이다. 운동경기를 하다가 다쳤을 때 치료 방법을 고민하고 실습해보는 것이 좋다. 이렇게 안전 영역은 별도로 수업하지 않고 경쟁 영역이나 도전 영역과 함께 지도하면 된다. 실제로 교육과정 집필자들은 안전 영역을 별도로 지도하기보다 다른 영역과 함께 지도하는 것을 기대하며 집필한다. 체육에서 안전은 모든 영역에서 기본이기 때문이다.

경쟁 영역은 약 두 달 동안 긴 호흡으로 수업을 진행해야 한다. 교사는 해당 학년의 종목에 대해 이해하고, 성취기준의 흐름대로 기본 기능 및 전략을 학생들에게 제시하고, 변형된 게임을 지도하면 된다.

7월에는 건강 영역이나 표현 영역을 한다. 만약 표현 영역을 한다면 6월 중순부터 하면 좋다. 건강 영역을 한다면 호흡이 짧은 수업으로 낭만 체육을 실현하는 재미있는 게임을 하면 좋다. 여름방학 전에 1시간씩 재미난 수업을 학생들에게 제공하는 것이다.

1학기 수업이 끝나고 2학기가 되면 다시 경쟁 영역을 한다. 9월이 계절상 미세먼지도 적고, 맑은 날이 많아 운동장에서 체육 수업을 하기에 가장 좋기 때문이다. 경쟁 영역은 학생들에게 인기가 많은 영역이다. 1학기에 했던 종목과 다른 것을 한다. 4학년이면 1학기에 축구, 2학기에 농구를 한다. 5학년이면 1학기에 발야구, 2학기에 티볼을 한다. 6학년이면 1학기에 배구, 2학기에 배드민턴을 해보자.

도전 영역도 해본다. 도전 영역은 교과서의 흐름을 따라가면 된다. 먼저 도전 영역에 나오는 교구가 우리 학교에 있는지 확인한다. 그리고 각자가 지도할 수 있는 신체 활동을 선택해서 지도하는 것이 좋다.

12월에는 표현 영역을 하면 된다. 12월은 춥기 때문에 야외보다 실내에서 하는 것이 좋다. 표현 영역은 프로젝트 학습이 적절하다. 각 학년별로 주제에 맞는 표현 영역을 지도한다.

이렇게 5가지 영역에 대한 거시적인 계획을 세운 뒤에는 각 영역별로 세부적인 계획을 세운다. 무슨 활동을 할지 잘 모르겠다면 기본적으로 교과서에 있는 활동을 한다. 교과서에 나온 활동 중 본인이 소화할 수 있는 활동을 바탕으로 수업을 설계한다. 이런 식으로 1년 체육 수업을 설계하고 진행하면 된다.

자, 나만의 1년 체육 수업 계획을 세워보자. 그러면 하루살이처럼 '내일 체육 수업은 뭐하지?' 하고 고민하는 일이 조금 줄어들지 않을까?

담임교사가 갖고 있으면 좋은 체육 교구

 각 초등학교 내 체육 자료실에는 체육 부장이 관리하는 다양한 체육 교구가 있다. 그런데 담임교사들은 체육 수업을 할 때 체육관에서만 하지 않기 때문에 체육 교구를 매번 가지고 오기가 번거롭다. 이럴 때 교실에 다음과 같은 체육 교구를 갖추고 있으면 좋다. 학기 초 학급 운영비를 받거나 사용할 수 있는 예산이 있을 때 하나씩 사 모으길 추천한다.

콘(작은 것 8개)
 콘은 경기장, 또는 출발점이나 반환점을 만들 때 꼭 필요하다. 피구 경기장을 만들 때 콘이 6개 필요하다. 얼티밋 프리즈비를 할 때는 8개 필요하다. 작은 것으로 최소 8개가 있으면 웬만한 경기장은 다 만들 수 있다.

접시콘(1set)
접시콘은 운동장에서 라인을 표시할 때 필요하다. 운동장에 갑자기 나가야 할 때 접시콘만 있으면 굳이 체육 자료실에 들르거나, 라인기로 라인을 그리지 않고도 수업을 진행할 수 있다.

미니 원마커

원마커는 어른 손바닥보다 더 크다. 이것보다 작은 미니 원마커도 있다. 교실 체육 시, 라인이나 출발선을 표시할 때 사용한다. 최소 6개 이상 있으면 좋다.

폭신 주사위공

폭신 주사위공은 폭신하고 주먹에 딱 들어가는 크기여서 던지고 받기를 연습할 때 유용하다. 교실에서도 던지고 받기를 연습할 때 쓴다. 다른 교과에서 주사위를 굴릴 때 사용해도 된다. 모둠별 1개씩 해서 최소 6개 이상 있으면 좋다.

종이테이프

종이테이프는 손으로 찢어서 어디든지 붙일 수 있다. 교실이나 체육관에서 간단하게 표시할 때 종이테이프를 사용한다. 원마커, 접시콘은 움직여지므로 불편하다. 종이테이프로 표시하면 움직이지 않고 잘 고정된다.

팀 조끼

보통 체육관에 보관되는 조끼는 관리가 잘 안 되어 아이들도 입기를 꺼린다. 그래서 담임교사가 팀 조끼를 구입해서 교실에서 관리하는 게 낫다. 교실에서 팀을 구성한 뒤 체육관으로 가기 전에 팀 조끼를 입고 가면 편하다. 학급 티셔츠를 맞출 때 과감하게 팀 조끼를 구입해서 체육 교구를 늘리는 것은 어떨까?

PART 3 _ What

열정기백쌤이 추천하는 체육 활동

진놀이는 팀 대결의 놀이로, 두 팀이 각자의 진을 지키며 상대 팀의 진에 침범하는 놀이이다. 진놀이가 술래잡기나 꼬리잡기와 다른 점은 팀 경기이기 때문에 전략이 있다는 점이다. 내 목숨이 소중하지만 팀을 위해 관심을 끌고 아웃되었다가 다시 부활하는 전략이 필요하다. 또한 태그형 게임이기 때문에 많이 뛰어야 한다. 학생들이 실컷 뛰어 놀면서 팀 간 경쟁, 팀 내 협력을 가르치고 싶을 때 하면 좋은 활동이다.

소외되는 학생 없는 운이 들어간 활동

운이 들어간 게임에는 '가위바위보'와 '주사위'가 많이 활용된다. 가위바위보는 누가 이길지 모르고, 주사위는 1~6까지 어떤 숫자가 나올지 모른다. 이런 특징을 이용하면 팀 경쟁을 하더라도 패배의 원인을 운으로 돌릴 수 있다. 운동 기능이 부족한 학생이 패배의 원인으로 지목되는 것을 막는 것이다. 그렇게 소외되는 학생 없는 누구나 즐길 수 있는 낭만 체육으로 이끌 수 있다.

❶ 가위바위보를 이용한 게임

가위바위보는 유치원과 초등학교 신체활동에서 많이 활용되는 도구이다. 가위바위보를 모르는 학생은 없으며 학생들은 이것을 이기는 것만으로도 좋아한다. 누가 이길지 모르는 '운'이 존재하기 때문에 체육 수업에서 운동 기능과 상관없이 게임 결과가 나온다. 따라서 누구나 승리에 대한 기대감을 가지고 게임에 참여할 수 있다.

가위바위보는 손으로 할 수 있지만 신체 활동량을 늘리기 위해 몸으로 하는 가위바위보를 추천한다. 몸으로 하는 가위바위보를 하면 신체 활동량을 늘릴 수 있어 좋다. 신체 활동량을 늘려야 하는 이유는 '뇌 발달'과 깊은 연관이 있기 때문이다. 따라서 가위바위보를 이용한 게임은 처음에는 손으로 하고, 게임에 익숙해지면 몸으로 하는 가위바위보로 바꿔서 해보자.

가위바위보 추격 게임

활동 소개

이 활동은 둘이 마주 보고 가위바위보를 하여 이긴 사람은 추격자가 되어 쫓고, 진 사람은 도망자가 되어 도망가는 게임이다. 도착선에 도착하기 전에 잡느냐 잡히느냐에 따라 득점 여부가 달라진다. 가위바위보 결과에 대한 순간적인 판단력과 순발력이 필요한 게임이다.

기본 사항

- **인원** 2명~30명 **소요 시간** 3분
- **준비물** 원마커(참여자 수만큼)
- **경기장** 1m 정도 떨어진 지점에 원마커를 놓는다.

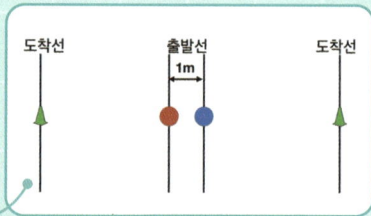

활동 순서

❶ 둘이 한 발로 원마커를 밟고, 가위바위보를 한다.

❷ 진 사람(도망자)은 도망가고, 이긴 사람(추격자)은 쫓아간다.

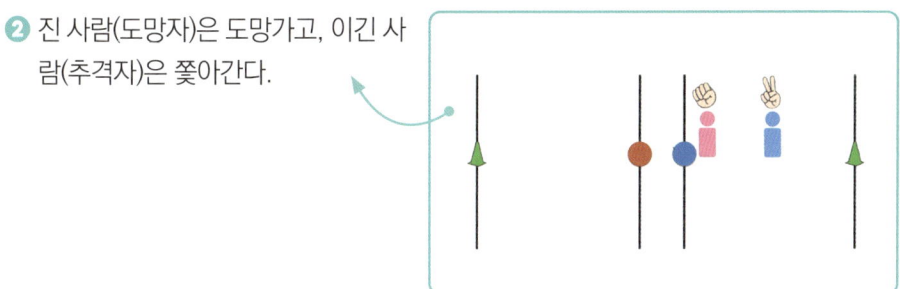

❸ 도망자가 도착선에 도착하기 전에 추격자가 잡으면 1점을 얻는다.

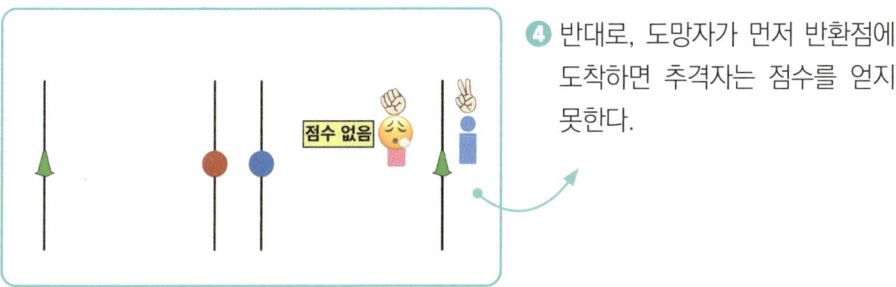

❹ 반대로, 도망자가 먼저 반환점에 도착하면 추격자는 점수를 얻지 못한다.

❺ **승패** 정해진 판만큼 하여 더 많이 이긴 사람이 승리한다.

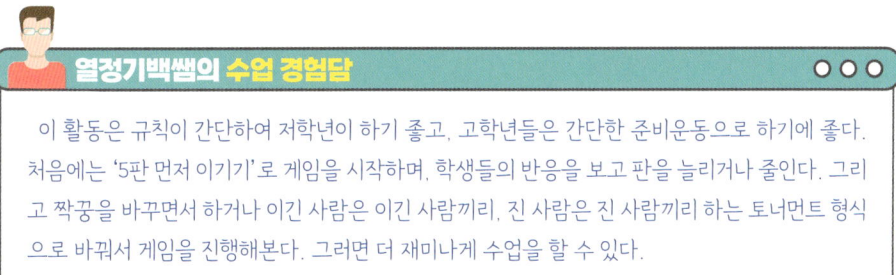

열정기백쌤의 수업 경험담

이 활동은 규칙이 간단하여 저학년이 하기 좋고, 고학년들은 간단한 준비운동으로 하기에 좋다. 처음에는 '5판 먼저 이기기'로 게임을 시작하며, 학생들의 반응을 보고 판을 늘리거나 줄인다. 그리고 짝꿍을 바꾸면서 하거나 이긴 사람은 이긴 사람끼리, 진 사람은 진 사람끼리 하는 토너먼트 형식으로 바꿔서 게임을 진행해본다. 그러면 더 재미나게 수업을 할 수 있다.

가위바위보 땅따먹기

#저학년, #짝활동, #가볍게

활동 소개

가위바위보 땅따먹기는 둘이 짝을 이뤄 가볍게 할 수 있는 활동이다. 둘이 하는 '달팽이 놀이'라고 생각하면 이해하기 쉽다. 2명이 짝을 지어 서로에게 다가가다가 만나면 가위바위보를 한다. 이때 이긴 사람은 앞으로 걸어가고, 진 사람은 빠르게 뒤로 달려서 자기 땅으로 돌아가는 게임이다. 그렇게 상대방 땅까지 가면 1점을 얻는다. 규칙이 간단해서 누구나 즐겁게 참여할 수 있다. 이동 움직임을 바꾸면서 하면 더 재미있다.

기본 사항

- 인원 2명~30명   • 소요 시간 5분
- 준비물 원마커(참여자 수만큼)
- 경기장 15m 정도 떨어진 지점에 원마커를 놓는다.

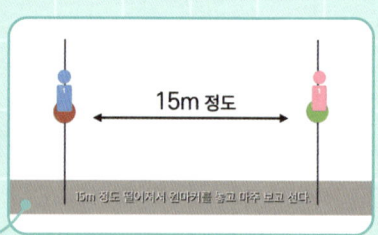

활동 순서

❶ 2명씩 짝을 짓고, 15m 정도 떨어져서 원마커를 놓고 마주 보고 선다.

❷ 게임이 시작되면 서로에게 걸어서 다가간다.

❸ 만나면 그 자리에서 가위바위보를 한다.

❹ 이긴 사람은 계속 앞으로 걸어간다. 진 사람은 뒤돌아서 빠르게 뛰어 처음 있던 출발 원마커로 가서 원마커를 발로 찍고 뒤돌아 다시 앞으로 걸어간다.

❺ 다시 만나면 가위바위보를 하고 이 과정을 계속 반복한다.

❻ **득점** 상대방이 원마커를 밟고 있는 상태에서 자신이 가위바위보를 이기면 1점을 얻는다. 득점하면 처음부터 다시 시작한다.

❼ **승패** 정해진 시간 동안 득점을 많이 한 사람이 승리한다.

 염정기백쌤의 수업 경험담

이 활동은 서로를 향해 걸어가기 때문에 충돌할 수 있다. 따라서 처음 시작할 때 충돌 위험을 설명하면서, 가까워지면 속력을 늦추라고 말한다. 이 활동은 다음 두 가지로 변형할 수 있다.
❶ 신체 활동량을 늘리고 싶으면 거리를 넓혀서 활동한다.
❷ 이동 움직임 8가지(걷기, 달리기, 점핑, 호핑, 리핑, 스키핑, 갤러핑, 사이드 스텝)를 다양하게 섞어서 한다. 이 활동에서 중요한 점은 앞으로 갈 때는 천천히 가고, 가위바위보에서 져서 시작점으로 갈 때는 빨리 가는 것이다. 그러므로 앞으로 갈 때는 걷기, 점핑, 호핑을 활용할 수 있고, 시작점으로 갈 때는 달리기, 갤러핑, 스키핑을 활용할 수 있다. 이동 움직임을 익힐 때 하면 좋은 활동이다.

릴레이 가위바위보 게임

활동 소개

이 활동은 팀별로 반환점을 돌아오는 릴레이 게임이다. 운을 넣기 위해 반환점에서 다른 팀 친구와 가위바위보를 하여 이기면 바로 돌아오고, 지면 신체활동 과제를 하고 온다. 이렇게 가위바위보에 의해 시간차가 생기고 승패가 결정난다. 학기 초에 가볍게 하기에 좋은 활동이다.

기본 사항

- **인원** 6~30명   **소요 시간** 5분
- **준비물** 콘 여러 개, 팀 조끼
- **경기장** 각 팀의 출발점과 반환점에 콘을 세운다.

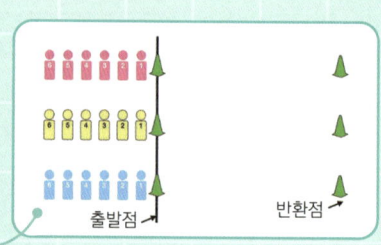

활동 순서

❶ 학생들을 3팀으로 구성한다.

❷ 모둠별로 반환점에서 가위바위보를 할 학생(수비수)을 뽑는다.

❸ 수비수가 같은 팀과 가위바위보를 할 수 없으니, 오른쪽으로 하나씩 이동해서 다른 팀과 가위바위보를 한다.

❹ 릴레이에 참여하는 순서를 정한다.

❺ 게임이 시작하면 1번 학생(도전자)이 반환점으로 뛰어간다.

❻ 반환점에 있는 다른 팀 수비수와 가위바위보를 한다.

❼ 도전자가 수비수를 가위바위보에서 이기면 바로 우리 팀 출발선으로 돌아온다.

❽ 도전자가 가위바위보에서 수비수에게 지면 신체활동 과제로 점핑잭을 3번 한다.

❾ 출발선으로 돌아오면 우리 팀 뒤쪽으로 한 바퀴 돌아 그다음 친구와 손 터치를 한다.

❿ 손 터치를 한 2번 친구가 반환점으로 뛰어가 가위바위보를 한다.

⓫ **승패** 앞의 과정을 반복하며 맨 마지막 친구가 가장 먼저 들어온 팀이 승리한다.

 열정기백쌤의 수업 경험담

　이 활동은 규칙이 간단해 저학년이 쉽게 할 수 있다. 그리고 운이 들어가 있어 운동 기능이 부족한 학생도 즐겁게 참여할 수 있는 재미있는 활동이다.
　이 활동은 처음부터 바로 시작하기보다는 단계적으로 지도하면 좋다. 처음에는 수비수 없이 반환점(콘)만 돌아오는 단순한 릴레이 게임을 한다. 그러고 나서 반환점에 가위바위보 하는 학생을 두는 방법으로 발전시키면 게임에 금방 적응할 수 있다. 가위바위보를 하는 학생은 한 경기가 끝나면 바꾼다. 이미 정한 순서가 있으니 그 순서에 맞게 바꿔주면 된다.

릴레이를 효과적으로 하는 방법

유치원생이나 초등학생들과 체육 수업을 하면 '릴레이 게임'을 많이 한다. 이 릴레이 게임의 구조는 보통 다음과 같다.

❶ 4명 정도 출발선 앞에 한 줄로 선다.
❷ 1번부터 출발선에서 출발해서 반환점을 돌아온다.
❸ 1번과 2번이 출발선에서 손 터치를 하고, 2번이 반환점으로 뛴다.
❹ 1번은 모둠의 맨 뒤에 선다.

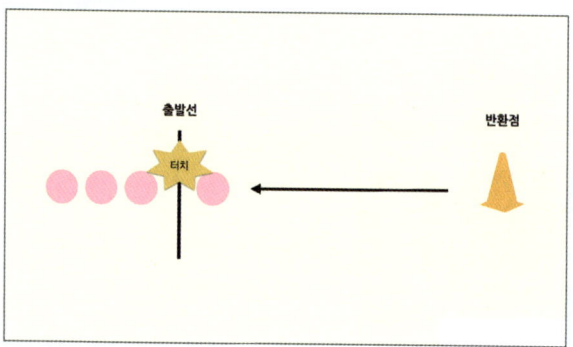

그런데 이같은 방식으로 릴레이 게임을 하면 3가지 문제가 발생한다.

❶ 다음 주자가 출발선보다 한 발 앞으로 나와 손 터치를 한다. 그러면 다른 팀에서 이 반칙에 대해 항의한다. 교사 입장이 난처해진다.
❷ 손 터치 과정에서 충돌할 우려가 있다.
❸ 기다리는 친구들이 줄을 잘 서지 않는다. 뒤에서 기다리는 친구들이 앞

에 있는 친구들 때문에 앞이 잘 보이지 않아 줄이 엉망이 되고 분위기도 어수선해진다.

위 문제를 깔끔하게 해결하는 방법이 있다. 손 터치를 할 때 우리 모둠을 한 바퀴 돈 다음에 하는 것이다.

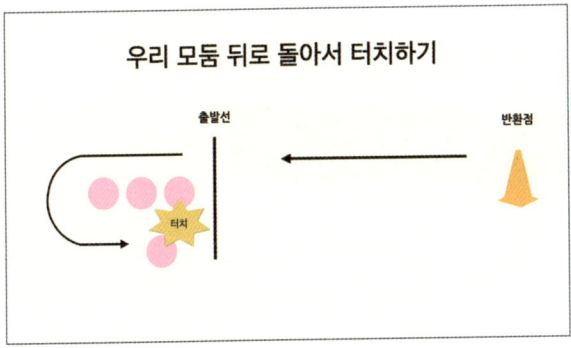

위와 같이 하면 문제점이 다음과 같이 깔끔하게 해결된다.

① 출발선을 넘는 일이 없다. 기다리는 사람 입장에서 내 앞의 친구가 우리 모둠을 돌아 뒤에서 오기 때문에 오히려 출발선에서 뒤로 물러나서 손 터치를 한다.

② 손 터치를 하는 과정에서 충돌할 우려가 없다.

③ 기다리는 친구들이 줄을 잘 선다. 우리 모둠을 한 바퀴 돌아야 하기 때문에, 줄을 짧게 압축해서 잘 서는 것이 우리 팀에 유리하다.

두 팀 가위바위보 릴레이 게임

두 팀 가위바위보 릴레이 게임

#달리기 #릴레이 #가위바위보

활동 소개

이 활동은 한 줄로 서서 하는 릴레이 달리기 게임이다. 두 팀이 마주 보고 경쟁하면서 하는 게임이라 더 흥미롭다. 앞으로 달려 상대팀의 시작점에서 상대팀과 가위바위보를 하여 이기면 바로 뒤로 돌아 우리 팀의 시작점으로 돌아온다. 지면 상대팀 뒤쪽 콘을 돌아 멀리 돌아와야 한다. 운이 들어간 가위바위보를 하며, 모든 사람이 빨리 돌아오는 팀이 이기는 게임이다.

기본 사항

- **인원** 10~30명   **소요 시간** 10분
- **준비물** 콘 4개, 팀 조끼
- **경기장** 콘 4개를 일렬로 놓는다. 시작점과 반환점의 거리가 두 팀 동일하게 설치한다.

반환점 시작점 기준 시작점 반환점

활동 순서

① 학생들을 두 팀으로 나누고, 뛰는 순서를 정한다.

② 게임이 시작되면 두 팀의 첫 번째 주자가 앞으로 뛴다.

③ 이때 서로 마주치는 것은 신경 쓰지 않고 지나친다.

④ 시작점에 있는 다른 팀 친구를 만나면 가위바위보를 한다.

⑤ 가위바위보에서 이기면 바로 돌아서 우리 팀 시작점으로 돌아온다.

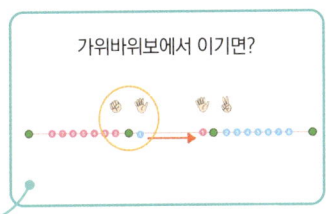

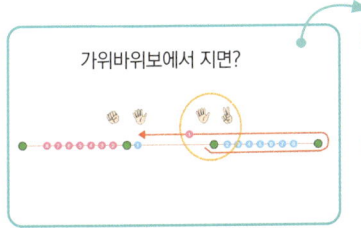

⑥ 가위바위보에서 지면 상대팀 뒤에 있는 콘을 돌아 우리 팀 시작점으로 돌아온다.

⑦ 우리 팀으로 돌아와 다음 친구와 손 터치를 하면 그 친구가 앞으로 뛰어간다. 방금 돌아온 사람은 우리 팀의 맨 뒤에 가서 선다.

⑧ 단, 시작점에서 다른 팀 친구와 가위바위보를 하고 있는데 우리 팀 주자가 뛰어와서 나를 터치하면 바로 앞으로 뛰어간다. 즉, 시작점에서 상대팀과 가위바위보를 하는 것보다 우리 팀의 터치가 우선한다.

⑨ 우리 팀 마지막 친구가 처음 시작한 친구를 손 터치하면 모두가 자리에 앉는다.

⑩ **승패** 릴레이를 끝내고 먼저 앉는 모둠이 승리한다.

열정기백쌤의 수업 경험담

 이 게임에서 중요한 점은 가위바위보에서 이기면 짧은 거리로 되돌아올 수 있지만, 지면 더 멀리 뛰어와야 한다는 것이다. 그래서 가위바위보에서 이기는 것이 우리 팀의 승리에 도움을 준다. 가위바위보라는 운이 들어가기 때문에 달리기 실력이 부족한 아이들도 최선을 다해 게임에 즐겁게 참여할 수 있다.
 맨 처음에 뛰는 학생에게 팀 조끼를 하나 더 입힌다. 그 학생이 잘 보여야 어느 팀이 이겼는지 확실히 알 수 있기 때문이다.

피라미드 가위바위보 게임

활동 소개

이 활동은 규칙이 간단하여 학생들 스스로 즐겁게 신체활동에 참여할 수 있는 놀이다. 수비팀은 4-3-2-1 피라미드 모양으로 서고, 공격팀은 수비팀에게 달려가 가위바위보를 하여 이기면 앞으로 나아간다. 그렇게 마지막 1명까지 이기면 점수를 얻는다. 가위바위보에서 지면 출발선으로 다시 돌아왔다가 가야 하기 때문에 그 과정에서 심폐지구력을 기를 수 있다. 가위바위보라는 운이 있기 때문에 기능이 뛰어난 학생과 부족한 학생 모두 즐겁게 신체활동에 참여할 수 있다.

기본 사항

- **인원** 12명~30명
- **소요 시간** 10분
- **준비물** 원마커, 라바콘
- **경기장** 원마커를 앞에서부터 4-3-2-1로 놓는다.

활동 순서

❶ 두 팀으로 나누고, 공격과 수비 순서를 정한다.

❷ 공격팀은 출발선에 위치하고, 수비팀은 피라미드 모양의 원마커 위에 1명씩 선다.

❸ 게임을 시작하면 공격팀이 수비팀으로 달려가 가위바위보를 한다.

❹ 가위바위보에서 이기면 다음 단계로 넘어가고, 계속 가위바위보를 하며 도전한다.

❺ 가위바위보에서 지면 출발선으로 돌아가 시작점을 밟고 다시 돌아가 도전한다.

❻ 맨끝에 있는 1명(왕)을 이기면 공격팀은 1점을 득점한다.

❼ 승패 정해진 시간 3분 동안 득점을 많이 한 팀이 승리한다.

 열정기백쌤의 수업 경험담

처음에는 게임 시간을 3분으로 하고, 학생들이 짧다고 느끼면 5분으로 운영한다. 득점은 점수판을 올리거나 콩주머니 등을 이용해 점수를 표시한다. 이때 교사는 득점을 잘 체크해야 한다.
인원이 4-3-2-1에 딱 맞지 않을 경우에는 4-2-2-1, 4-3-3-1 등 상황에 맞게 하되, 마지막 왕은 1명으로 한다. 인원이 6명이라면 3-2-1로 하면 된다.

가위바위보 점수 사냥꾼

활동 소개

이 활동은 가위바위보를 이용한 태그형+피하기형 게임이다. 가위바위보를 한 다음 이긴 사람은 콘을 가져오고, 진 사람은 피구공 쪽으로 가서 콘을 가지고 자기 진영으로 돌아가는 사람을 피구공으로 맞히는 게임이다. 가위바위보에 대한 순간적인 판단력을 바탕으로 뛰어가는 과정에서 순발력을 기르고 공을 던지는 능력을 기를 수 있다.

기본 사항

- **인원** 4명~30명 **소요 시간** 10분
- **준비물** 피구공 2개, 접시콘 2개, 콘(출발 표시용, 득점용)
- **경기장** 출발선에 콘을 놓고 15m 거리에는 접시콘, 가운데는 득점용 콘을 놓는다.

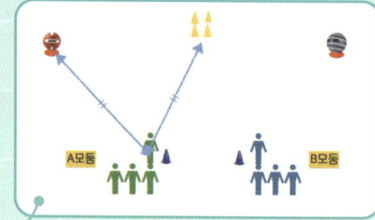

활동 순서

❶ 팀을 2개로 나누고 순서를 정한다.

❷ 출발선에 2명이 마주보고 가위바위보를 한다.

❸ 가위바위보를 이긴 사람은 콘으로 뛰어가 콘을 집어 출발선으로 되돌아온다.

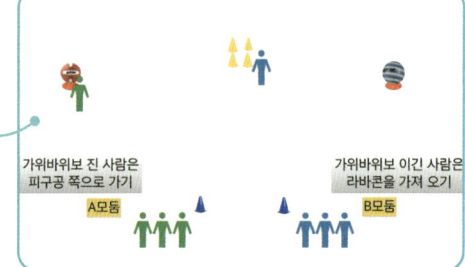

❹ 가위바위보를 진 사람은 피구공 쪽으로 달려가 피구공을 잡고, 이긴 사람에게 공을 던져 맞힌다.

❺ 이긴 사람이 공을 맞지 않고 콘을 자기 진영으로 가져가면 1점을 얻는다.

❻ 반대로 공에 맞으면 0점(무효)이고 콘을 제자리에 가져다 놓는다.

❼ **승패** 점수를 많이 얻은 모둠이 승리한다.

열정기백쌤의 수업 경험담

이 활동은 피구의 '던지고 피하기' 요소가 있기 때문에 학생들이 참 좋아한다. 공을 던질 때 다른 사람의 얼굴을 향해 던지지 않도록 조심한다. 그리고 공을 던진 사람이 공을 주워서 제자리에 놓아야 한다. 그래야 게임을 효율적으로 진행할 수 있다.

가위바위보에서 진 사람이 공을 던질 수도 있지만 공을 가져가서 태그할 수도 있다. 달리기가 빠르면 가능하다.

❷ 주사위를
이용한 게임

학교에서 사용하는 주사위는 보통 플라스틱으로 된 조그만 크기로 책상 위에서 굴리는 용도이다. 그런데 체육 시간에는 크기가 크고 푹신한 주사위 공이 좋다.

주사위는 굴렸을 때 1~6 중에 어떤 숫자가 나올지 모른다. 이런 운을 이용하여 긴장감 높은 게임을 할 수 있다.

거리가 다른 주사위 릴레이 게임

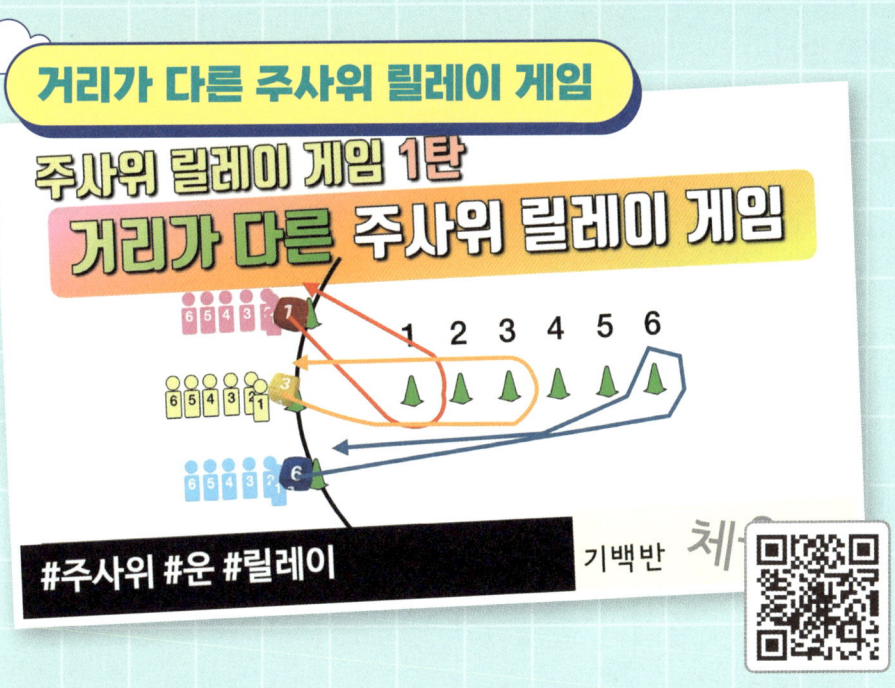

활동 소개
이 게임은 주사위의 특징을 이용하여 1부터 6까지 거리가 다른 콘을 돌아오는 게임이다. 주사위 숫자가 1이 나오면 가장 가까운 콘을, 6이 나오면 가장 먼 콘을 돌아온다. 달리기 실력과 상관없이 주사위 숫자라는 운이 크게 작용하는 게임이다.

기본 사항
- 인원 6~30명   • 소요 시간 5분
- 준비물 주사위, 콘, 팀 조끼
- 경기장 콘 6개를 출발선에 나란히 놓는다.

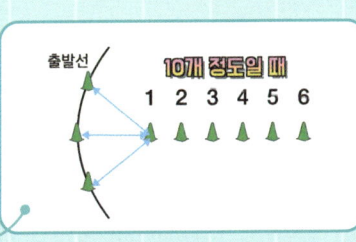

활동 순서

❶ 한 모둠을 5~6명씩 구성한다.

❷ 모둠별로 활동에 참여하는 순서를 정하고, 1번 학생에게 주사위를 준다.

❸ 게임이 시작하면 1번 학생이 주사위를 굴리고, 나온 숫자를 확인한다.

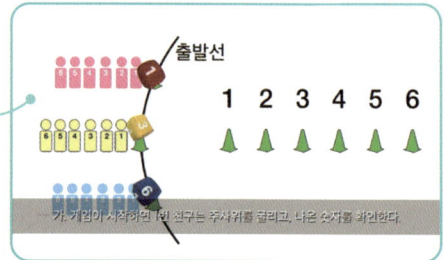

❹ 주사위를 확인한 뒤, 그것을 들고 해당 숫자의 콘을 돌아온 후 다음 친구에게 주사위를 준다.

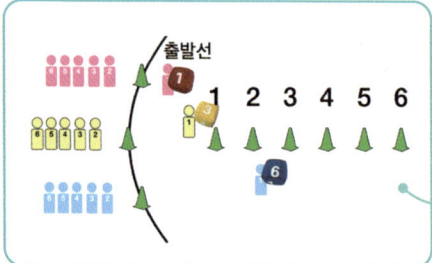

❺ 주사위를 받은 사람은 앞과 똑같이 주사위를 굴리고 해당 숫자의 콘을 돌아온다.

❻ **승패** 모든 학생들이 릴레이에 먼저 성공하는 모둠이 승리한다.

열정기백쌤의 수업 경험담

이 활동은 규칙이 간단하여 누구나 쉽게 참여할 수 있다. 주사위와 콘을 준비해서 학기 초에 가볍게 하면 좋다. 이 게임을 할 때 주사위 숫자가 나오면 큰소리로 자신이 나온 숫자를 말한다. 그래야 게임이 더 활기있고 재밌어진다.

만약 콘의 개수가 충분하다면 경기장을 구성할 때 각 모둠 앞에 6개의 콘을 모두 설치하면 충돌을 방지할 수 있다. 하지만 콘이 부족하면 위의 방법대로 하면 된다.

바퀴 수가 다른 주사위 릴레이 게임

활동 소개

이 게임은 모둠별로 같은 거리에 반환점을 놓고, 주사위를 굴려 나온 숫자만큼 반환점을 돌아오는 게임이다. 주사위를 굴려 1이 나오면 반환점을 1바퀴, 6이 나오면 반환점을 6바퀴를 돌아온다.

기본 사항

- **인원** 6~30명 **소요 시간** 5분
- **준비물** 주사위, 콘, 팀 조끼
- **경기장** 반환점에 각 모둠별로 콘을 놓는다.

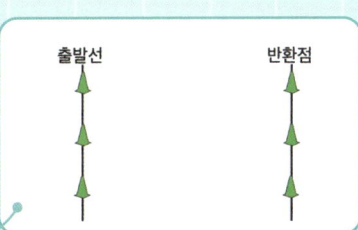

활동 순서

❶ 한 모둠을 5~6명씩 구성한다.

❷ 모둠별로 활동에 참여하는 순서를 정하고, 1번 학생에게 주사위를 준다.

❸ 게임이 시작하면 1번 학생은 주사위를 굴리고, 나온 숫자를 확인한다.

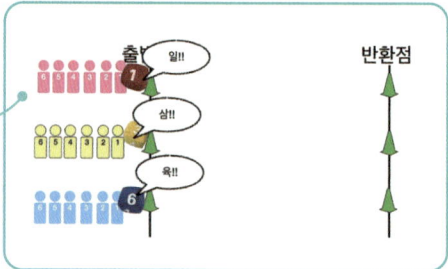

❹ 주사위를 들고 나온 숫자만큼 반환점의 콘은 돈다. 3이 나오면 3바퀴, 6이 나오면 6바퀴를 돈다.

❺ 출발선으로 뛰어와 다음 사람에게 주사위를 준다.

❻ 주사위를 받은 사람은 주사위를 굴리고 해당 숫자만큼 반환점을 돌아온다.

❼ 승패 모든 친구들이 먼저 릴레이에 성공하는 모둠이 승리한다.

열정기백쌤의 수업 경험담

　이 활동을 하기 전에 앞에서 소개한 '거리가 다른 주사위 릴레이 게임'을 먼저 하면, 학생들이 규칙을 금방 이해한다. 주사위가 1이 나오면 반환점을 쉽게 돌지만, 6이 나오면 6바퀴를 도느라 어지러움에 휘청거리는 학생들도 있다. 반환점을 돌다가 다른 사람과 충돌하지 않도록 경기장을 충분히 크게 해야 한다.

31 맞추기 주사위 릴레이 게임

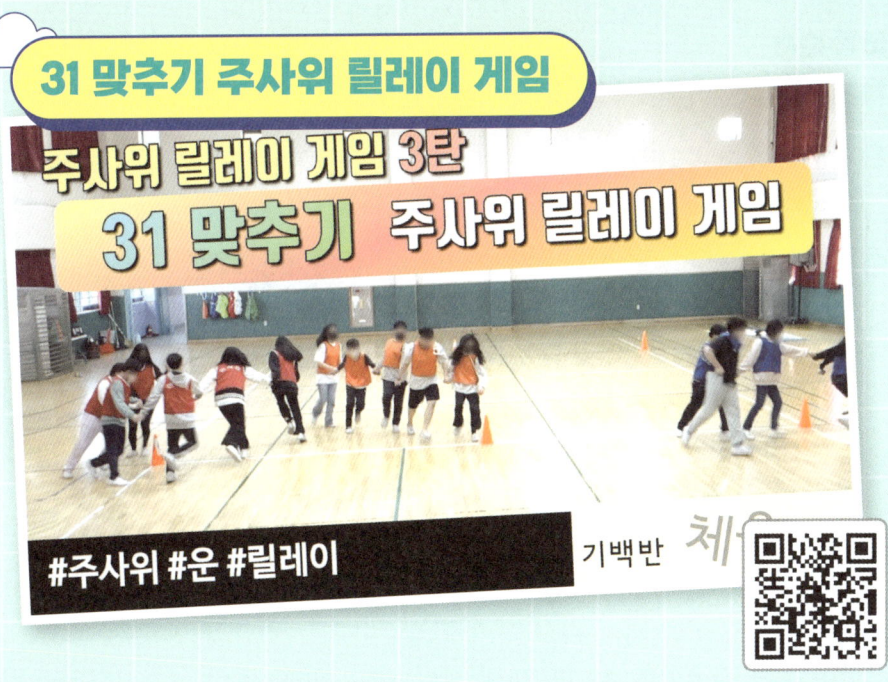

#주사위 #운 #릴레이

활동 소개
이 게임은 주사위를 굴려 나온 숫자만큼, 같은 모둠끼리 함께 반환점을 돌아오는 활동이다. 숫자 6이 나오면 6명이 손을 잡고 반환점을 돌아오고, 숫자 1이 나오면 혼자 돌아온다. 그리고 나오는 숫자를 계속 더해 31을 정확하게 먼저 만드는 팀이 승리한다. 숫자가 31이 딱 되어야 게임이 끝나기 때문에 31을 넘으면 주사위를 다시 굴려야 한다. 운이 정말 좋아야 이기는 게임으로 누가 이길지 몰라 더 재미있다.

기본 사항
- **인원** 12~30명　● **소요 시간** 5분
- **준비물** 주사위, 콘, 팀 조끼
- **경기장** 반환점에 각 모둠별로 콘을 놓는다.

활동 순서

❶ 한 모둠에 6명이 되도록 모둠을 구성한다.

❷ 게임을 시작하면 1번 사람은 주사위를 굴리고, 나온 숫자를 크게 말한 후 주사위를 손으로 잡는다.

❸ 숫자 3이 나오면 3명(1~3번)이 손을 잡고 반환점을 돌아오고, 5가 나오면 5명(1~5번)이 손을 잡고 반환점을 돌아온 후 다음 사람에게 주사위를 준다.

❹ 다음 차례가 주사위를 굴리고 나온 숫자만큼 친구들의 손을 잡고 반환점을 돌아온다.

> **참고** 처음에 1번이 주사위를 굴리고 숫자 3이 나와 1, 2, 3번이 반환점을 돌아왔다. 그러면 그다음에 4번이 주사위를 굴린다. 그때 4가 나왔다면 4, 5, 6, 1번이 반환점을 손잡고 돌아온다. 그다음에 2번이 굴린다.

❺ 주사위에 나온 숫자를 계속 더하며 31이 될 때까지 릴레이 경기를 한다. 모둠별로 숫자를 더하며 함께 기억해야 한다.

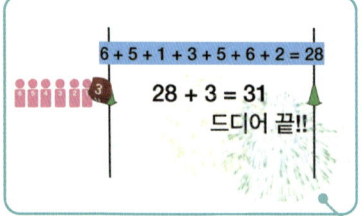

❻ 더한 숫자가 31을 넘으면 그 숫자는 인정되지 않는다. 28인 상황에서 6이 나오면 합산이 34점이므로, 3이 나올 때까지 게임을 계속 한다. 합산이 31이 나와야 게임이 끝난다.

열정기백쌤의 수업 경험담

이 게임은 약간 복잡하여 학생들이 잘 이해하지 못할 수 있다. 따라서 처음에는 연습 게임을 하고, 두 번째 게임부터 제대로 된 시합을 하는 게 낫다.

인원이 6의 배수로 딱 떨어지지 않을 때가 있다. 그런 경우 어떤 모둠은 5명으로 한다. 5명인 모둠에서 6이 나왔다면 5명이 함께 도는 것으로 한다. 즉, 주사위가 5, 6이 나온 경우 최대 인원인 5명이 모두 움직이는 것이다.

주사위를 굴리고 숫자를 누적해서 더할 때 큰 목소리로 함께 외치도록 한다. 덧셈이 필요하기 때문에 저학년의 경우 수학과 체육을 융합한 수업으로 진행할 수 있다.

주사위 태그 게임

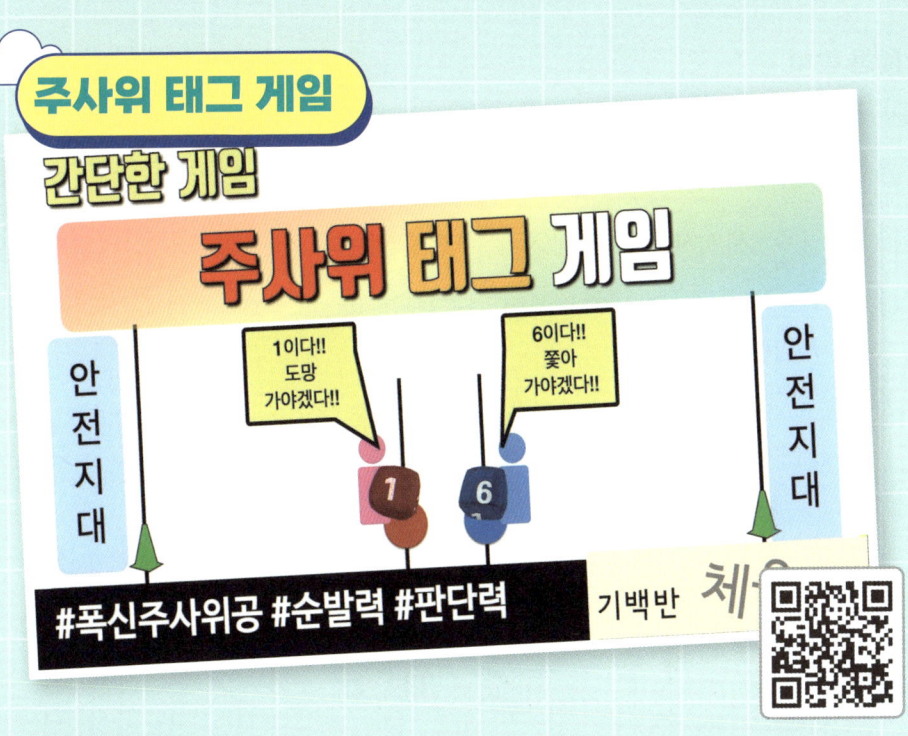

활동 소개

이 활동은 숫자의 크고 작음을 비교하는 판단력과 순발력이 필요한 게임이다. 경기장 가운데서 둘이 만나 주사위를 던져 큰 숫자가 나온 쪽이 작은 쪽을 태그하는 게임이다. 숫자가 작은 쪽은 자기 안전지대로 뛰어가야 점수를 뺏기지 않는다. 어떤 숫자가 나올지 몰라 긴장하며 참여하는 재미난 게임이다.

기본 사항

- **인원** 2~30명
- **소요 시간** 5~10분
- **준비물** 주사위(1인당 1개), 원마커(1인당 1개), 콘
- **경기장** 원마커를 1m 정도 간격으로 마주 보게 배치하고, 콘으로 안전지대를 표시한다.

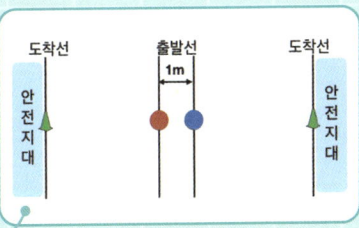

활동 순서

❶ 참여자를 2명씩 짝지어 준다.

❷ 둘이 마주 본 상태에서 동시에 "하나 둘 셋."을 외치며 주사위를 던진다.

❸ 서로의 주사위 숫자를 확인하며 자기 주사위를 잡는다.

❹ 주사위 숫자가 큰 사람이 작은 사람을 태그하고, 반대로 숫자가 작은 사람은 안전지대로 도망간다.

❺ 이때, 주사위 숫자가 큰 사람이 먼저 태그하면 1점을 얻는다. 반대로 숫자가 작은 사람이 자기 안전지대에 먼저 오면 점수를 뺏기지 않는다.

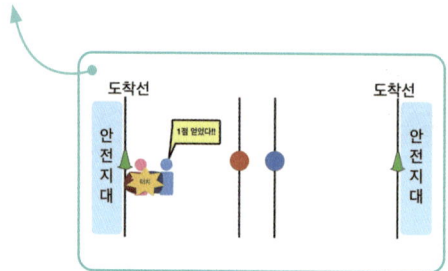 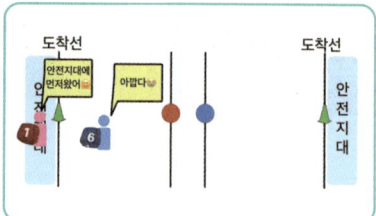

❻ **승패** 5점을 먼저 얻는 쪽이 승리한다.

 열정기백쌤의 수업 경험담

이 활동은 주사위 숫자를 보고 순간적으로 빨리 판단해야 한다. 판단이 느리면 바로 잡히거나 아예 주사위를 못 잡을 수 있다. 저학년 수학 시간에 숫자의 크기를 비교하는 단원과 연계하여 수업할 수 있다.

앞에서 설명한 가위바위보 추격 게임과 비슷하며, 이것을 먼저 하고 주사위 태그 게임을 이어서 할 수도 있다. 게임을 더 오래하고 싶으면 이긴 학생끼리 또는 진 학생끼리 묶어 추가 경기를 한다. 이렇게 파트너를 계속 바꿔주면 게임을 오래 즐길 수 있다.

게임을 진행할 때 유의할 점은 주사위를 동시에 던질 수 있도록 "하나, 둘, 셋."을 함께 외치게 하는 것이다. 주사위를 동시에 던져야 게임이 공정하게 진행된다.

아이들이 가장 좋아하는 태그형 활동

　태그형 게임은 누군가를 쫓아가 잡는 형식의 게임을 말한다. 술래잡기, 꼬리잡기, 진놀이 등이 해당된다. 태그형 게임은 열심히 뛰어야 한다. 상대방을 태그해서 아웃시키기 위해 뛰어야 하고, 아웃되지 않기 위해 열심히 뛰어다니며 도망다녀야 한다. 그래서 무척 힘들다. 하지만 누군가를 잡았을 때의 희열과, 누군가에게 쫓기며 따돌렸을 때의 스릴은 태그형 게임의 큰 매력이다. 학생들에게 재미를 선사해줄 태그형 게임에는 무엇이 있을까?

① 술래잡기

술래잡기는 팀끼리 하는 게임이 아닌 개별 활동이다. 술래는 소수이고 나머지는 모두 도망자다. 게임이 시작되고 술래에게 태그당하면 술래가 바뀐다. 팀 경기로서 승패가 존재하지 않고, 운동 기능이 부족해도 게임의 패배를 떠안는 부담이 없다. 또한 가볍게 뛰는 활동이 대부분이기 때문에 운동 기능이 부족한 학생들도 즐겁게 참여할 수 있다. 따라서 낭만 체육을 실현하는 데 술래잡기만큼 적합한 활동은 없다. 학기 초에 학생들의 움직임 욕구를 충족시켜줄 때 술래잡기를 해보자.

선 따라 술래잡기

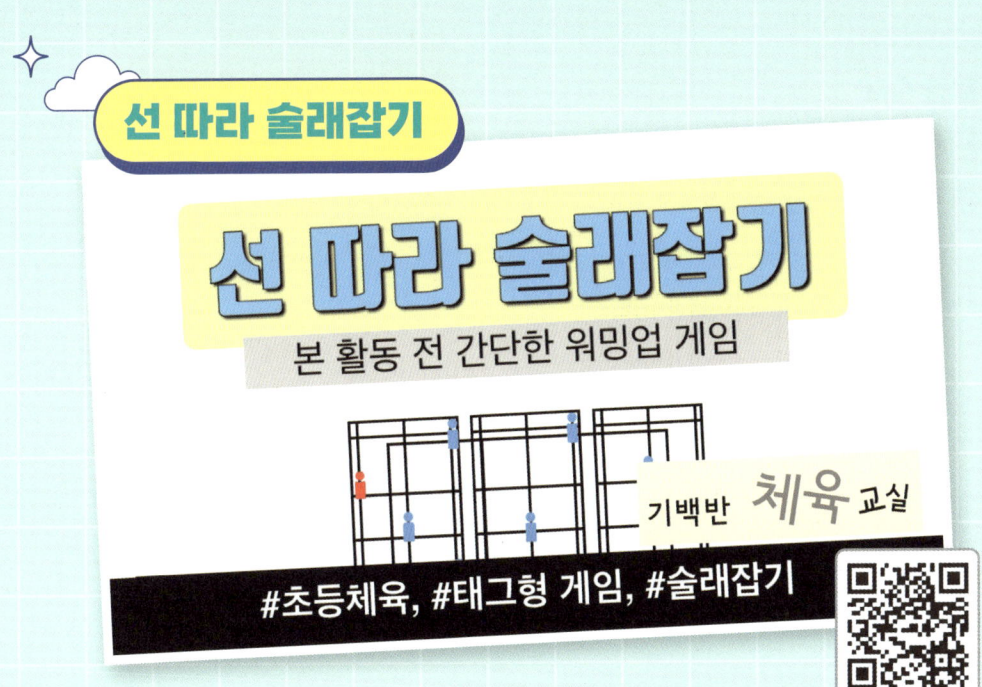

활동 소개

이 활동은 체육관 바닥에 있는 선을 이용해서 할 수 있는 아주 간단한 술래잡기이다. 술래와 도망자 모두 선을 따라 이동하며 술래잡기를 한다. 본 활동을 하기 전에 준비운동으로 간단하게 하기 좋은 활동이다.

기본 사항

- **인원** 6~30명 **소요 시간** 5~10분
- **준비물** 술래를 나타낼 수 있는 팀 조끼, 뿅망치 등
- **경기장** 체육관 바닥에 있는 선을 활용한다.

활동 순서

❶ 술래를 뽑는다.

❷ 게임이 시작하면 술래와 도망자 모두 선을 따라 이동한다.

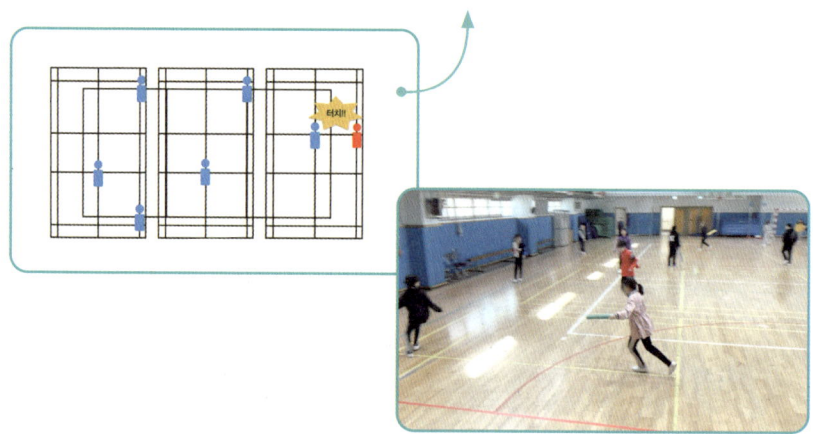

❸ 술래에게 태그당하면 술래가 바뀐다. 이때 새로운 술래는 간단한 신체활동 과제(스쿼트, 점핑잭 등)를 하고 술래 역할을 한다.

 열정기백쌤의 수업 경험담

이 활동은 1년 내내 해도 되지만 특히 학기 초에 하면 좋다. 학생들과 처음 체육관에 간 날, 이 활동을 한다. 학생들은 체육관에 무슨 선이 있는지 잘 모른다. 선 따라 술래잡기를 하며 체육관에 여러 가지 '선'이 있음을 알려준다. 이 활동이 끝난 뒤에 다음과 같이 물어본다.
"오늘 우리가 사용한 선이 무슨 선인지 알고 있나요?"
아는 학생들이 농구 선, 배구 선 등을 가리키며 먼저 대답할 것이다. 교사는 그런 대답을 종합해서 무슨 선인지 설명해준다. 그러면 학생들은 1년 동안 체육관에 있는 선들을 잊지 않고 잘 기억한다.
플레이 스틱, 뿅망치가 있으면 술래가 태그할 수 있는 반경이 넓어져 더 재미있다. 그리고 학생 수가 많다면 술래를 2~3명으로 늘려서 진행한다.

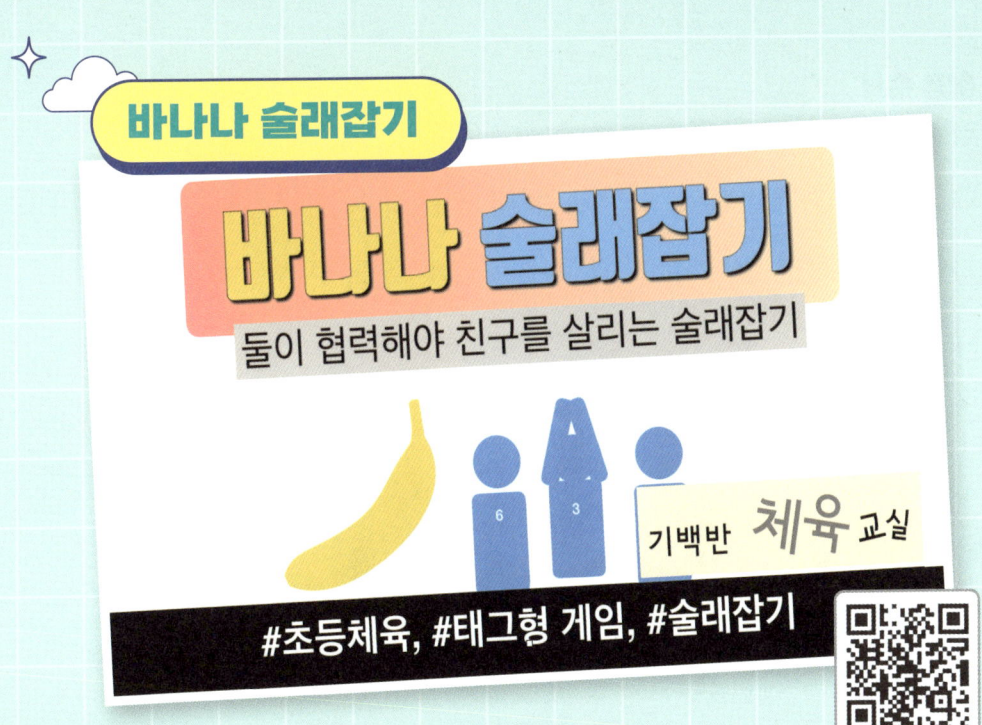

활동 소개

바나나 술래잡기는 협동심을 느낄 수 있는 술래잡기이다. 가장 기본적인 술래잡기인 '얼음땡'은 개인전으로, "얼음!" 하면 다른 사람이 와서 "땡!" 하고 얼음을 풀어주는 술래잡기다. 바나나 술래잡기는 '얼음' 대신 '바나나'를 외치며 두 손을 들어 바나나 모양을 해야 하고, 두 명이 동시에 와서 바나나 껍질을 벗기듯 양손을 둘 다 내려주어야 '땡'이 된다. 혼자가 아닌 둘이 함께 도와주어야 '땡'이 되는 술래잡기라 더 재미있다.

기본 사항

- **인원** 8~30명 **소요 시간** 5분
- **준비물** 없음
- **경기장** 사각형으로 활동 공간을 정해준다.

활동 순서

❶ 술래를 뽑고 술래에게 팀 조끼를 준다.

❷ 술래는 팀 조끼를 손에 들고 도망자를 잡기 위해 쫓아다닌다.

❸ 도망자는 술래에게 잡힐 것 같으면 '얼음' 대신 '바나나'를 외치며 두 손을 머리 위로 든다.

❹ '바나나'인 친구에게 '땡'을 하려면 친구 둘이 함께 가서 왼쪽과 오른쪽 손을 동시에 잡고 내리며 "땡!" 하고 말한다.

❺ 술래가 도망자를 태그하면 팀 조끼를 건네주고 역할을 바꾼다.

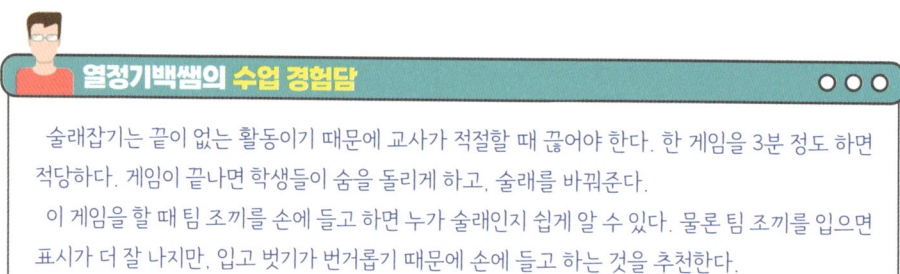

열정기백쌤의 수업 경험담

술래잡기는 끝이 없는 활동이기 때문에 교사가 적절할 때 끊어야 한다. 한 게임을 3분 정도 하면 적당하다. 게임이 끝나면 학생들이 숨을 돌리게 하고, 술래를 바꿔준다.

이 게임을 할 때 팀 조끼를 손에 들고 하면 누가 술래인지 쉽게 알 수 있다. 물론 팀 조끼를 입으면 표시가 더 잘 나지만, 입고 벗기가 번거롭기 때문에 손에 들고 하는 것을 추천한다.

술래잡기 할 때 팀 조끼 활용하는 방법

 술래잡기를 할 때 술래가 확실하게 표시되어야 한다. 그래서 보통 술래에게 팀 조끼를 입히고 술래잡기를 한다. 하지만 술래가 바뀌면 팀 조끼를 벗어주고, 다시 입어야 하는 번거로움이 발생한다. 이 경우에는 팀 조끼를 입지 말고 손에 동그랗게 말아 쥐고 하면 더 편하다.

 술래잡기를 할 때 처음에는 술래에게 팀 조끼를 동그랗게 말아 손에 쥐고 시작하게 한다. 술래가 다른 사람을 태그해서 술래가 바뀌면 팀 조끼를 그에게 준다. 이때 팀 조끼를 제대로 건네면 새 술래가 받자마자 상대를 바로 태그해서 또 술래가 되는 문제가 발생한다. 그래서 팀 조끼는 최대한 멀리 던져버린다. 이때 술래였던 친구는 빠르게 도망간다. 술래가 된 친구가 팀 조끼를 주우러 가는 동안 도망가는 시간을 버는 것이다.
 이런 방식으로 술래잡기를 하면 술래가 쉽게 바뀌면서도 더 재미나게 할 수 있다.

동대문 술래잡기

동대문 술래잡기

#술래잡기 #태그형게임 #협력   기백반 채율

활동 소개
술래잡기는 종류가 여러 가지다. 학생들끼리 협력하는 술래잡기를 하고 싶다면 '동대문 술래잡기'가 적격이다. 이 술래잡기는 둘이 짝을 이루어 손을 잡고 다녀야 한다. 도망 다닐 때나 '땡'을 할 때, 계속 손을 잡고 달리면서 공동체 의식을 기를 수 있다.

기본 사항
- **인원** 10~30명 **소요 시간** 5분
- **준비물** 술래를 표시할 수 있는 팀 조끼, 봉망치 등
- **경기장** 사각형으로 활동 공간을 정한다.

활동 순서

❶ 2명씩 짝을 지어 모둠을 구성한다.

❷ 술래로 1모둠(2명)을 뽑고, 팀 조끼를 하나 준다.

❸ 게임이 시작되면 술래 모둠은 손을 잡고 친구들을 태그하러 돌아다닌다.

❹ 도망 다니는 모둠들은 손을 꼭 잡고 다녀야 한다.

❺ 술래에게 잡힐 것 같으면 "얼음!"이라고 말하며, 친구와 마주 보고 두 손을 맞잡아 머리 위로 든다.(대문 모양 만들기)

잡힐 것 같으면 손을 맞잡고 올려(동대문 만들기) 얼음을 한다.

동대문 아래로 다른 친구들이 통과하면 '땡'이 된다.

❻ '땡'은 얼음을 한 친구들이 만든 대문 아래로 친구들 2명이 통과하면 된다.

❼ '얼음'을 하기 전에 술래에게 터치당하면 술래가 된다.

열정기백쌤의 수업 경험담

학생들에게 협력을 가르치고 싶을 때 동대문 술래잡기가 적당하다. 손을 잡고 함께 뛰며 '얼음'을 한 친구를 부활시켜주는 것은 협력의 측면에서 의미가 있다. 학기 초에 어색함을 풀기에 좋은 게임이다. 게임을 하면서 경기장을 벗어나는 학생들이 많으면 어떻게 할까? 벌칙으로 간단한 신체활동 과제(스쿼트, 런지, 점핑잭 등)를 주면 학생들이 더욱 신경 써서 움직인다.

그물 술래잡기

친구들과 손 잡고 그물이 되어 뛰어다니는
그물 술래잡기

기백반 **체육** 교실

#초등체육, #태그형 게임, #술래잡기

활동 소개
이 활동은 어부가 그물로 물고기를 잡는 데서 아이디어가 시작된 술래잡기이다. 술래에게 태그당하면 같이 술래가 되어 손을 잡고 그물이 된다. '얼음'과 '땡'이 없는 술래잡기로, 모든 학생들이 다 그물이 되면 게임이 끝난다. 손을 잡고 다니며 하나됨을 느끼는 협력적인 게임이다.

기본 사항
- **인원** 10~30명 **소요 시간** 5~10분
- **준비물** 없음
- **경기장** 사각형으로 활동 공간을 정해준다.

활동 순서

❶ 술래를 뽑고 나머지는 도망자가 된다.

❷ 술래는 도망자를 잡기 위해 쫓아다닌다.

❸ 술래에게 터치당하면 도망자는 술래가 되며, 손을 잡고 '그물'을 만든다.

❹ 술래는 도망자를 잡으며 계속 그물을 늘려간다.

❺ 도망가다가 경기장 밖으로 나가면 아웃으로 그물이 된다.

❻ 모든 친구가 그물이 되면 게임이 끝난다.

열정기백쌤의 수업 경험담

친구들과 함께 손을 잡고 술래잡기를 하면 친밀감이 올라가고 공동체 의식도 기를 수 있다. 게임 후반에 그물이 길어지고 나면 친구들과 의사소통을 잘해야 한다. 어디로 움직일지 서로 이야기를 나누며 결정해야 하기 때문이다.

그물이 너무 길어져 잘 움직이지 못하고 위험한 상황이 생길 것 같다면 그물을 절반으로 나눠서 움직이도록 한다. 그러면 게임이 조금 더 박진감 있게 전개된다. 교사의 수업 의도가 '공동체 의식'을 길러주는 데에 있다면 모든 아이들이 손을 잡아 그물이 될 때까지 인내심을 가지고 기다려 주는 것이 좋다.

스머프 술래잡기

활동 소개

이 활동은 술래잡기를 협력하며 할 수 있는 방법이 없을까 고민하다가 만들었다. 협력하는 술래잡기는 바나나 술래잡기처럼 함께 '땡'을 해주거나, 동대문 술래잡기처럼 손을 잡고 술래잡기에 참여할 때 가능하다. 이런 것과 비슷한 것이 무엇이 있을까 고민하다가, 친구들끼리 손을 잡으면 술래가 태그하지 못하는 구조를 만들었다. 바로 스머프 술래잡기다. 스머프 술래잡기의 등장인물은 스머프, 가가멜, 고양이(아즈라엘), 파파스머프다. 어느 날 스머프 마을에 가가멜이 나타났다. 스머프는 혼자 다니면 가가멜한테 잡히지만, 두 명 이상 같이 있으면 살아남을 수 있다. 그런데 가가멜의 조수 고양이(아즈라엘)가 스머프들 사이를 이간질시킨다. 고양이에게 터치당한 스머프는 무리에서 떨어져 나간다. 결국 가가멜에게 터치된 스머프는 아웃되는데, 정해놓은 신체활동 과제를 하고 파파스머프가 터치하면 다시 부활할 수 있다.

술래인 가가멜은 스머프를 쫓아다니며 잡고, 스머프는 가가멜을 피해 도망다닌다. 고양이는 손을 잡고 이동하는 스머프들을 터치해서 뿔뿔이 흩어지게 만들고, 파파스머프는 아웃된 스머프를 부활시키는 역할을 한다.

기본 사항

- **인원** 12~30명   • **소요 시간** 5~10분
- **준비물** 콘, 팀 조끼(가가멜, 고양이, 파파스머프가 입을 3가지 색깔)
- **경기장 모습** 사각형의 활동 공간을 정해준다.

활동 순서

❶ 20명 기준으로 가가멜(술래) 2명, 고양이(아즈라엘) 1명, 파파스머프 1명을 뽑는다.

❷ 가가멜은 스머프를 잡으러 쫓아다니고 스머프는 피해 다닌다.

❸ 스머프는 가가멜에게 터치당하면 아웃된다.

❹ 스머프는 가가멜에게 잡히기 싫으면 스머프 친구들과 손을 잡으면 된다. (2명, 3명, 4명… 여러 명 가능) 가가멜은 손 잡은 스머프를 아웃시키지 못한다.

❺ 고양이(아즈라엘)는 둘 이상 같이 다니는 스머프를 터치한다. 이때 양끝에 있는 스머프를 터치할 수 있으며, 터치당한 스머프는 튕겨 나가 혼자 다녀야 한다.

❻ 고양이에 의해 튕겨져 나간 스머프가 다시 손을 잡을 때는 직전에 만났던 사람 말고 다른 사람의 손을 잡아야 한다.

❼ 스머프들이 손을 잡고 가가멜이나 고양이를 피해 도망가다가 손을 놓치면 다시 결합할 수 없다.

❽ 스머프는 가가멜에게 터치당해 아웃되면 벌칙(점핑잭 10회)을 수행하고, 파파스머프를 부른다. "살려주세요! 파파스머프!"

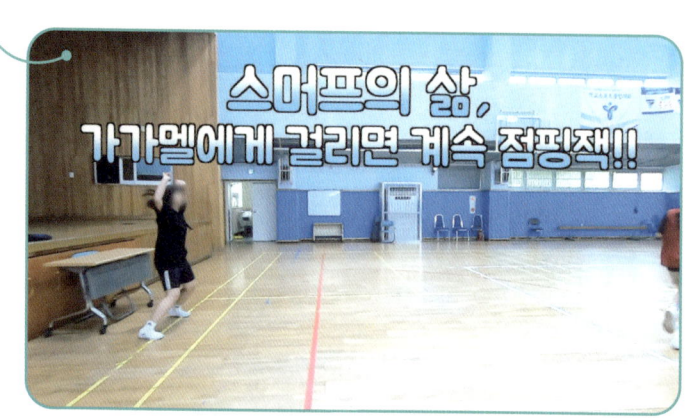

❾ 파파스머프는 벌칙을 수행한 스머프를 터치해서 부활시켜준다.

❿ 가가멜은 파파스머프를 잡을 수 없다.

⓫ 경기를 계속 진행하다가 일정 시간이 지나면 학생들의 역할을 바꿔준다.

 열정기백쌤의 수업 경험담

이 활동의 장점은 학생들끼리 자연스럽게 손을 잡으며 협력한다는 점이다. 교사가 학생에게 강요하지 않아도 게임 구조상 학생들이 자연스럽게 협력한다. 활동을 더 재미있게 하려면 만화 〈스머프〉의 주제곡을 틀어놓고 한다. 노래를 틀면 즐거운 분위기 속에서 게임을 할 수 있다.

노래가 끝나면 역할을 바꾸면서 한다. 스머프가 고양이에 의해 떨어진 다음, 같은 친구의 손을 잡지 못하게 하는 것은 다양한 친구들과 손을 잡아보라는 의도이다.

한 가지 유의할 점이 있다. 스머프가 3명 이상이 다닐 때, 고양이는 가운데 친구를 터치하면 안 되고 끝에서부터 하나씩 터치해야 한다.

보디가드 술래잡기

보디가드 술래잡기

#술래잡기 #태그형게임 #민첩성

기백반

활동 소개

보디가드 술래잡기는 보디가드처럼 몸으로 스타를 지키는 게임이다. 팬은 스타를 태그하기 위해 쫓아다니고, 보디가드와 스타는 도망다닌다. 인원에 따라 활동이 조금 다르다. 서로 쫓고 도망가면서 민첩성을 기르기에 좋은 활동이다. 체육 수업을 시작하기 전에 준비운동 겸 몸풀기 게임으로 적당하며, 저학년도 간단하고 재미있게 참여할 수 있다.

기본 사항

- **인원** 3~30명 **소요 시간** 5분
- **준비물** 없음
- **경기장** 사각형의 활동 공간을 정해준다.

활동 순서

3명이 할 때

❶ 3명이 한 모둠을 이룬다.

❷ 1번(스타), 2번(보디가드), 3번(팬)을 정한다.

❸ 보디가드가 가운데에 있고 스타와 팬이 보디가드의 손을 잡고 서 있는다.

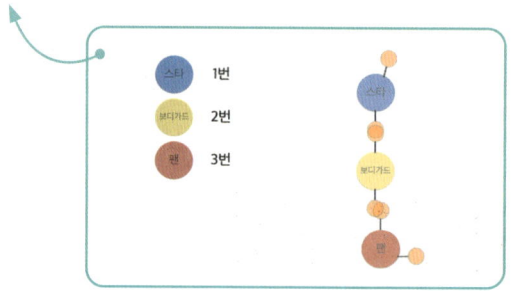

❹ 게임이 시작되면 팬은 스타를 터치하기 위해 좌우로 움직인다.

❺ 보디가드와 스타는 팬에게 터치를 당하지 않기 위해 좌우로 뛰며 도망 다닌다.

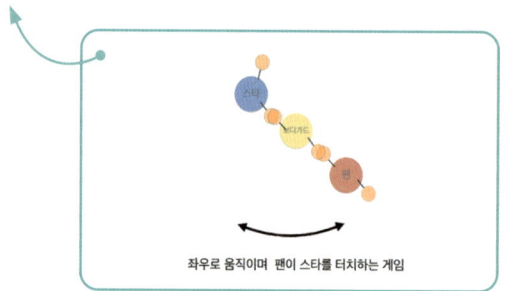

❻ 팬이 스타를 터치하면 역할이 바뀌며 +1의 역할을 한다.

4명이 할 때

❶ 4명이 한 모둠을 이룬다.

❷ 1번(스타), 2번(보디가드), 3번(보디가드), 4번(팬)을 정한다.

❸ 스타와 두 보디가드가 모두 손을 잡아 원을 만든다.

❹ 스타의 맞은편에 팬이 위치한다.

❺ 게임이 시작되면 팬은 스타를 터치하기 위해 좌우로 뛴다.

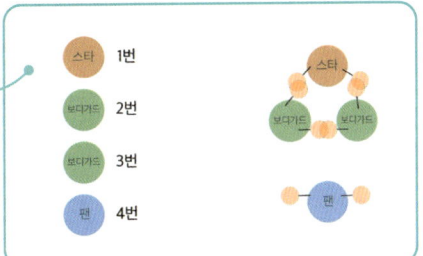

❻ 스타와 보디가드는 팬에게 터치당하지 않기 위해 좌우로 뛰며 도망다닌다.

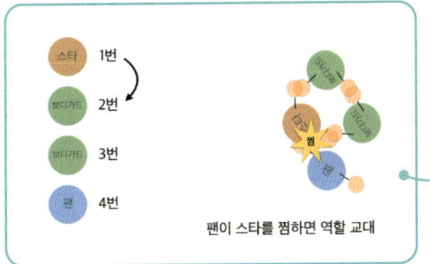

❼ 팬이 스타를 터치하면 역할이 바뀌며 +1의 역할을 한다.

팬이 스타를 찜하면 역할 교대

 열정기백쌤의 수업 경험담

　이 활동은 좌우로 방향을 전환하며 뛰는 과정에서 민첩성과 순발력을 기를 수 있다. 친구들과 함께 하면서 공동체 의식도 느낄 수 있다. 달리기가 느린 친구들이 팬을 하면 스타를 못 잡는 경우가 발생한다. 이때는 교사의 통제 아래 일정 시간(1분 정도) 동안 하고 역할을 바꿔주는 것이 좋다.
　각 역할의 명칭은 각 학급의 상황이나 교과의 주제에 맞게 변형할 수 있다. 예를 들어, 과학시간(생명)에 '먹이사슬'에 대해 배웠다면 생산자, 1차 소비자, 2차 소비자로 역할을 정한다. 스타는 생산자, 보디가드는 1차 소비자, 팬은 2차 소비자로 바꿔서 진행한다.
　정신없이 경기하다 보면 다른 모둠의 친구들과 공간이 겹쳐 충돌할 수 있다. 어느 정도 넓은 공간에서 해야 안전하다.

❷ 꼬리잡기

꼬리잡기는 팀 조끼를 엉덩이에 살짝 걸쳐 꼬리를 만든 상태에서 게임을 시작해, 다른 사람의 꼬리를 뺏는 활동이다. 나의 꼬리를 뺏기지 않기 위해 도망다니고, 상대방의 꼬리를 뺏기 위해 부지런히 움직여야 해서 신체활동이 많은 활동이다. 꼬리잡기는 종류가 여러 가지이며, 단계적으로 지도하면 좋다. 어떤 활동 순으로 지도하면 좋은지 살펴보자.

원조·부활·모둠별 협력 꼬리잡기

원조 꼬리잡기
부활 꼬리잡기
모둠별 협력 꼬리잡기

#꼬리잡기 #태그형게임   기백반 체

활동 소개

꼬리잡기는 보통 본인을 제외한 다른 사람들의 꼬리를 빼앗는 개인전으로 시작한다. 꼬리를 빼앗긴 사람은 탈락해서 경기장 밖으로 나가고, 꼬리가 여러 개 있는 사람들은 꼬리를 빼앗겨도 손에 있는 여유분 꼬리가 있기에 게임에 계속 참여할 수 있다.

그런데 원조 꼬리잡기를 하면 불편한 점이 있다. 바로 탈락한 학생들이 게임이 끝날 때까지 기다려야 한다는 점이다. 교사 입장에서 게임 초반에 아웃된 학생들을 보면 마음이 아프다. 이때 그들을 부활시켜주면 실제 활동 시간을 늘릴 수 있어 좋다. 탈락한 학생들은 신체활동 과제를 한 후 꼬리를 얻어 부활할 수 있도록 한다.

개인전에 익숙해지고 나면 모둠별 활동도 한다. 방법은 동일한데 모둠이 한 팀이 되어 다른 모둠의 꼬리를 뺏고, 우리 팀이 아웃되면 꼬리를 주며 부활하는 방식이다.

꼬리잡기를 하면 많이 뛰어 다니므로 심폐지구력을 기를 수 있고, 방향을 전환하면서 순발력과 민첩성을 기를 수 있다. 또한 모둠별로 함께 하며 서로 협력하는 마음도 기를 수 있다.

기본 사항

- **인원** 8~30명 • **소요 시간** 5분
- **준비물** 팀 조끼(참여자 수의 2배 정도 필요)
- **경기장** 사각형의 활동 공간을 정해준다.

활동 순서

원조 꼬리잡기

① 학생들에게 꼬리(팀 조끼)를 주고 바지 뒤쪽에 살짝 넣어 꼬리를 만들도록 한다.

② 게임이 시작하면 다른 사람의 꼬리를 뺏는다.

③ 꼬리 뺏기에 성공하면 꼬리를 한쪽 손에 들고 다니고, 본인의 꼬리를 빼앗기면 여유분 꼬리를 자신의 바지 뒤쪽에 장착한다.

④ 꼬리를 빼앗긴 사람은 탈락하고 경기장 밖으로 나가 있는다.

⑤ 일정 시간(3분)이 지나면 게임을 끝내고, 꼬리가 많은 사람을 칭찬하고 게임을 다시 시작한다.

부활 꼬리잡기

① 원조 꼬리잡기와 방법은 동일하며, 꼬리가 없을 때 부활할 수 있다.

② 꼬리를 빼앗긴 사람은 선생님 옆으로 가서 신체활동 과제(점핑잭 10번, 개구리 점프 10번 등)를 하고 팀 조끼를 받아 부활한다.

③ 일정 시간(3분)이 지나면 꼬리가 많은 사람을 칭찬하고 다시 게임을 시작한다.

모둠별 협력 꼬리잡기

① 한 모둠에 3~4명씩 구성한다.

② 모둠별로 같은 색의 팀 조끼를 입히고, 꼬리로 사용할 팀 조끼를 추가로 준다.

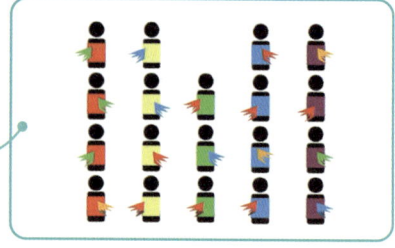

❸ 각 모둠별로 흩어진 후 게임을 시작한다.

❹ 다른 모둠의 꼬리를 빼앗고, 빼앗은 꼬리는 본인이 입는다.

❺ 꼬리를 빼앗기면 아웃되어 밖으로 나가고, 우리 팀에 여분의 꼬리를 가지고 있다면 받아서 부활한다. 즉, 기본적으로 꼬리 하나를 가지고 있어야 게임에 참여할 수 있으며, 다른 모둠에게 꼬리를 뺏으면 우리 모둠의 목숨이 늘어난다.

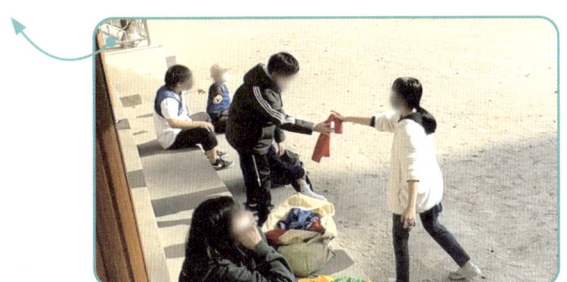

❻ **승패** 일정 시간(3분)이 지났을 때 꼬리가 많은 팀이 승리한다.

열정기백쌤의 수업 경험담

꼬리잡기는 대부분의 학생들이 좋아하는 활동이다. 단, 너무 과열되어서 안전사고가 자주 발생하니 조심해야 한다. 가장 큰 문제는 상대방과의 신체 접촉이다. 꼬리를 빼앗기 위해 상대방의 손을 잡는 경우가 많은데, 이때 손톱으로 할퀴거나 균형을 잃어 넘어진다. 교사는 가급적 신체 접촉을 금지시키고 주의 깊게 관찰하며 지도해야 한다.

또한 도망치다가 충돌할 위험이 크다. 꼬리잡기는 순발력과 민첩성이 많이 필요하기 때문에 방향을 갑자기 바꿀 때가 많으므로 충돌이 잦다. 따라서 교사는 분위기가 너무 과열되지 않도록 중간중간 가라앉힐 필요가 있다. 처음에는 '바르게 걷기'로 하다가 공간과 사람과의 거리에 익숙해지면 그때 뛰도록 한다.

꼬리의 길이가 짧아서 불만을 토로하는 경우도 있다. 교사는 게임을 시작하기 전에 참여자들의 꼬리 길이를 확인하고 일정 길이 이상으로 꼬리를 만들어주어야 한다.

이런 점들을 유의해서 수업을 진행한다면 1시간 수업이 순식간에 지나갈 것이다. 위 3가지 활동을 하기에 시간이 부족하다면 2~3차시로 늘려서 수업을 진행한다.

깽깽이 부활 꼬리잡기

기백반 **체육** 교실

깽깽이 부활 꼬리잡기

#초등체육, #꼬리잡기, #태그형게임 #저학년

활동 소개
이 활동에서는 꼬리를 뺏겨 탈락한 사람도 앙감질로 경기에 계속 참여할 수 있다. 탈락자는 다른 사람의 팀 조끼를 하나 뺏으면 다시 부활해서 두 발로 경기에 참여할 수 있다. 이렇게 '깽깽이 부활 꼬리잡기'는 탈락 없는 꼬리잡기이다.

기본 사항
- **인원** 8~30명 **소요 시간** 5분
- **준비물** 팀 조끼
- **경기장** 사각형의 활동 공간을 정해준다.

활동 순서

❶ 참여자는 팀 조끼를 허리 뒤 바지춤에 꽂아 넣어 꼬리를 만든다.

❷ 게임이 시작하면 다른 사람의 꼬리를 뺏기 위해 서로 쫓는다.

❸ 꼬리를 뺏긴 사람은 탈락자가 되고 앙감질(호핑)로 다른 사람의 꼬리를 뺏으러 다닌다.

❹ 탈락자는 한 발로만 뛰어야 하며 힘들 때는 발을 바꿀 수 있다.

❺ 탈락자로 활동하다가 꼬리를 되찾으면 다시 부활해서 두 발로 게임에 참여한다.

❻ 팀 조끼를 여러 개 가진 사람은 그것들을 모두 허리춤에 꽂고 게임에 참여한다.

❼ 팀 조끼는 한 번에 하나만 뺄 수 있다. 조끼를 여러 개 가진 사람이 있다고 해도 그것을 한 번에 빼앗지 못한다.

❽ 일정 시간이 지나면 꼬리가 많은 사람을 칭찬하고 다시 게임을 시작한다.

열정기백쌤의 수업 경험담

이 활동은 이동 움직임 중 앙감질(호핑)을 제대로 경험할 수 있어 좋다. 학생들이 앙감질을 많이 해보지 않아 많이 힘들어한다. 재미있는 게임을 통해 앙감질을 경험시켜줄 수 있다. 운동 기능이 현저히 부족한 학생은 탈락자가 되더라도 두 발로 뛰어다니게 하는 등 '수준별 수업'을 할 수 있다.

이 게임은 정해진 구역 안에서 활동해야 하는데 종종 벗어나는 학생들이 있다. 그런 학생들에게 신체활동 과제를 부여하여 경기장 안에서 활동해야 함을 알려준다.

능력별 꼬리잡기

활동 소개

꼬리잡기는 달리기 기능이 부족해 소외되는 학생들을 위한 활동이다. 총 2단계에 걸쳐 진행되는데 1단계는 원조 꼬리잡기를 한다. 여기서 꼬리 개수를 확인해 참여자를 3개 모둠으로 나눈다. 꼬리가 하나도 없는 친구는 A모둠(운동 기능이 부족한 학생들), 1개 가지고 있는 친구는 B모둠(운동 기능이 보통인 학생들), 2개 이상 가지고 있는 친구는 C모둠(운동 기능이 뛰어난 학생들)으로 정한다. 그러고 나서 2단계에서 능력별로 꼬리잡기를 진행한다. 잘하는 사람은 잘하는 사람 것만 빼앗아야 하지만, 기능이 부족한 사람은 모두의 꼬리를 잡을 수 있다. 이와 같이 수준별로 수업을 하면 모두가 즐겁게 꼬리잡기 활동에 참여할 수 있다.

기본 사항

- **인원** 10~30명   **소요 시간** 5~10분
- **준비물** 팀 조끼(우리 반 인원보다 2배 이상의 개수, 3가지 색깔)
- **경기장** 사각형의 활동 공간을 정해준다.

활동 순서

1단계 원조 꼬리잡기

❶ 각자 팀 조끼를 받아 꼬리를 만든다.

❷ 평소에 하던 원조 꼬리잡기를 하며 활동 시간을 3분 정도 제시한다.

❸ 팀 조끼를 빼앗겨 꼬리가 없는 사람도 활동에 계속 참여할 수 있다.

❹ 꼬리를 빼앗겨도 갖고 있는 꼬리(남에게 빼앗은 꼬리)를 뒤에 달아 새로운 꼬리를 만들 수 있다.

2단계 능력별 꼬리잡기

❶ 1단계가 끝나고 각자 가진 꼬리의 개수를 확인한다.

❷ 0개인 학생은 A모둠(운동 기능이 부족한 학생들), 1개인 학생은 B모둠(운동 기능이 보통인 학생들), 2개 이상인 학생은 C모둠(운동 기능이 뛰어난 학생들)으로 분류한다.

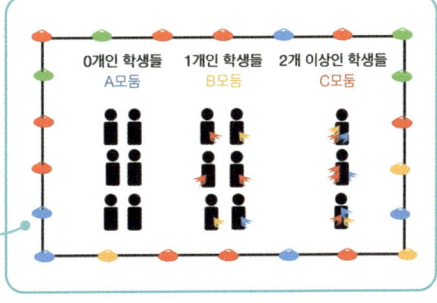

❸ A모둠에는 파란색 팀 조끼를, B모둠에는 노란색 팀 조끼를, C모둠에는 빨간색 팀 조끼를 입도록 한다.

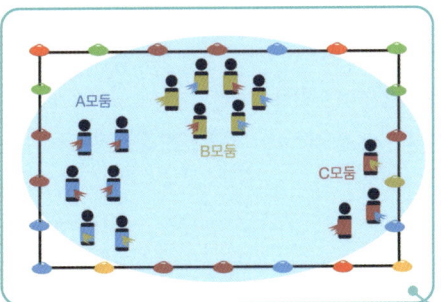

❹ 추가로 허리춤에 꽂는 팀 조끼를 준다. (이때 입은 팀 조끼 색깔과 동일한 것을 주면 좋으나, 팀 조끼가 없다면 아무 색깔이나 줘도 상관없다.)

❺ A모둠 친구들은 모두의 꼬리(A, B, C모둠)를 뺏을 수 있다.

❻ B모둠 친구들은 B모둠과 C모둠의 꼬리를 뺏을 수 있다.

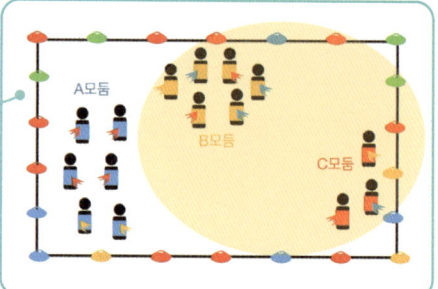

❼ C모둠은 C모둠끼리(운동 기능이 뛰어난 학생들)만 뺏을 수 있다.

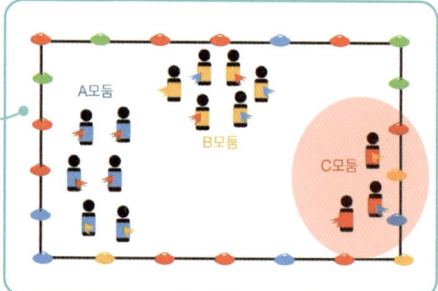

❽ 자기 팀 조끼를 뺏기면 간단한 신체활동 과제(점핑잭 5회)를 수행한 후 다시 게임에 참여한다.

❾ 승패 3분 동안 활동한 후 꼬리가 가장 많은 학생이 우승한다.

 열정기백쌤의 수업 경험담

1단계 원조 꼬리잡기의 활동 시간은 교사가 적당한 시간에 끊어야 한다. 꼬리 없이 활동하는 친구가 절반을 넘기지 않은 상태에서 경기를 끝내면 좋다. 2단계 능력별 꼬리잡기에서는 능력을 표시하기 위해 팀 조끼를 입어야 한다. 따라서 충분한 팀 조끼가 필요하다. 그리고 허리 뒤춤에 차는 팀 조끼는 계속 바뀌기 때문에 팀 조끼 색깔은 큰 의미가 없다.

이 활동을 실제로 해보면 A모둠(운동 기능이 부족한 친구들)이 가장 많이 뛰어다니고 재미있어한다. 낭만 체육을 실현하는 데 적절한 활동이다.

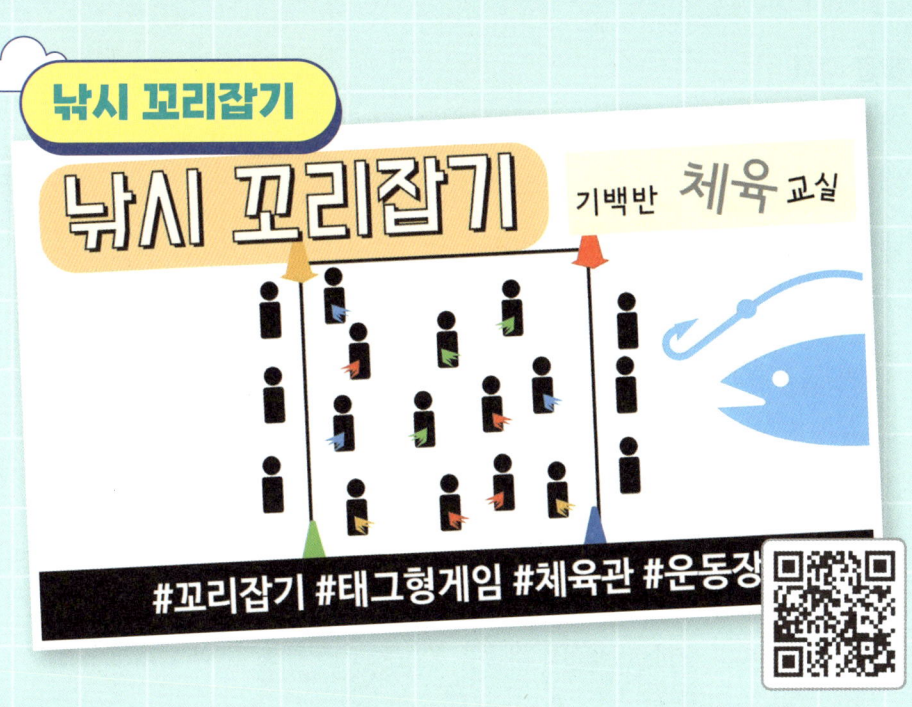

낚시 꼬리잡기

활동 소개

원조 꼬리잡기는 꼬리를 빼앗기면 탈락하지만, 낚시 꼬리잡기는 꼬리가 없어도 계속 참여할 수 있다. 경기장 밖에서 기다리고 있다가 낚시하듯이 경기장 안에 있는 사람의 꼬리를 빼앗아 자기 것으로 만들면 부활할 수 있다. 탈락이 없는 꼬리잡기라 학생들이 끝까지 열심히 참여한다.

기본 사항
- **인원** 10~30명 **소요 시간** 5~10분
- **준비물** 팀 조끼, 콘 4개
- **경기장** 사각형의 경기장을 만들고 꼭짓점에 콘을 하나씩 둔다.

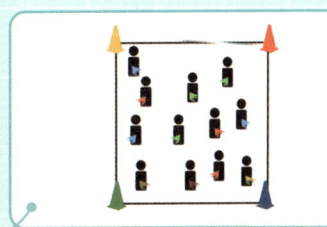

활동 순서

❶ 참여자들은 팀 조끼를 하나씩 받아 바지 뒤에 넣어 꼬리를 만든다.

❷ 게임이 시작하면 다른 사람의 꼬리를 뺏기 위해 움직인다.

❸ 경기장 안에서 다른 사람의 꼬리를 뺏으면 손에 들고 있고, 꼬리를 뺏기면 가지고 있던 꼬리를 바지 뒤에 넣고 계속 경기에 참여한다.

❹ 반대로 꼬리를 빼앗겨 꼬리가 없으면 경기장 밖으로 나온다.

❺ 꼬리가 없는 사람은 사각형 밖에서 부지런히 움직이며 경기장 안에 있는 사람의 꼬리를 뺀다. 이때, 경기장으로 한 걸음 들어가 꼬리를 뺄 수 있다.

❻ 꼬리가 생기면 바지 뒤에 꼬리를 넣고 다시 경기장 안으로 들어가서 경기에 참여한다.

❼ 정해진 시간 동안 꼬리잡기 활동에 즐겁게 참여한다.

열정기백쌤의 수업 경험담

　꼬리잡기 활동은 뺏고 뺏기는 스릴이 있어 학생들이 모두 좋아한다. 또한 경기장 밖에서 낚시를 하며 부활할 수 있어서 더 흥미로워한다. 낚시를 할 때 경기장 밖에서 한 발만 안으로 들어오는 것은 가능하다. 그러나 두 발 모두 들어가면 반칙이며, 이렇게 뺏은 경우 다시 돌려준다.

　꼬리잡기를 하다 보면 꼬리를 뺏기지 않기 위해 손을 뒤로 막거나 눕는 학생들이 있다. 이런 경우에 교사가 개입하여 하지 않도록 지도한다. 서로 부딪히지 않도록 주의하는 것도 중요하다.

허수아비 꼬리잡기

활동 소개

허수아비 꼬리잡기는 팀 대결로 할 수 있는 꼬리잡기 활동이다. 상대팀의 꼬리를 빼기 위해 열심히 움직인다. 만약 자기 꼬리를 뺏기면 상대방이 꼬리를 놓은 자리에 '허수아비'처럼 서서 상대팀 꼬리를 빼면 된다. 탈락했지만 우리 팀의 승리를 위해 계속 활동에 참여할 수 있는 탈락 없는 꼬리잡기 게임이다.

기본 사항

- **인원** 10~30명   **소요 시간** 5~10분
- **준비물** 팀 조끼(한 팀의 인원만큼, 2가지 색깔), 콘 4개
- **경기장** 사각형의 경기장을 만들고 콘을 꼭짓점에 놓아 표시한다.

활동 순서

❶ 두 팀으로 나누고, 각 팀별로 같은 색깔의 조끼를 입는다. (팀 조끼가 충분하면 같은 팀끼리 같은 색깔의 팀 조끼를 입고, 꼬리용 조끼도 준다.)

❷ 게임이 시작되면 다른 팀 친구들의 꼬리를 뺏기 위해 움직인다.

❸ 다른 팀 친구의 꼬리를 뺏으면 꼬리를 던진다.

꼬리를 뺏긴 친구는 꼬리가 땅에 떨어진 곳에서 허수아비가 된다.

❹ 꼬리를 뺏긴 사람은 꼬리가 땅에 떨어진 곳에서 허수아비가 된다.

❺ 허수아비가 된 사람은 다른 팀 사람이 지나갈 때 꼬리를 뺀다.

허수아비는 한 발은 제자리에 붙인채로 한 발을 움직이며 꼬리

❻ 허수아비는 한 발은 제자리에 붙인 채 다른 발로 움직이며 꼬리를 뺏을 수 있다.

❼ **승패** 정해진 시간(3분) 동안 더 많이 살아남은 팀이 승리한다.

 열정기백쌤의 수업 경험담

꼬리잡기를 팀으로 하면 탈락 없이 모두가 참여할 수 있다. 다만 손을 맞잡고 힘 싸움하는 것을 교사가 신경 써야 한다. 꼬리를 빼앗기기 싫은 학생들이 경기장 사각형 테두리 쪽으로 이동하여 소극적으로 참여하는 경우가 있다. 이 경우 낚시 꼬리잡기의 규칙을 적용하여 각 팀에서 1~2명 정도 사각형 밖에서 뛰어다니면서 상대팀의 꼬리를 빼앗는 역할을 만들면 이런 현상을 막을 수 있다.

❸ 진놀이

진놀이는 팀 대결의 놀이로, 두 팀이 각자의 진을 지키며 상대 팀의 진에 침범하는 놀이이다. 진놀이가 술래잡기나 꼬리잡기와 다른 점은 팀 경기이기 때문에 전략이 있다는 점이다. 가령 자기 자신의 목숨이 소중하지만 팀을 위해 관심을 끌고 아웃되었다가 다시 부활하는 전략이 필요하다. 또한 태그형 게임이기 때문에 많이 뛰어야 한다. 학생들이 실컷 뛰어 놀면서 같은 팀끼리 협력하고 상대 팀과 경쟁하는 활동으로 이끌어주고 싶을 때 하면 좋은 활동이다. 진놀이에는 무엇이 있는지 살펴보자.

나이 먹기

#전래놀이 #순발력 #민첩성 #협력 기백반

활동 소개

나이 먹기는 진놀이로, 나이를 많이 먹을수록 유리한 전래놀이이다. 구전 놀이이므로 지역마다 규칙이 조금씩 다르기 때문에 상황에 맞게 변형하면 된다.

이 게임은 상대방 진을 터치하면 나이를 먹고, 나이 많은 사람이 적은 사람을 터치하면 나이를 먹는다. 그래서 나이가 적은 사람은 도망다닐 수밖에 없다. 이때 서로 손을 잡으면 나이가 합쳐진다. 나이가 적어도 게임에 활발히 참여할 수 있으므로 협력을 자연스럽게 배울 수 있다.

기본 사항

- **인원** 8~30명 • **소요 시간** 10~20분
- **준비물** 팀 조끼 2종류
- **경기장** 진으로 할 수 있는 나무 2개 혹은 원통형 구조물(그네 기둥, 미끄럼틀 기둥 등)이면 된다.

A팀 진(찜대)   B팀 진(찜대)

활동 순서

❶ 참여자를 두 팀으로 나누고 팀 조끼를 입힌다.

❷ 기본적으로 모든 참여자는 10살에서 시작한다.

❸ 나이를 먹는 경우는 다음과 같다.

- 상대편 진을 터치한 경우: +30살
- 나이가 많은 사람이 적은 사람을 터치한 경우: +10살
- '진'을 잡고 있으면 나이가 무한대가 된다. 따라서 우리 '진'을 터치하러 오는 상대편을 내가 '진'을 잡은 상태에서 먼저 터치할 경우(수비 성공): +10살
- 나이가 같을 경우, 손바닥을 치고 가위바위보를 하여 이긴 사람: +10살

참고 2:1로 가위바위보를 할 수 있다. 예를 들어, 같은 팀인 A와 B는 각각 10살이고, 다른 팀인 C는 20살이라고 해보자. 이 경우 A와 B가 손을 잡으면 20살이 되고 C와 나이가 같아진다. 둘이 터치하면 가위바위보를 하는데 C는 1명이므로 가위바위보를 두 번 할 수 있다. A와 B가 이긴 경우 각각 10살을 먹어 총 20살을 얻지만, C가 이긴 경우 1명이기 때문에 10살만 얻는다.

상대편 진을 터치한 경우 : + 30살

나이 많은 사람이 적은 사람 터치하면 : +10살

❹ 나이가 깎이는 경우는 없다. 상대편이 나이를 먹었더라도, 본인의 나이는 변함이 없다.

❺ 진을 터치한 상태에서는 나이가 무한대가 된다. 한 명이 진에 터치한 상태에서 손과 손을 잡아 길게 늘어뜨려 상대편을 터치한 경우, 손을 잡고 있던 사람 모두 '10살'씩 나이를 먹는다.

❻ 나이를 먹거나, 상대편이 나로 인해 나이를 먹은 경우 반드시 자기 진으로 돌아가서 진을 터치해야 한다. 이것을 '밥을 먹는다.'라고 표현한다.

> **참고** 이 규칙이 필요한 이유는 첫째, 나이를 먹은 사람이 한 자리에서 계속 '터치', '터치' 하면서 나이를 먹을 수 있기 때문이다. 둘째, 나이 먹은 사람이나 상대편에게 나이를 먹게 한 사람 모두 신체 활동량을 늘리기 위해서이다.

❼ 두세 명이 붙어 있으면 나이를 합칠 수 있다.

> **참고** 20살인 A와 30살인 B가 손을 잡으면 50살이 된다. A와 B가 40살인 C를 터치하면 A와 B는 각각 10살을 먹는다. C의 나이에는 변화가 없다. 이때 A, B, C는 모두 진으로 돌아가 밥을 먹고 온다. 밥을 먹으러 갈 때는 양손을 들고 흔들며 '반짝반짝'을 하면 서로에게 표시가 된다.

❽ **승패** 일정 시간(20분)이 지났을 때 팀별로 나이를 합산하여 많은 팀이 승리한다.

열정기백쌤의 수업 경험담

 이 활동은 동네 놀이이기 때문에 게임의 끝이 없다. 따라서 교사는 적당한 시간을 정해서 게임을 끝내야 한다. 처음에 본인으로 인해 상대편이 나이를 먹어도 자신의 나이가 줄지 않는 점을 헷갈려 하므로 이 부분을 정확히 설명해주어야 한다.

 게임을 할 때 각자의 나이가 표시되지 않기 때문에 서로가 몇 살인지 잘 모른다. 그래서 상대가 "너 몇 살이야?"라고 물으면 무조건 대답해야 한다. 대답하지 않고 경기를 하면 갈등이 생길 수 있으니 주의를 기울여야 한다. 예를 들어, 나이가 많은 사람이 적은 사람에게 자기 나이를 공개하지 않고 태그하여 싸우는 일도 발생한다.

 자신이 나이를 먹든, 상대에게 나이를 먹게 만드는 상황이든, 반드시 '밥'을 먹고 와야 한다. 귀찮아서 안 가는 학생이 있는데 교사가 이를 꼭 알려주어야 한다.

변형 다방구

활동 소개

다방구는 과거 동네에서 많이 하던 놀이이다. 술래가 도망자를 터치하면 진에 갇히는데, 같은 도망자들이 진으로 가서 "다방구!"라고 외치고 진을 치면 갇혀 있던 도망자들이 모두 풀려난다.

변형 다방구는 진을 2개 놓고 두 팀이 경쟁하는 구도이다. 따라서 각 팀에 공격하는 사람과 수비하는 사람을 각각 따로 둔다. 상대방 수비를 잡기 위해 열심히 뛰며 즐겁게 활동에 참여한다.

기본 사항

- **인원** 12~30명 **소요 시간** 5~10분
- **준비물** 팀 조끼 2종류
- **경기장** 운동장에서 할 때는 나무 등의 지형지물을 이용해 진을 정한다. 체육관에서는 원마커로 원을 만들어 진을 대신할 수 있다.

활동 순서

❶ 한 팀을 약 10명씩, 두 팀으로 구성한다.

❷ 한 모둠에서 공격수(상대편 잡는 역할)는 4명, 수비수(도망다니는 역할)는 6명으로 정한다. 4:6 비율이 적당하다.

❸ 역할을 구별하기 위해 공격수는 팀 조끼를 팔 한쪽에 묶고, 수비수는 팀 조끼를 잘 입는다.

❹ 게임이 시작되면, 각 모둠의 공격수는 상대팀 수비수를 잡기 위해 쫓아다니고, 반대로 수비수들은 상대팀 공격수를 피해 도망다닌다.

❺ 수비수는 상대팀 공격수에게 터치당하면 잡히고, 공격수는 잡은 수비수를 끌고 우리 모둠의 진까지 이동한다.

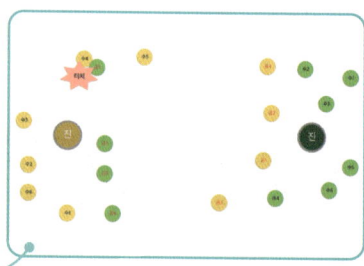

❻ 잡힌 수비수는 진에서 같은 팀 수비수가 터치해줄 때까지 기다린다.

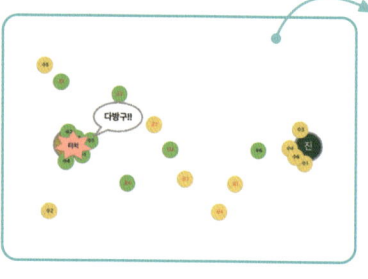

❼ 우리 모둠의 수비를 구하기 위해 다른 수비수는 상대방의 진에 가서 '진'을 치거나, 잡힌 친구 아무나 치며 "다방구!"라고 외친다. 그러면 우리 팀 수비수는 모두 풀려나고, 그 자리에서 도망간다.

❽ **승패** 5분간 경기를 해서 수비가 많이 살아 있는 팀이 승리한다.

열정기백쌤의 수업 경험담

 이 게임 초반에 학생들이 "우리 팀 공격수가 상대팀 공격수를 공격할 수 있나요?"라고 많이 묻는다. 각 팀의 공격수끼리는 상관없다는 점을 가르쳐주고 게임을 진행한다. 그리고 같은 모둠의 공격수는 수비수를 구할 수 없고 오직 수비수끼리만 구할 수 있다.
 우리 모둠의 수비수가 상대 모둠 진을 쳐서 살면 그 자리에서 바로 도망가야 하며, 반대로 그 자리에서 바로 잡힐 수도 있다. 이럴 경우 다시 상대팀의 진에 갇힌다.

콘 뺏기 진놀이

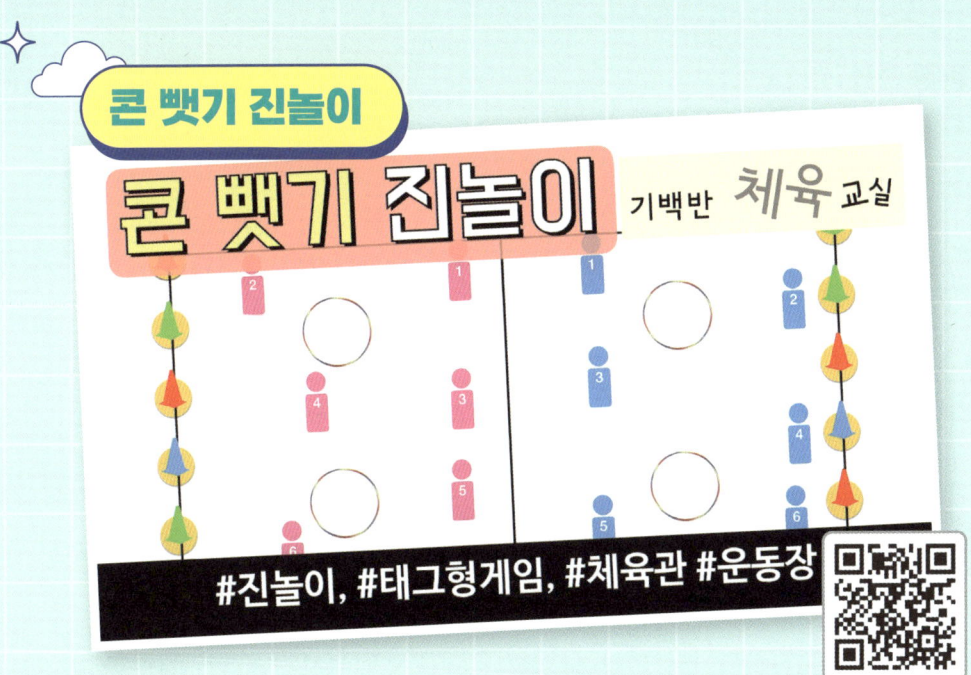

#진놀이, #태그형게임, #체육관 #운동장

활동 소개

이 활동은 상대팀의 진에 있는 콘을 빼앗아오는 게임이다. 상대팀 진에서 상대팀에게 터치당하면 감옥에 잡혀가므로 조심해야 한다. 정해진 시간 동안 상대방을 피해 콘을 많이 가져오는 팀이 승리하는 활동이다. 같은 팀 친구의 희생이 필요한 전략형 놀이로, 잡힐 듯 말 듯하며 상대팀 진을 파고드는 스릴이 넘친다.

기본 사항

- **인원** 10~30명 **소요 시간** 5~10분
- **준비물** 콘 12개, 훌라후프 4개, 원마커
- **경기장**
  - ㉮ 직사각형 경기장을 그리고 가운데에 선을 긋는다.
  - ㉯ 엔드라인에 라바콘을 6개씩 놓는다. 먼저 양끝에 하나씩 놓고, 일정한 간격으로 놓는다. 이때 원마커를 놓으면 나중에 다시 넣기가 편하다.
  - ㉰ 훌라후프를 양 팀 중앙에 2개씩 놓는다.

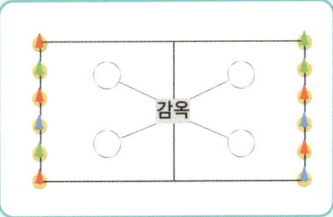

활동 순서

❶ 참여자를 두 팀으로 나누고 팀 조끼를 입는다.

❷ 가운데 선을 기준으로 두 진영으로 나누며, 상대 팀 진영에서 터치당하면 감옥으로 간다.

❸ 게임이 시작되면 상대편 진영으로 침투해 상대 방 콘을 차지한다.

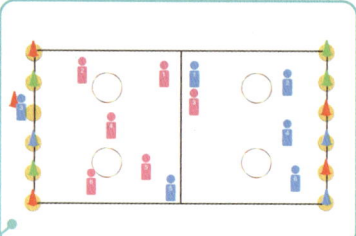

❹ 상대방의 콘을 잡으면 경기장 밖으로 나가 옆으로 돌아오며 우리 팀 엔드라인에 놓는다. 이때 콘을 기존에 있던 라바콘 사이에 놓는다. 이는 한쪽으로만 라바콘을 놓아 수비가 유리해지는 것을 막기 위해서이다.

❺ 이 과정에서 상대팀에게 터치되면 감옥으로 간다. 감옥은 2개가 있는데 어느 쪽으로 가든 상관없다.

❻ 감옥에 갇혀있을 때 우리 팀 친구가 와서 터치해 주면 그곳에 있는 친구가 모두 살아난다. 이때, 손을 '반짝반짝' 하고 가면서 부활하는 중임을 표시한다. 이때 수비들은 터치할 수 없다.

❼ 승패 정해진 시간(3분)이 끝났을 때 콘을 더 많이 가지고 있는 팀이 승리한다.

 열정기백쌤의 수업 경험담

처음 게임을 시작하면 다들 아웃되기 싫어서 몸을 사리는 경향이 있다. 이는 전략이 없기 때문이므로 교사가 이렇게 말해주면 어떨까? "아웃되어 감옥에 가더라도 우리 팀이 살려줄 거라는 확신을 갖자." 그러면 학생들이 아웃되는 것을 두려워하지 않고 경기가 활발해진다.

서로 터치한 것이 애매할 때는 가위바위보를 한다. 심판(교사)이 모든 것을 관리할 수 없기 때문에 자기 주도적인 시스템을 미리 만드는 것이 좋다. 참여자 수가 많다면 콘을 늘린다. 그래야 수비가 분산돼서 공격이 수월해진다.

이 게임에서도 수준별 수업을 할 수 있다. 각 팀에 기능이 부족한 한두 명의 학생에게 꼬리를 준다. 이 친구들은 터치당하는 것이 아닌 꼬리잡기 방식으로 한다. 이것이 수비 입장에서 더 어렵기 때문이다.

보물 쟁탈전 진놀이

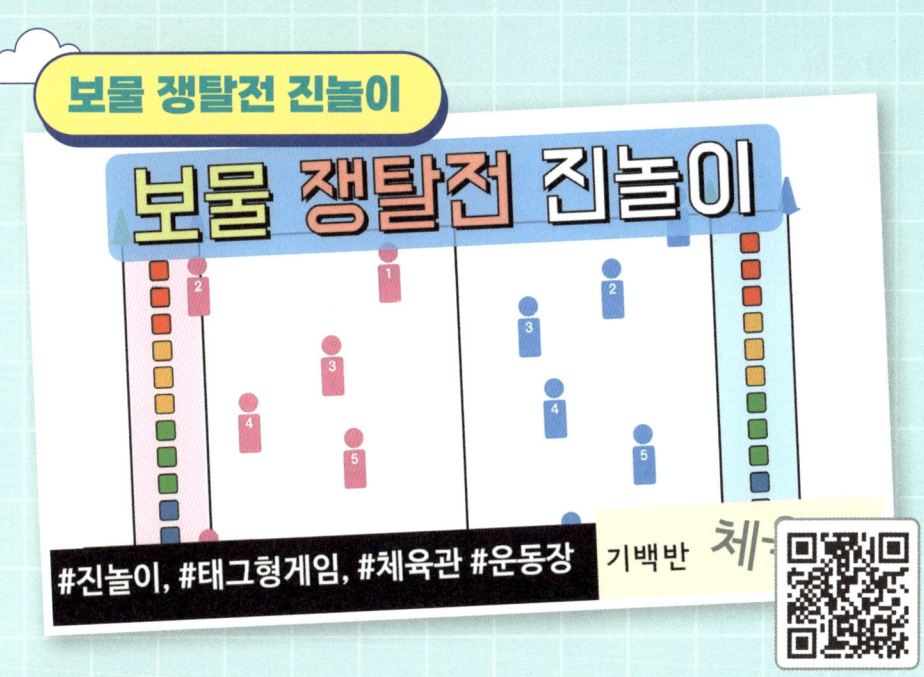

#진놀이, #태그형게임, #체육관 #운동장

활동 소개

이 활동은 상대방 진영에 침입해서 보물을 가져오는 진놀이다. 보통의 진놀이와 달리, 공격과 수비가 가위바위보를 한다. 공격수가 우리 팀 보물을 노릴 때 수비수가 터치하면 둘이 가위바위보를 해야 한다. 이긴 쪽은 하던 행동을 계속하고, 진 쪽은 신체활동 과제를 수행한다. 다른 진놀이와 달리, 진에서 수비가 공격을 터치했을 때 가위바위보를 하도록 하여 운의 요소를 한 번 더 넣었다. 이렇게 하면 승패를 예측하기 어렵고 모두가 열심히 경기에 참여한다.

기본 사항

- **인원** 10~30명 ● **소요 시간** 5~10분 ● **준비물** 콘 8개, 콩주머니(인원수만큼), 팀 조끼
- **경기장**
  - ㉮ 직사각형 경기장을 그리고 가운데에 선을 긋는다.
  - ㉯ 경기장 끝쪽에 콘으로 보물창고를 만든다.
  - ㉰ 보물창고 안에 콩주머니를 양 팀 같은 개수로 놓는다. (우리 팀이 10명이면 10개보다 약간 많이 놓는다.)

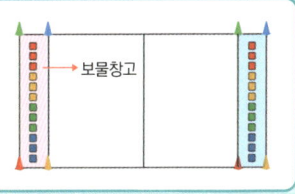

활동 순서

❶ 학생들을 두 팀으로 나누고, 보물창고 앞 시작선에 일렬로 선다.

❷ 게임이 시작되면 상대팀 보물을 빼앗으러 상대팀 진영으로 뛰어간다.

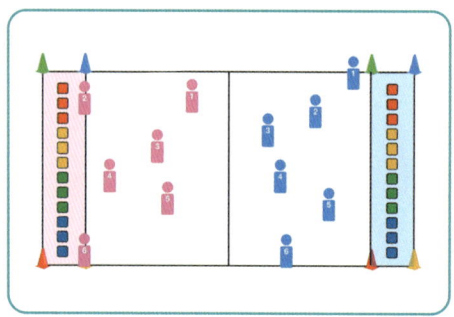

❸ 상대팀의 보물창고에서 보물을 빼앗은 다음, 경기장 옆으로 돌아 우리 팀 보물창고로 가져온다.

❹ 수비수는 우리 팀 진영으로 들어온 상대팀 공격수를 터치하고, 두 사람은 가위바위보를 한다.

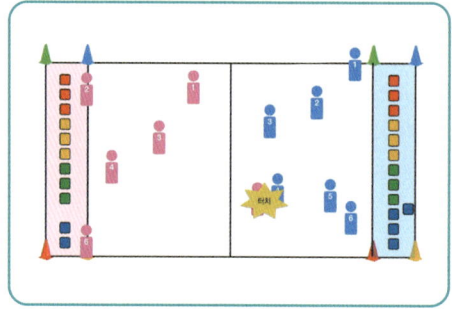

❺ 가위바위보에서 이긴 사람은 게임에 바로 참여하여 자기가 하려는 행동을 계속한다.
- 공격수가 가위바위보를 이긴 경우: 앞으로 가서 보물을 차지한다.
- 수비자가 가위바위보를 이긴 경우: 계속 수비를 한다.

❻ 가위바위보에서 진 사람은 신체활동 과제(점핑잭 5회)를 한다.
- 공격수가 가위바위보를 진 경우: 경기장 옆으로 빠져나와 신체활동 과제(점핑잭 5회)를 한 후, 처음 시작선(보물창고 앞선)으로 돌아가서 다시 시작한다.

- 수비수가 가위바위보를 진 경우: 신체활동 과제(점핑잭 5회)를 한 후 그 자리에서 바로 시작한다.

❼ **승패** 정해진 시간(3분)이 끝났을 때 보물(콩주머니)을 더 많이 가지고 있는 팀이 승리한다.

열정기백쌤의 수업 경험담

경기를 하다 보면 애매한 경우가 생길 수 있다. 우선 보물창고에서 공격수가 보물을 잡고 수비수에게 터치당한 경우 공격 성공으로 보물을 가지고 자기 진영으로 돌아간다. 반대로 공격수가 보물창고에 들어갔으나 보물을 집기 전에 수비수에게 터치당했다면 가위바위보를 해야 한다.

목표물이 콩주머니인데 낮게 있다 보니 무리한 행동(슬라이딩 등)을 하는 학생들이 있다. 크게 다칠 수 있으니 주의하도록 지도한다.

게임의 변형 요소는 다음 2가지이다.

❶ 보물의 가중치를 따로 적용할 수 있다. 1점짜리 보물, 2점짜리 보물, 3점짜리 보물로 하면 더 재미난 게임을 할 수 있다.

❷ 신체활동 과제는 점핑잭 외에도 개구리 점프, 런지 등을 다양하게 한다.

충전 에너지 진놀이

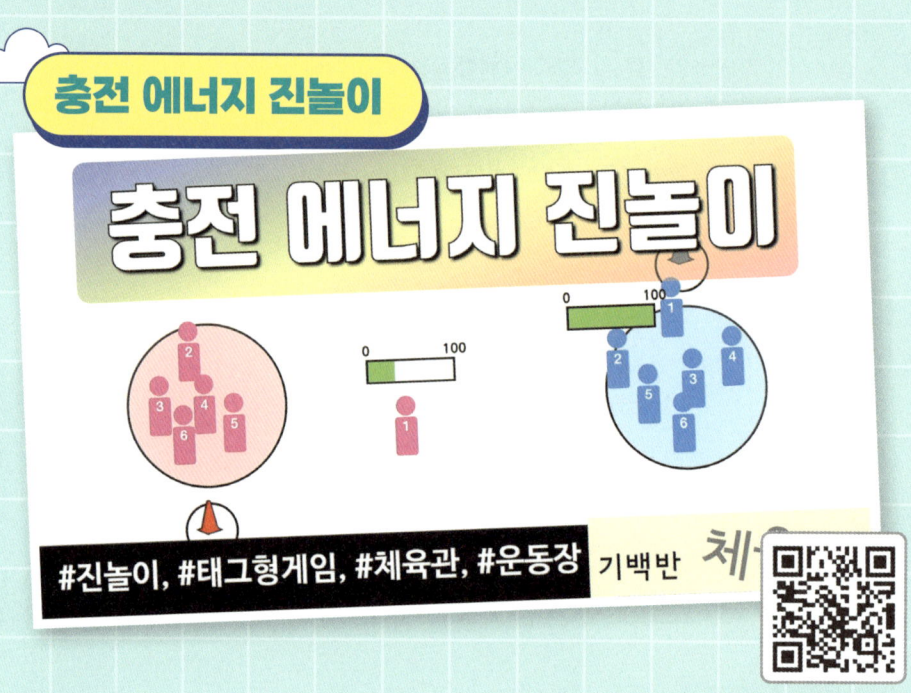

#진놀이, #태그형게임, #체육관, #운동장

활동 소개

두 팀이 경쟁하며 상대팀의 깃발을 뺏으면 승리하는 게임이다. 우리 팀 진영에 있으면 에너지가 충전되고, 그곳을 나오면 그때부터 에너지가 줄어들기 시작한다. 그래서 상대팀 중에 에너지가 적은 사람을 태그하면 아웃시킬 수 있다. 자기 진으로 돌아와 에너지를 충전한 사람은 경기에 계속 참여할 수 있다. 나보다 진에서 늦게 나온 친구를 쫓으며 상대팀 깃발을 뺏는 활동이 충전 에너지 진놀이다.

기본 사항

- 인원 10~30명
- 소요 시간 10분
- 준비물 콘 2개, 원마커, 팀 조끼
- 경기장

  ㉮ 경기장에 두 팀의 진영을 동그랗게 만든다. 진영의 크기는 한 팀의 인원수가 들어갈 정도로 적당하게 만든다.

  ㉯ 두 팀의 진영 오른쪽에 작은 동그라미를 그리고 그 안에 깃발(콘)을 놓는다.

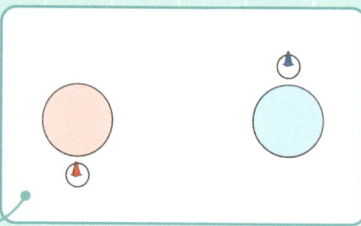

활동 순서

❶ 학생들을 두 팀으로 나눈 뒤, 두 팀은 각각 자기 팀 진영에 들어간 상태에서 시작한다.

❷ 게임이 시작되면 상대팀 깃발을 뺏으러 상대팀 쪽으로 뛰어간다.

❸ 게임의 주요 규칙
- 진에서 나오는 순간 에너지가 줄어들기 시작한다.
- 에너지가 높은 사람이 낮은 사람을 태그하면 낮은 사람이 아웃된다.

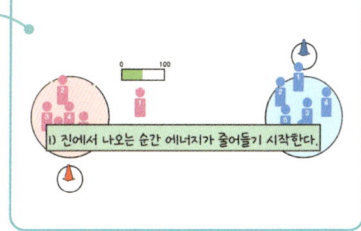

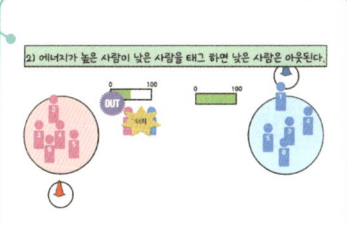

- 진에서 늦게 나온 사람이 빨리 나온 상대팀을 태그해서 아웃시킬 수 있다. 늦게 나올수록 유리하다. 본인이 아웃될 것 같으면 다시 진으로 들어가서 진을 밟아 에너지를 충전하고 나오면 된다.

❹ 아웃된 사람은 '반짝반짝' 손을 흔들며 자기 진으로 돌아가서 충전한 후 부활한다.

❺ 상대팀 깃발(콘)을 뺏으면 1점을 얻는다.

❻ 깃발을 빼앗은 뒤에 모두 자기 진영으로 돌아와 게임을 다시 시작한다.

❼ **승패** 정해진 시간 동안 점수를 많이 얻는 팀이 승리한다.

 열정기백쌤의 수업 경험담

　이 게임은 언뜻 보면 누가 먼저 나왔는지 애매할 것 같지만 게임을 하다 보면 학생들이 잘 적응하므로 크게 문제가 되지 않는다. 애매한 경우에는 상황에 따라 가위바위보를 한다. 동시에 깃발을 뺏는 경우도 있으니 교사가 두 깃발을 모두 볼 수 있는 곳에서 심판을 본다. 이 같은 부분만 신경 쓰면 진놀이를 즐겁게 즐길 수 있다.

잡을까, 말까?

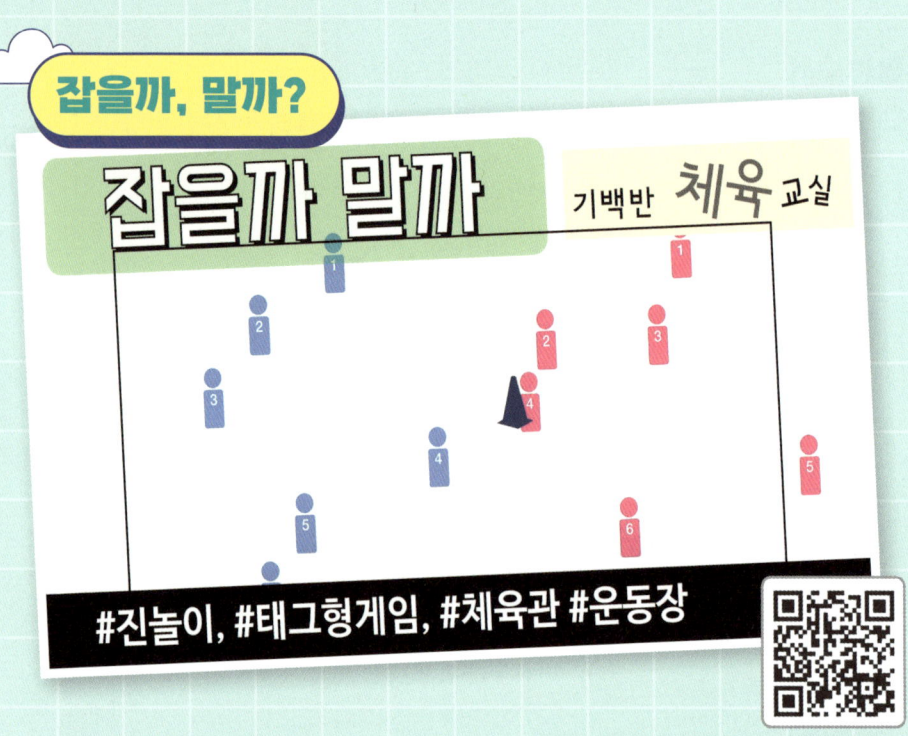

#진놀이, #태그형게임, #체육관 #운동장

활동 소개

'잡을까, 말까?'는 공격팀이 수비팀의 콘을 빼앗아오는 활동이다. 공격팀은 "라바콘을 잡을까, 말까?" 고민하고, 수비팀은 "공격팀을 잡을까, 말까?"를 고민해서 제목을 '잡을까, 말까?'로 붙였다. 공격팀은 수비팀의 콘을 가지고 공격팀 진영으로 가져오는 게 목적이고, 이때 1점을 얻는다. 반대로 수비팀은 공격팀이 콘을 자기 진영으로 가져가지 못하게 터치해서 막아야 한다.

기본 사항

- **인원** 6~30명
- **소요 시간** 10분
- **준비물** 콘 1개, 팀 조끼 2종류
- **경기장** 수비팀 출발선에서 2~3m 정도 떨어진 곳에 콘을 놓는다.

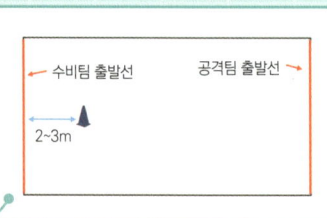

활동 순서

❶ 공격팀과 수비팀으로 팀을 나눈다. 공격팀은 공격팀의 출발선에, 수비팀은 수비팀의 출발선에 일렬로 선다.

❷ 게임이 시작하면 공격수는 공격팀의 출발선을 벗어나 수비팀 쪽으로 간다.

❸ 수비수는 수비팀 출발선에 가만히 서 있어야 하며, 공격팀이 오는 것을 보고 터치할 준비를 한다.

❹ 수비수는 공격수가 가까이 왔을 때 터치하러 뛰어나갈 수 있다. 여기서 다음 두 가지 상황으로 나뉜다.

상황1 공격팀이 콘을 잡고 도망가는 경우

- 수비팀은 누구나 뛰어나가 공격팀을 터치할 수 있다.
- 공격수가 콘을 가지고 공격팀 출발선에 안전하게 오면 공격팀은 1점을 얻는다.
- 콘을 잡고 도망가는 공격수를 수비팀이 터치하면 득점에 실패하며, 터치당한 공격수는 아웃된다.

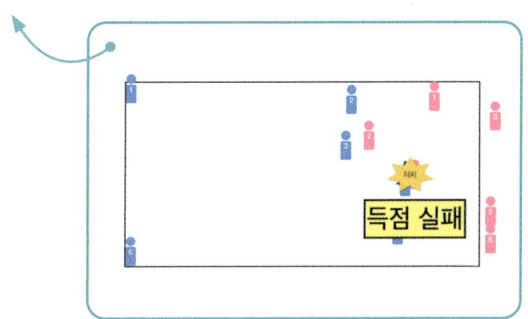

- 콘을 갖지 않은 공격수도 수비팀에게 터치당하면 아웃된다.
- 이 경우 뛰어나간 수비수는 공격수를 터치하지 못해도 아웃되지 않고, 경기에 계속 참여할 수 있다.

상황2 공격팀이 콘을 잡지 않았는데 수비팀에서 먼저 뛰어나간 경우

- 공격팀이 콘을 잡지 않았는데 수비팀에서 아무나 뛰어나갈 수 있다.
- 이때 공격수가 수비수에게 터치당한 공격수는 아웃된다. 반대로 수비수는 다음 경기에 참여할 수 있다.

- 수비수가 뛰어나갔지만 공격수가 출발선까지 도망가서 경기장 안에서 잡지 않은 경우, 해당 수비수는 아웃된다. 즉, 공격수가 콘을 잡지 않은 경우 수비수는 신중하게 뛰어나가야 한다.

❺ 수비수는 뛰어나갔을 때 여러 명의 공격수를 터치할 수 있다.

❻ 공격 기회는 3번 주어진다. 단, 공격수가 콘을 잡고 도망갈 경우에만 기회가 차감된다. 만약 공격수가 콘을 잡지 않았는데 수비수가 공격수를 터치하러 뛰어나와 도망칠 경우에는 공격 기회에 포함되지 않는다.

❼ 공격수든 수비수든 한 번 아웃되면 공격 기회 3번이 끝날 때까지 대기 장소에서 대기한다.

❽ **승패** 양 팀 모두 3번의 공격 기회에서 얻은 득점을 비교하여 승패를 결정한다.

 열정기백쌤의 수업 경험담

이 게임은 규칙이 복잡해서 처음에는 학생들이 조금 어려워한다. 그래서 처음에는 연습 게임을 해 본 다음, 규칙을 한 번 더 설명하고 본 게임에 들어가는 것이 좋다. 게임에 전략 없이 참여하면 달리기 능력이 뛰어난 친구가 있는 팀이 승리한다. 그러므로 달리기가 느린 학생이 관심을 끌고 상대팀을 유인하여 아웃시키면 기능은 부족해도 전략을 세운 팀이 이길 수 있다.

게임의 구조상 수비팀에서 콘까지의 거리가 중요하다. 처음 연습 게임을 할 때 콘 거리를 조정하면 본 게임에서 더 잘할 수 있다.

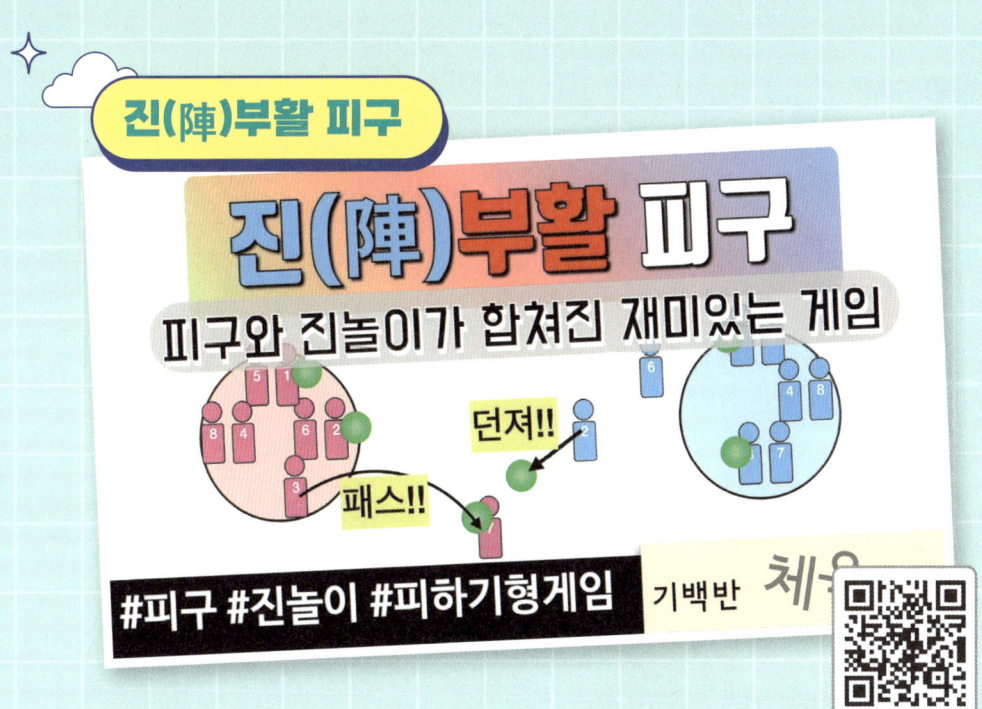

활동 소개

　진(陣)부활 피구는 피구와 진놀이가 합쳐진 게임이다. 두 팀이 경쟁하며 상대 팀을 공으로 아웃시키고, 아웃된 우리 팀을 부활시키는 게임이다. 이 게임의 주요 활동은 같은 팀끼리 공을 던지고 받으며 이동하기, 피구처럼 상대팀 친구를 공으로 맞혀 아웃시키기, 아웃된 우리 팀에게 공을 정확하게 보내 부활시키기 등 3가지이다. 결국 이 활동은 던지기와 받기를 경험하는 피하기형 게임이다.

기본 사항

- **인원** 10~30명　● **소요 시간** 10분　● **준비물** 공 6개, 접시콘, 팀 조끼
- **경기장** 접시콘으로 진을 표시한다. 이때 진의 역할은 2가지이다. 첫째, 활동을 처음 시작하는 장소이다. 게임을 처음 시작할 때와 부활했을 때 머문다. 둘째, 상대 팀의 진은 감옥의 역할을 한다. 아웃되면 갇히는 곳이다.

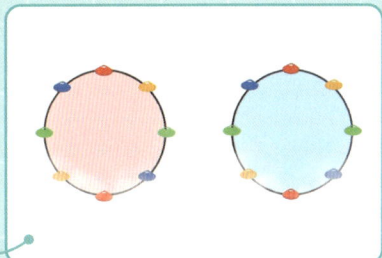

활동 순서

❶ 두 팀으로 나누고, 각 팀에게 공을 3개씩 준다.

❷ 게임이 시작하면 같은 팀끼리 공을 패스해서 이어준다.

❸ 공을 잡은 사람은 움직이지 못하며 공이 없는 사람만 이동할 수 있다.

❹ 공으로 상대팀을 맞혀 아웃시킨다. 이때 아웃된 사람은 상대팀 진(감옥)에 갇힌다.

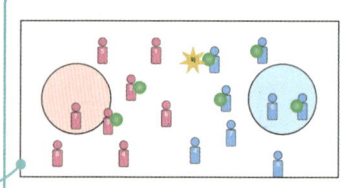

❺ 부활 방법

- 감옥에 있는 같은 팀 사람에게 공을 패스하여 받으면 부활한다. 공을 잡지 못하면 부활하지 못한다. 바닥에 튀기거나 굴러서 온 공을 잡아도 부활이 안 된다. 오직 공중으로 온 공을 잡아야 부활된다.

- 공을 잡아 부활하는 사람은 공을 한 손에 들고, 다른 한 손은 '반짝반짝' 흔들며 경기장 밖으로 돌아 우리 팀 진으로 가서 부활한다.
- 부활할 때는 가지고 있는 공을 다른 사람에게 패스하거나, 주변에 있는 다른 팀 사람을 맞히면 된다. 그런 다음 게임에 다시 참여한다.

❻ 우리 팀 공과 상대 팀 공의 구분이 없으며, 바닥에 굴러다니는 공은 아무 공이나 잡을 수 있다. 처음 시작할 때만 두 팀이 3개씩 나눠 가진 상태에서 시작한다.

❼ **승패** 게임 시간(3분)이 끝났을 때 더 많이 살아있는 팀이 승리한다.

 열정기백쌤의 수업 경험담

이 활동은 피구가 결합된 게임이므로 몸에 공을 직접 맞는다. 공은 '폼볼'처럼 맞아도 아프지 않은 것으로 선택한다. 안경을 쓴 학생은 반드시 안경을 벗고 참여한다.

이 게임은 부활할 때 신체활동 과제를 추가해서 신체 활동량을 늘리는 등으로 변형이 가능하다. 공의 개수도 조절할 수 있다. 공 6개가 너무 복잡하면 줄이고, 경기장이 크면 공 개수를 늘린다. 이 활동으로 던지고 받기 기능이 향상되므로, 던지고 받기가 들어있는 농구형 게임이나 야구형 게임 전에 리드업 게임으로 해도 좋다.

④ 그 외의 태그형 게임

태그형 게임에서 술래잡기, 꼬리잡기, 진놀이에 포함되지 않는 것들이 있는데, 이번에는 이 활동에 대해 알아보자. 이 활동들은 팀 간 경쟁이 아니면서 술래잡기보다 조금 복잡하다. 어떤 활동은 피구와 융합된 활동도 있다.

추격자

활동 소개

이 활동은 쪽지에 있는 사람을 추격해서 아웃시키는 게임이다. A가 누군가를 추격하면 다른 누군가도 A를 추격할 수 있다. 쫓고 쫓기는 관계이기 때문에 항상 긴장의 끈을 놓을 수 없어서 더 재미있다.

기본 사항

- 인원 10~30명　● 소요 시간 10분
- 준비물 원마커(참여 인원의 2/3만큼 준비), 콘 4개
- 경기장
  - ㉮ 사각형의 경기장(체육관, 운동장 등)
  - ㉯ 동서남북 방향에 라바콘 4개를 놓는다. 라바콘은 '공격 시작점'이다.
  - ㉰ 원마커를 경기장 중간중간에 놓는다. 원마커는 '안전지대'이다.

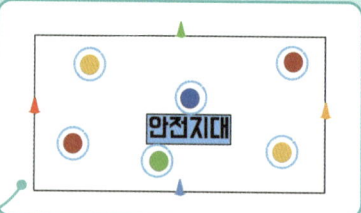

활동 순서

❶ 학생들의 이름을 적은 쪽지를 바구니에 넣는다.

❷ 각자 쪽지를 뽑는다. 쪽지에 적혀있는 사람을 추격해서 태그(터치)해야 한다.

❸ 게임 시작 전에 여기저기에 흩어져 있는다. 처음부터 안전지대에 들어가 있어도 된다.

❹ 게임이 시작하면 쪽지에 적혀 있는 사람을 추격한다. 바로 추격해도 되고 눈치를 보면서 나중에 추격해도 된다.

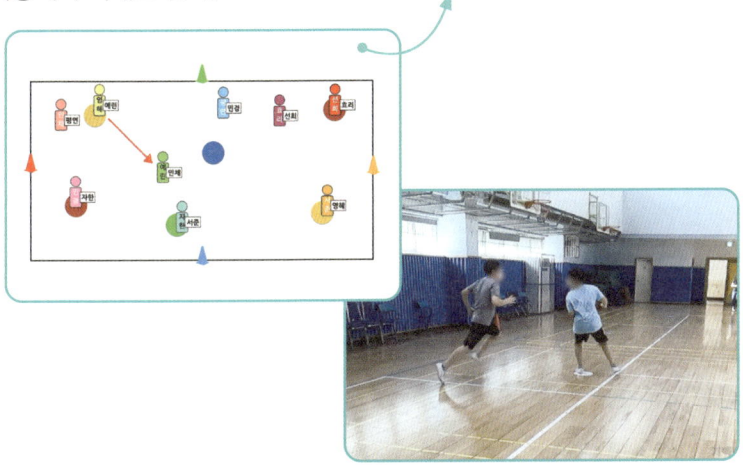

[안전지대 이용 규칙]

- 무섭다면 안전지대에 들어가면 된다. 안전지대는 1명만 들어갈 수 있다.

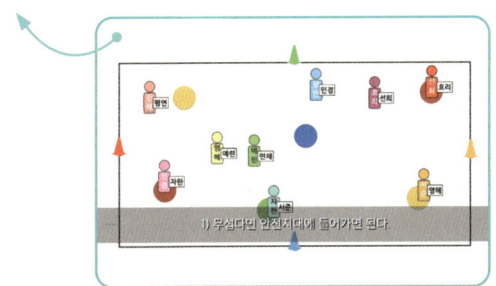

- A를 추격하는 사람은 안전지대에 있는 A를 터치하지 못한다.
- 다른 사람이 와서 "방 빼."라고 말하면 안전지대에서 나와야 한다. 안전지대에서 나와 다른 안전지대에 갈 수 있다. 그곳에 다른 사람이 있다면 "방 빼."라고 말하고 그

사람이 빠지면 해당 안전지대로 들어가면 된다. 단, 방금 나왔다면 바로 들어갈 수는 없다. 다른 곳을 거쳐 가야 한다.

❺ 추격해야 할 사람을 터치한 경우, 그에게 그의 이름이 적힌 쪽지를 보여준다. 둘이 '몸으로 하는 가위바위보'를 한다. 이때 가위바위보 결과에 따라 다음 2가지 상황이 발생한다.

[추격자가 이긴 경우]
- 터치당한 사람(도망자)은 자기가 가지고 있는 쪽지를 추격자에게 주고 아웃된다.
- 승리한 추격자는 다른 사람을 추격한다.
- 아웃된 사람은 안전지대(원마커)를 하나 빼서 경기장 외곽에 원마커를 깔고 앉는다. 주변 원마커에 누군가 서 있을 경우 "방 빼."라고 말한 다음 원마커를 확보하면 된다.

[도망자가 이긴 경우]
- 도망자는 그 자리에서 바로 다른 곳으로 도망간다.
- 추격자는 동서남북 중에 가까운 '공격 시작점'을 터치한 다음 도망자를 추격할 수 있다.

❻ 이 게임은 끝이 명확하지 않다. 아웃된 사람이 많아져 안전지대가 경기장 안에서 다 사라지면 게임을 종료한다. 그때까지 살아남은 사람을 칭찬하며, 이름 적힌 쪽지를 걷어서 새로 뽑고 게임을 다시 시작한다.

열정기백쌤의 수업 경험담

이 게임을 하다 보면 아주 드물게 A가 B를, B가 A를 뽑을 때가 있다. 이 경우 가위바위보에서 진 사람은 아웃된다. 가위바위보에서 이긴 사람은 '건물주'가 되어 안전지대에 있는 사람에게 계속 "방 빼."라고 말하는 역할을 한다. 즉, 건물주는 자신의 이름을 갖고 있어서 자신이 쫓는 대상이 없고, 자신을 쫓아오는 대상도 없다. 건물주는 게임을 빨리 진행하도록 한다.

특히 이 게임은 학기 초에 하면 좋다. 학생들이 게임을 하면서 서로의 이름을 더 빨리 외운다.

킬러 & 힐러

활동 소개

이 활동은 술래잡기인데 두 팀이 대결하는 태그형 게임이다. 각 팀은 킬러, 도망자, 힐러, 이렇게 3가지 역할로 구성된다. 킬러(Killer)는 상대팀을 태그해서 아웃시키는 역할을 한다. 도망자는 최대한 살아남기 위해 도망 다닌다. 힐러(Healer)는 아웃된 우리 팀을 부활시키는 역할을 한다. 정해진 시간 동안 어떤 팀이 더 많이 살아있는지를 겨루는 생존형 술래잡기 게임이다.

기본 사항

- **인원** 12~30명 **소요 시간** 10분
- **준비물** 킬러용 봉망치(또는 플레이스틱), 팀 조끼(2종)
- **경기장** 사각형의 활동 공간을 정해준다.

활동 순서

❶ 참여자를 두 팀으로 나눈다.

❷ 각 팀에서 킬러 1명, 힐러 1명을 뽑고 나머지는 도망자를 한다.

❸ 킬러에게는 봉망치를 주고, 힐러는 손목에 팀 조끼를 묶어 '힐러'라고 표시한다.

❹ 게임이 시작되면, 킬러는 상대팀 도망자를 쫓아가 태그해서 아웃시킨다. 이때 도망자는 태그당하지 않기 위해 이리저리 도망 다닌다.

❺ 도망자는 아웃되면 경기장 밖으로 나가 신체활동 과제(점핑잭 10회)를 한다. 신체활동 과제를 다 하면 힐러를 기다린다.

❻ 힐러는 부활을 기다리는 우리 팀 도망자에게 가서 터치하며 부활시켜준다. 즉, 도망자는 아웃되면 신체활동 과제를 한 후 힐러의 터치를 받은 후 경기장 안으로 들어가 게임에 다시 참여할 수 있다.

❼ **승패** 경기 시간(5분)이 지났을 때 살아남은 도망자가 많은 팀이 승리한다.

열정기백쌤의 수업 경험담

이 게임은 킬러와 힐러의 비율이 중요하다. 참여자의 인원수에 따라 킬러와 힐러를 1~2명으로 할 수 있다. 또는 킬러와 힐러의 비율을 1:1 또는 2:1로 조절할 수 있다. 교사가 학생들과 여러 번 게임을 하며 우리 학급에 맞는 비율을 찾아보자.

이 게임을 할 때 주의사항은 킬러가 상대팀 도망자를 태그할 때 너무 세게 하지 않도록 한다. 게임을 할 때마다 역할을 바꾸면서 하면 더 재미있다.

너구리다

너구리다!! 1탄

#술래잡기 #태그형게임 #전래놀이

너구리다! 1탄

너구리다! 2~3탄

활동 소개

다람쥐가 너구리를 피해 이동하는 게임이다. 술래가 "너구리다!"라고 외치면 다람쥐들이 다른 집으로 도망친다. 이때 다람쥐가 너구리에게 잡히면 술래가 된다. 가볍게 친구를 쫓으며 공터, 운동장, 체육관에서 친구들과 재미있게 할 수 있는 동네 놀이이다. 1탄은 저학년부터 고학년까지 모두 할 수 있는 기본 활동이고, 2탄과 3탄은 순간적인 판단력과 순발력이 가미된 변형 게임이다.

기본 사항

- **인원** 12~30명 **소요 시간** 10분
- **준비물** 킬러용 뿅망치(또는 플레이스틱), 팀 조끼(2종)
- **경기장** 사각형의 활동 공간을 정해준다.

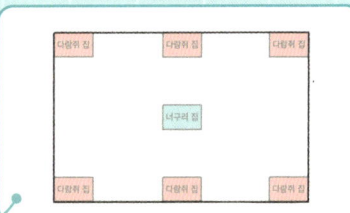

활동 순서

1탄 기본 활동

❶ 가위바위보로 너구리(술래)를 1명 정하고, 나머지는 다람쥐(도망자)가 된다.

❷ 다람쥐들은 집 안으로 들어가고, 너구리는 너구리 집으로 들어간다.

❸ 너구리가 있는 너구리 집에 서서 "너구리다!" 하고 외치면 다람쥐들은 원래 있던 집에서 나와 다른 집으로 이동한다. 이때 다람쥐 집에는 최대 2명까지 들어갈 수 있다.

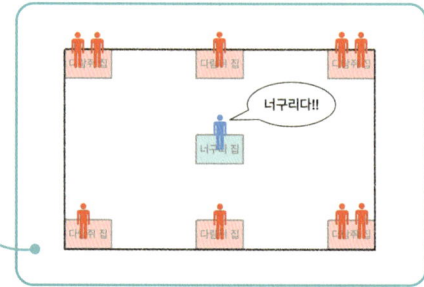

❹ 너구리에게 잡힌 다람쥐는 술래(너구리)가 된다. 만약 너구리가 다람쥐를 잡지 못하면 계속 술래 역할을 한다.

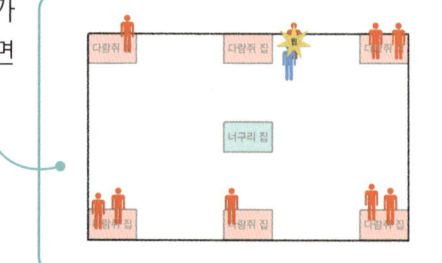

너구리에게 잡힌 다람쥐는 술래(너구리)가 된다

2탄 말장난 너구리다!

❶ 술래는 "너구리다!"와 "너구리 아니다!", "뱀이다!", "사자다!"처럼 다른 말을 외칠 수 있다.

❷ "너구리다!"라고 외치면 1탄처럼 활동한다.

❸ "너구리 아니다!", "뱀이다!", "사자다!"라고 외쳤는데 다람쥐가 한 발이라도 움직이면 움직인 다람쥐가 술래가 된다.

❹ 움직인 다람쥐가 많은 경우 가위바위보로 술래를 정한다.

3탄 거꾸로 마법 너구리다!

❶ 2탄에 '거꾸로 마법'을 건다.

❷ "지금부터 거꾸로 마법이야!"라고 말하면 2탄에서 말한 것과 반대로 생각하고 움직여야 한다.

❸ '거꾸로 마법'에 걸렸으니 "너구리다!"라고 외쳤을 때 움직이면 안 된다.

❹ 반대로 "너구리 아니다.", "뱀이다.", "사자다."라고 외치면 움직여야 한다.

❺ 움직이면 안 되며, 움직이면 술래가 된다.

❻ "거꾸로 마법 해제!"라고 외치면 2탄 상태로 돌아간다. 다시 '거꾸로 마법'을 하고 싶으면 "거꾸로 마법이야!"라고 외치면 된다.

❼ 그 외에는 원래 규칙과 동일하게 진행한다.

열정기백쌤의 수업 경험담

　이 활동은 가벼운 태그형 게임으로 저학년부터 고학년까지 즐겁게 할 수 있다. 우선 1탄으로 시작하고 학생들이 게임에 점점 익숙해져 지루해하면 2탄과 3탄을 소개한다.

　참여 인원이 많다면 한 집에 있을 수 있는 인원을 3명으로 늘리거나 집의 개수를 6개 이상으로 더 늘릴 수 있다. 또한 경기장 모양을 직사각형, 정사각형, 원으로 다양하게 바꿀 수 있다.

　학생들의 신체 활동량을 늘리고 싶다면 너구리가 되었을 때 신체활동 과제(스쿼트 5회, 점핑잭 5회 등)를 준다. 고학년들이 경기에 활발하게 참여하지 않을 때 신체활동 과제를 주어 긴장감을 불어넣는다.

아바타 게임

#술래잡기 #태그형게임 #코코술래잡기   기백반

활동 소개

이 게임은 인도의 전통 놀이 '코코'를 기반으로 초등학생 수준에 맞게 변형한 활동이다. 활동 이름이 '아바타'인 이유는 술래가 도망자를 계속 쫓는 것이 아니라 "아바타!"라고 외치며 다른 사람이 자신의 아바타가 되어 도망자를 쫓기 때문이다. 도망자는 사람들 사이를 요리조리 피해 다니는 재미가 있고, 술래 입장에서는 술래가 계속 바뀌기 때문에 지루하지 않고, 체력을 안배할 수 있어 좋다.

기본 사항

- **인원** 12~30명   • **소요 시간** 10~15분
- **준비물** 원마커(참여자의 1/2), 콘 2개
- **경기장** 사각형의 활동 공간을 정하고, 가운데 원마커를 놓는다.

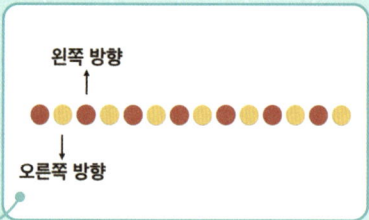

활동 순서

❶ 약 4~5명씩 모둠을 구성한다.

❷ 한 모둠이 도망자를 하고 나머지 모둠이 술래를 한다.

❸ 술래들은 경기장 중간에 있는 원마커에 선다. 이 때, 앞에서부터 왼쪽 방향, 오른쪽 방향, 번갈아 가며 선다.

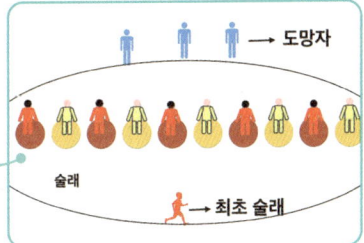

❹ 가운데 선을 기준으로 한쪽에 도망자 3명이 서고, 그 반대편에 최초 술래자 1명이 선다.

❺ 시작 신호와 함께 술래가 도망자를 쫓기 시작한다.

❻ 도망자는 가운데 있는 술래 사이사이를 가로질러 도망 다닐 수 있다.

❼ 술래는 자기가 바라보고 있던 한쪽 영역에서만 움직일 수 있다.

❽ 도망자가 자기 영역이 아닌 쪽으로 도망가면 반대편에서 움직일 수 있는 술래의 등을 밀며 "아바타!"라고 외친다. 등이 떠밀린 술래는 자기 영역 쪽에 있는 도망자를 쫓아간다.

❾ 도망자가 아웃되면 경기장 밖으로 나온다.

❿ **승패** 한 모둠이 아웃될 때까지 시간을 측정하며, 가장 오래 살아남은 모둠이 승리한다.

열정기백쌤의 수업 경험담

모두 아웃될 때까지 경기를 하다 보면 기능이 뛰어난 학생이 아웃되지 않아 자칫 지루해진다. 그럴 때는 약 3분의 제한 시간을 두어 몇 명이 살아남는지를 겨루면 지루함을 피할 수 있다.

이 게임에 익숙하지 않은 아이들은 "아바타!"라고 외치지 않으니 크게 외치도록 지도한다. 또한 가운데 있는 술래들이 자기가 왼쪽 방향을 봐야 하는지 오른쪽 방향을 봐야 하는지 헷갈려한다. 그럴 때는 원마커 색깔을 통일한다. 예를 들어, 왼쪽 방향은 빨간색, 오른쪽 방향은 노란색으로 통일한다.

사냥꾼을 피해라
피구와 술래잡기가 합쳐진 재밌는 놀이

기백반 **체육** 교실

#술래잡기, #피구, #실내체육

활동 소개
이 활동은 피구와 술래잡기가 합쳐진 게임으로, 술래인 사냥꾼은 공을 던져 동물을 잡고 동물들은 도망 다닌다. 그러다가 공에 맞으면 나무가 되고, 다른 동물들이 도와주면 다시 동물로 부활하는 게임이다. 피구처럼 공을 던지고 피하며 술래잡기를 하는 스릴 넘치는 활동이다.

기본 사항
- **인원** 10~30명 **소요 시간** 5~10분
- **준비물** 폼볼 3개, 훌라후프 4개, 팀 조끼
- **경기장**
  - ㉮ 체육관이라면 전체를 사용하고 운동장에서는 사각형 구역을 정해준다.
  - ㉯ 경기장에 훌라후프 4개를 적당히 떨어뜨려 놓는다.

18명 기준 / 사냥꾼 3명 / 훌라후프 4개 / 나머지는 동물

활동 순서

❶ 18명을 기준으로 사냥꾼을 3명 뽑고 나머지 친구들은 동물이 된다.

❷ 활동이 시작되면 사냥꾼은 공을 들고 뛰어다니며 동물들에게 공을 던져 맞히고, 동물들은 사냥꾼을 피해 도망 다닌다.

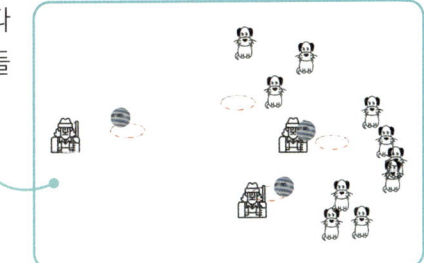

❸ 사냥꾼이 던진 공을 맞은 동물은 나무가 되어 양팔을 벌리고 서 있는다.

❹ 나무는 살아있는 동물이 터치하면 팔 하나를 내리고, 다른 동물이 와서 또 터치하면 팔을 완전히 내리고 다시 동물로 부활한다. 즉, '땡'을 2번 해주어야 한다.

❺ 훌라후프는 힘든 동물이 쉴 수 있는 쉼터이다. 쉼터에서 쉬고 있는데 다른 동물이 와서 나가라고 하면 나가서 도망 다녀야 한다.

❻ 쉼터에서 쉬고 있는 동물은 그냥 자기 발로 나갈 수도 있다.

❼ 사냥꾼은 활동하다가 힘들면 동물을 공으로 맞히고 "네가 술래해."라고 말하며 술래를 교체할 수 있다. 이렇게 선택받은 동물은 사냥꾼(술래)이 되고, 사냥꾼은 동물이 된다.

열정기백쌤의 수업 경험담

저학년부터 고학년까지 1시간의 체육 시간을 즐겁게 보낼 수 있는 활동이다. 초등학생들이 가장 좋아하는 피구가 들어가서 학생들의 만족도가 상당히 높다. 술래잡기의 특성상 끝이 명확하지 않으니 교사가 적당히 끝내며 역할을 새로 뽑는다.

단, 사냥꾼이 공을 던질 때 얼굴을 향해 던지지 않도록 한다. 동물들이 쉼터(훌라후프)에서 쉬다가 쫓겨나면 다른 훌라후프로 가야 한다. 자신이 있던 훌라후프에는 그 즉시 들어가지 못하고 다른 곳을 들렀다가 다시 와야 한다. 이는 운동량을 늘리려는 목적이다.

사각 협력 술래잡기

활동 소개

이 게임은 인도의 전통놀이인 코코 술래잡기와 포스퀘어의 경기장을 융합해서 만든 새로운 술래잡기이다. 술래잡기이기 때문에 쫓는 술래 팀과 도망 다니는 도망자 팀이 있다. 이 게임에는 중요한 규칙 3가지가 있다.

① 술래 팀은 자신이 있는 작은 사각형 구역에서만 움직일 수 있고, 다른 구역으로는 가지 못한다.

② 도망자 팀은 술래 팀을 피해 모든 사각형 구역을 이동할 수 있다.

③ 술래 팀 중에 터치용 팀 조끼를 가지고 있는 사람만 도망자 팀을 태그해서 아웃시킬 수 있다. 터치용 팀 조끼가 없다면 도망자를 태그할 수 없다.

이 3가지 규칙을 지키며 두 팀 간 경쟁 구도로 재미나게 태그형 게임을 할 수 있다.

기본 사항

- **인원** 8~30명 **소요 시간** 10분
- **준비물** 팀 조끼(두 팀이 입을 만큼의 조끼 + 터치용 팀 조끼 2개), 콘 및 원마커
- **경기장** 밭 전(田) 자 모양으로 사각형 구역이 4개 나오도록 콘이나 원마커로 표시한다.

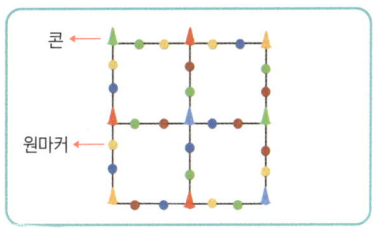

활동 순서

❶ 두 팀으로 나누고 누가 먼저 공격할지 정한다.

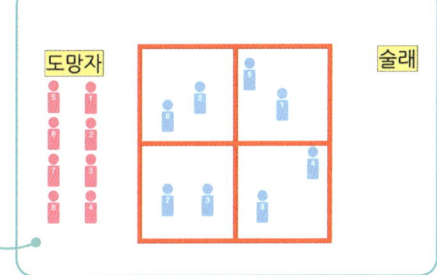

❷ 도망자 팀은 4개 중 한 사각형에 모두 들어가고, 술래 팀은 참여 인원을 4개 그룹으로 나누어 각 작은 사각형에 골고루 들어간다.

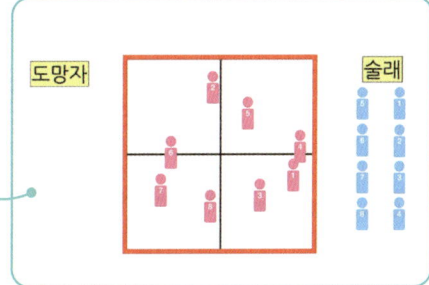

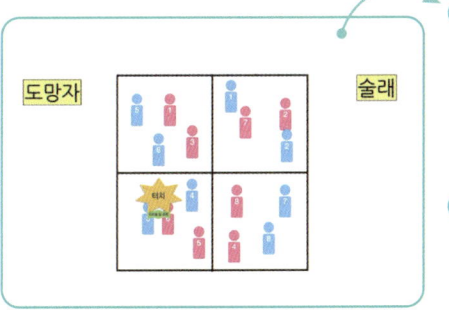

❸ 도망자 팀이 있는 구역의 대각선에 있는 술래에게 터치용 팀 조끼 2개를 준다. 이 터치용 팀 조끼를 가진 사람만 상대팀을 태그해서 아웃시킬 수 있다.

❹ 게임이 시작하면 술래 팀은 도망자 팀이 있는 구역으로 터치용 팀 조끼를 이어주며 도망자를 쫓는다.

❺ 이때 터치용 팀 조끼는 손에서 손으로 건넬 수도 있고, 공중으로 띄워 패스할 수도 있다. 다만, 바로 옆에 있는 구역으로만 이동할 수 있고, 대각선으로 바로 이동하는 것은 허용하지 않는다.

❻ 도망자 팀도 술래 팀을 피해 다른 구역으로 이동한다. 이때 바로 옆 구역으로만 이동할 수 있고, 대각선으로 바로 이동할 수 없다.

❼ 술래에게 태그당해 아웃된 도망자는 경기장 밖으로 나와, 손을 '반짝반짝' 흔들며 아웃되었음을 밝히고, 상대팀 점수판을 하나 올린다. 그 후, 다시 경기장으로 들어와 부활한다. 부활 장소는 어디든 상관없다.

❽ **승패** 3분 동안 해보고 역할을 바꾸어 다시 3분 동안 진행한다. 그리고 나서 두 경기의 점수를 비교하여 승리 팀을 뽑는다.

열정기백쌤의 수업 경험담

아웃이 있는 활동을 할 때 교사는 항상 부활시켜줄 방법을 생각해야 한다. 터치용 팀 조끼를 1개로 연습한 다음, 2개로 늘려 정식 게임을 하면 학생들이 게임에 잘 적응한다.

이 게임은 최소 8명 이상이어야 한다. 8명이면 술래팀이 사각형에 1명씩 들어가고 나머지 도망자 팀 4명이 도망다닌다. 학급수가 30명 이상이면 경기장 크기를 넓히고, 사각형 안에 들어가는 술래 팀 인원을 늘린다. 터치용 팀 조끼도 3개로 늘려 게임을 진행한다.

이 게임의 규칙 중에 대각선으로 이동하지 못하는 이유는 동시에 대각선으로 이동하다가 충돌해서 다칠 우려가 있기 때문이다. 따라서 게임을 변형할 때 이 부분은 변형하지 않는 것이 좋다. 그리고 아웃당하면 손을 '반짝반짝' 흔들며 경기장 밖으로 나간다. 그렇지 않으면 술래 팀이 아웃인지 아닌지 구분하지 못해 계속 터치할 수 있고, 자칫 학생들 간 다툼으로 번질 수 있다.

아웃된 학생을 어떻게 부활시켜줄까?

체육 활동 중에 아웃되면 참여하시 못하는 것들이 꽤 있다. 특히 게임 초반에 탈락하면 한참 동안 우두커니 앉아 기다려야 한다. 이것은 실제 활동 시간이 많아야 의미 있는 체육 수업이라는 관점에서 보면 지양해야 한다. 따라서 탈락한 학생들이 부활하여 다시 게임에 참여하도록 몇 가지 규칙을 만들어두자.

개인전이라면 신체활동 과제를 부여하여 부활시킨다. 태그형 게임을 할 때 술래에게 잡혀 아웃되면 점핑잭을 10회 하고 부활하는 식으로 과제를 제시한다. 이렇게 하면 신체 활동량이 늘어나고 부활도 할 수 있다.

팀 전이라면 상대팀의 점수를 올리고 부활하도록 한다. 상대팀이 태그해서 아웃된 경우 상대팀의 점수를 올리고 부활하면 점수가 올라간 상대팀도 괜찮고, 부활하는 친구도 계속 참여할 수 있어 좋다. 아웃이 있는 활동을 할 때 교사는 항상 부활시켜줄 방법을 생각해야 한다.

바람개비 달리기 게임

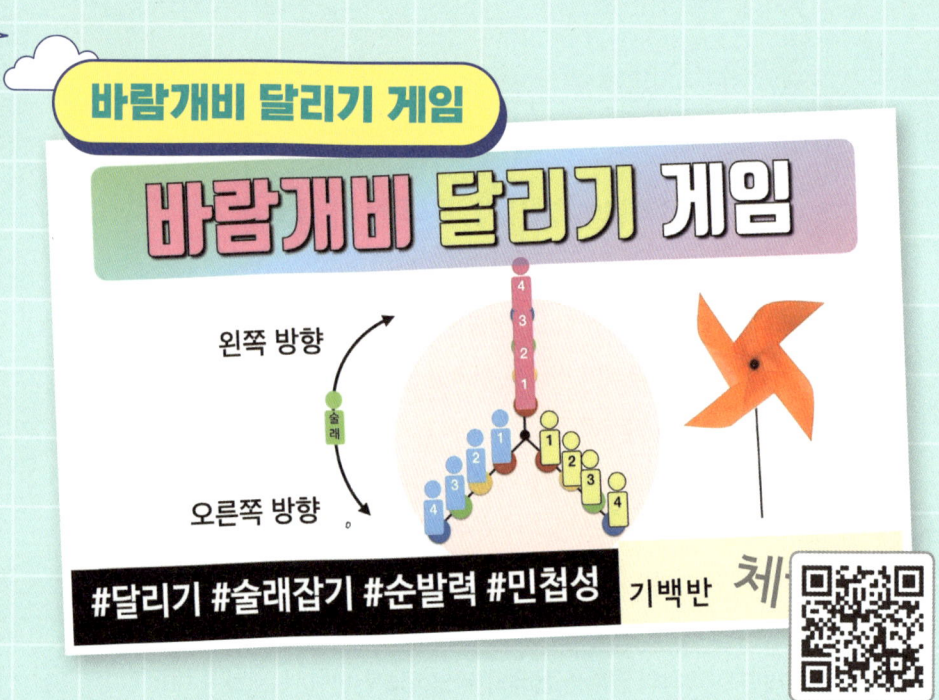

활동 소개

바람개비 모양처럼 줄을 만들고, 술래가 터치한 줄에 있는 친구들이 술래와 함께 한 바퀴를 도는 활동이다. 한 바퀴 돈 다음에 자리를 차지하지 못한 친구가 술래가 되는 쫄깃쫄깃한 게임이다. 술래가 지정한 방향으로 뛰다보면 민첩성과 순발력을 기를 수 있으며, 가볍게 달리기를 이용한 게임이 필요할 때 유용하다.

기본 사항

- **인원** 10~30명
- **소요 시간** 10분
- **준비물** 원마커(참여 인원수만큼)
- **경기장** 원의 중심을 기준으로 원마커를 3줄, 120도 간격으로 학급 인원수만큼 놓는다.

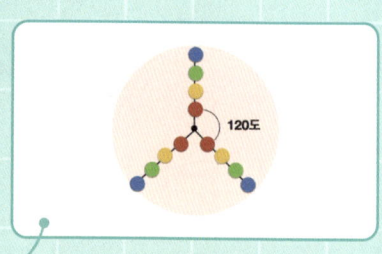

활동 순서

❶ 참여자를 3개 줄로 만들어 원마커 위에 서게 한다.

❷ 술래는 왼쪽과 오른쪽 방향에 상관없이 원을 그리며 돈다.

❸ 술래가 어떤 줄의 맨 뒷사람을 터치하며 "왼쪽", 또는 "오른쪽"을 외친다.

❹ 술래가 터치한 줄의 모든 사람은 술래가 말한 방향으로 한 바퀴를 돈다.

❺ 한 바퀴 돌아 각자 자리를 차지하는데, 자리를 차지하지 못한 친구가 술래가 된다. 술래가 되면 신체활동 과제로 개구리 점프 3회를 하고, 다음 게임을 이어간다.

열정기백쌤의 수업 경험담

　이 활동은 단계적으로 지도한다. 처음에는 방향을 한쪽으로만 정하고, "따라와."라고 외치며 터치한다. 이렇게 난이도를 낮춰 한쪽 방향으로 한 다음, 익숙해지면 왼쪽 또는 오른쪽 방향 모두 활용하여 진행한다.

　한정된 자리에 들어가는 게임이라 술래가 되지 않기 위해 무리하게 미는 경우가 발생할 수 있다. 혹시 다칠 수 있으니 무리하지 않도록 주의를 환기하고 시작한다.

(9장)

공동체 의식을 기르는 모둠별 협력 활동

체육 교과의 목적은 여러 가지가 있지만 그중 하나는 학생들에게 협동심과 공동체 의식을 심어주는 것이다. 그래서 필자는 모둠 활동을 많이 하는 편이다. 체육 교과를 '모둠 세우기'의 방법으로 운영할 때도 있다. 협력적인 활동은 혼자 할 때보다 함께 하는 데 의의가 있다. 무엇보다 모둠별 협력 활동을 하다 보면 낭만 체육이 실현된다.

협동적인 체육 활동에는 어떤 것들이 있을까? 언뜻 생각해보면 2인 3각이 있다. 혼자가 아닌 함께 해서 목표를 이루는 활동이 협동적인 체육 활동이다. 그 외에 여러 갈래의 활동이 있다. 협동하는 체육 활동은 다음 3가지로 나눌 수 있다.

❶ 부분의 노력으로 전체의 합이 되는 활동

❷ 함께 움직이며 공동의 목표를 위해 노력하는 활동

❸ 같은 팀 친구를 배려하고 도와주는 활동

❶ 부분의 노력으로 전체의 합이 되는 활동

모둠원 개개인의 노력이 모여 우리 모둠의 결과가 되고, 다른 모둠과 승패를 비교하는 활동이다. 몸을 맞대거나 동시에 활동하지는 않지만 개개인이 최선을 다하지 않으면 다른 모둠보다 결과가 좋지 않아 패배한다.

우리가 흔히 하는 릴레이 달리기가 여기에 속한다. 우리 모둠의 승리를 위해 자기 차례가 되었을 때 최선을 다해야 하며, 그렇지 않으면 우리 팀이 패배한다. 여기에서 '협력'이 발생한다.

피자 나르기

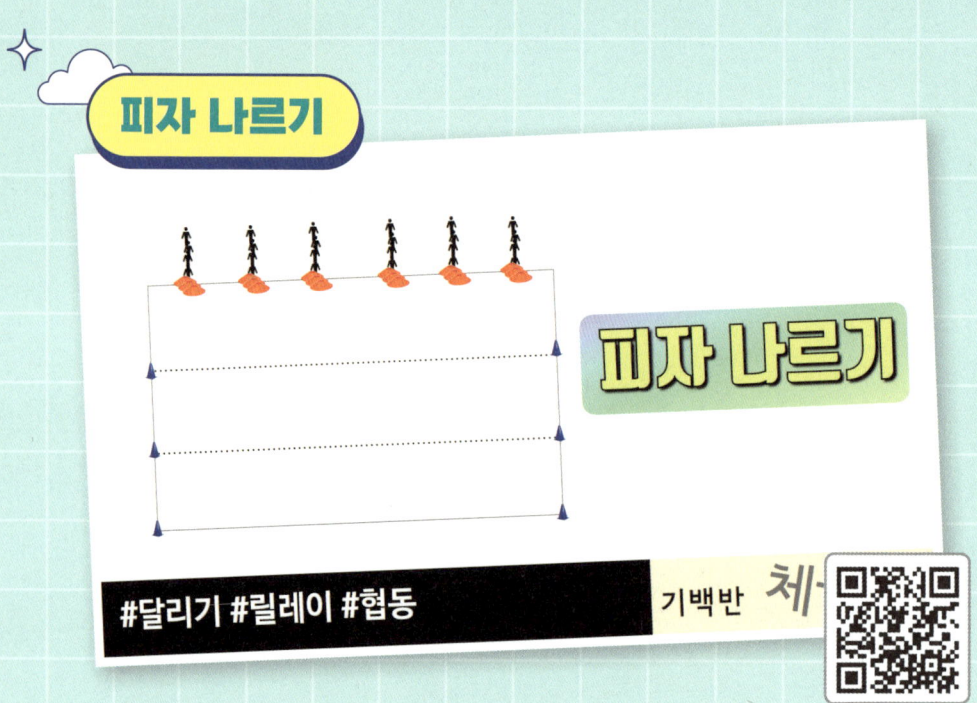

#달리기 #릴레이 #협동

활동 소개
이 활동은 농구 훈련을 할 때 많이 하는 왕복 달리기를 접시콘과 접목해서 만든 활동이다. 접시콘을 피자라고 생각하고 나르는 활동이라 '피자 나르기'가 되었다. 왔다 갔다 빠르게 달려야 하기 때문에 순발력과 민첩성을 기르기에 좋다.

기본 사항
- **인원** 8~30명 **소요 시간** 5분
- **준비물** 접시콘, 콘
- **경기장** 출발선을 정하고, 체육관에 있는 선을 이용하여 직사각형을 3등분 하여 접시콘을 놓고 돌아올 곳을 콘으로 표시한다.

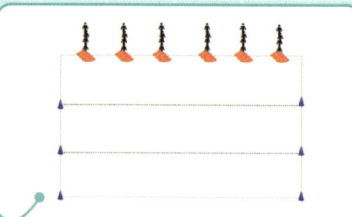

활동 순서

① 각 모둠에서 달릴 순서 1~4번을 정한다.

② 1번 주자가 접시콘 3개를 들고 뛸 준비를 한다.

③ 게임이 시작하면 1번 주자가 접시콘을 3군데 지점에 놓고 출발선으로 돌아온다. 이때, 한 번에 놓고 오는 것이 아니라, 하나를 놓고 출발선으로 돌아왔다가 다음 장소로 출발한다.

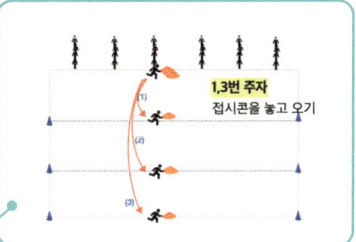

④ 1번 주자가 마지막 지점에 접시콘을 놓고 돌아올 때 2번 주자와 손터치를 한다.

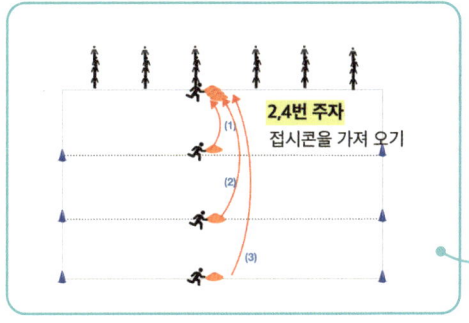

⑤ 2번 주자가 출발하여 접시콘을 가지고 돌아온다. 이때도 한 번에 회수하는 것이 아니라 하나를 주우면 출발선으로 돌아왔다가 다음 장소로 간다.

⑥ 3번 주자는 1번 주자와 동일, 4번 주자는 2번 주자와 동일하게 활동한다.

⑦ **승패** 가장 빨리 끝난 모둠이 승리한다.

열정기백쌤의 수업 경험담

정해놓은 지점까지 확실하게 가서 무릎과 허리를 숙여 접시콘을 놓아야 운동이 제대로 된다. 학생들이 가는 도중에 접시콘을 던지지 않도록 지도한다. 또한 출발선까지 확실히 돌아와서 발이 출발선 안으로 들어왔다가 다시 가야 한다. 교사가 이를 모두 신경 써서 지도해야 한다. 활동이 힘들어서 제대로 참여하지 않는 학생도 있으니 주의 깊게 관찰한다.

공 배턴 협력 이어달리기

#협력, #이어달리기, #체육관, #운

활동 소개

공 배턴 협력 이어달리기는 공을 배턴 삼아 이어달리기를 하여, 앞의 모둠을 따라잡는 활동이다. 제목에 '협력'을 붙인 이유는 학생들의 머리 위에서 아래로 공을 전달하는 협력 활동이 들어가기 때문이다. 이 활동의 목적은 심폐지구력을 기르고, 협력을 통해 공동체 의식을 기르는 데 있다.

기본 사항

- **인원** 12~30명   **소요 시간** 10분
- **준비물** 공, 팀 조끼, 콘 및 접시콘(라인 표시)
- **경기장** 경기장은 원마커나 접시콘으로 원을 만든 후, 세 팀이 일렬로 서있는 곳에 콘으로 표시한다. 이때, 세 팀이기 때문에 120도 간격으로 콘을 놓는다.

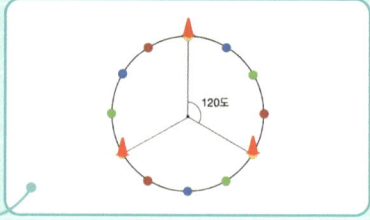

활동 순서

❶ 세 팀으로 나눈다. 번호를 정해 일렬로 서고, 맨 앞사람에게 공을 준다.

❷ 게임이 시작되면 맨 앞사람이 공을 들고 반시계방향으로 한 바퀴 뛴다.

❸ 한 바퀴를 돌아 우리 모둠으로 와서 앞에 있는 친구에게 공을 전달하고 맨 뒤로 뛰어간다.

❹ 공을 받은 맨 앞사람은 뒷사람에게 머리 위로 공을 전달한다. 그다음 사람들도 그렇게 하다가, 공을 놓치면 놓친 사람부터 다시 시작한다.

❺ 공을 받은 맨 뒷사람은 모둠원들이 다리를 벌려 만든 다리 터널로 공을 앞으로 굴려 통과시킨다. 만약 공이 다른 쪽으로 가면 공이 아직 통과되지 않은 사람이 공을 주워 다리 터널로 다시 굴린다.

❻ 다시 공을 받은 맨 앞사람은 한 바퀴를 뛴 후 앞에서 설명한 협력 활동을 한다.

❼ 세 모둠이 경기를 해서 앞 팀을 따라잡는 팀이 승리한다.

❽ 이긴 팀(따라잡은 팀)에게 점수를 주거나, 진 팀(따라잡힌 팀)에게 신체활동 과제를 줄 수 있다.

예1 앞 모둠을 따라잡으면 4점을 얻는다.

예2 모둠의 인원이 다 돌았는데 앞 팀을 따라잡지 못했을 경우 1등은 3점, 2등은 2점, 3등은 1점을 가져간다.

열정기백쌤의 수업 경험담

이 활동을 하기 전에 준비운동 겸 연습으로 제자리에서 공을 머리 위로 전달하고 다리 사이로 통과하는 연습을 한다. 그러면 이 활동을 잘할 수 있다.

게임을 진행하다 보면 한 팀이 계속 따라잡히는 경우가 있다. 이때는 뛰는 방향을 바꾸거나 세 팀의 배치를 섞는다. 배치를 섞을 때는 직전에 패한 팀에게 어느 위치로 가고 싶은지 물어본다. 학생들이 위치를 직접 선택하면 불만이 줄어든다.

지그재그 달리기

지그재그 달리기
콘 옆으로 지그재그 달리며 민첩성 기르기

활동 소개

이 활동은 순발력과 민첩성을 기르기 위해 개발되었다. 콘 10개를 지그재그로 놓고, 지그재그로 움직이며 한 바퀴를 돌아오면 된다. 처음에는 혼자 하며 방법을 익히고, 두 번째 활동에서는 모둠별로 한 바퀴씩 달리며 다른 모둠을 뒤쫓아간다.

기본 사항

- **인원** 2~30명 **소요 시간** 5분
- **준비물** 팀 조끼, 콘 10개(경기장 1개 기준), 원마커 2개
- **경기장** 콘 10개를 지그재그로 만든다.

시작점

활동 순서

[도전] 혼자서 뛰며 시간 단축하기

❶ 시작 라바콘의 오른쪽에 앉은 상태에서 왼손 손가락을 출발 콘에 대고 준비한다.

❷ 시작 신호에 맞춰 콘의 왼쪽과 오른쪽을 돌며 빠르게 달린다.

❸ 정해진 코스대로 콘을 돌아 처음 장소로 와서 시작점 콘을 터치한다.

❹ 이때 시간을 측정하면서 이를 단축하기 위해 계속 노력한다.

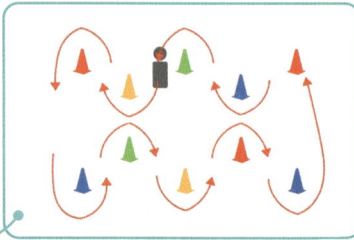

[경쟁] 둘이 반대에서 뛰며 따라잡기

❶ 모둠을 4명씩 나눈다.

❷ 4명이 뛸 순서를 정한다. 한 명이 한 바퀴를 뛰면 된다.

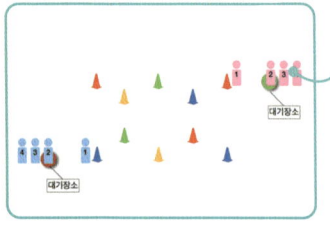

❸ 180도 지점에 두 팀이 위치한 후 1번 주자가 대기한다.

❹ 시작 신호에 맞춰 정해진 코스대로 콘을 돌아 앞사람을 추격한다.

❺ 한 바퀴를 돌면 2번 주자와 손 터치를 한다.

❻ 승패
- 12바퀴(한 사람당 3바퀴)를 뛰어 더 빠른 모둠이 승리한다.
- 중간에 뛰어가서 따라잡으면 바퀴 수와 상관없이 게임이 끝난다.

 열정기백쌤의 수업 경험담

두 팀이 경쟁하는 시합을 할 때 미리 나와있으면 다른 모둠 사람과 충돌할 수 있으니 상대편이 자기 모둠 앞을 지나가면 그때 출발 장소로 나온다. 그 전에는 대기 장소에 있어야 한다.

게임을 재미있게 하기 위해 두 팀 간 경쟁을 하고 이긴 팀끼리, 진 팀끼리 경쟁하는 토너먼트 방식으로 진행한다. 이 게임을 잘하려면 발에 급제동을 걸어 방향을 바꾸는 민첩성을 발휘해야 한다. 학생들에게 이를 가르친다.

숫자 릴레이

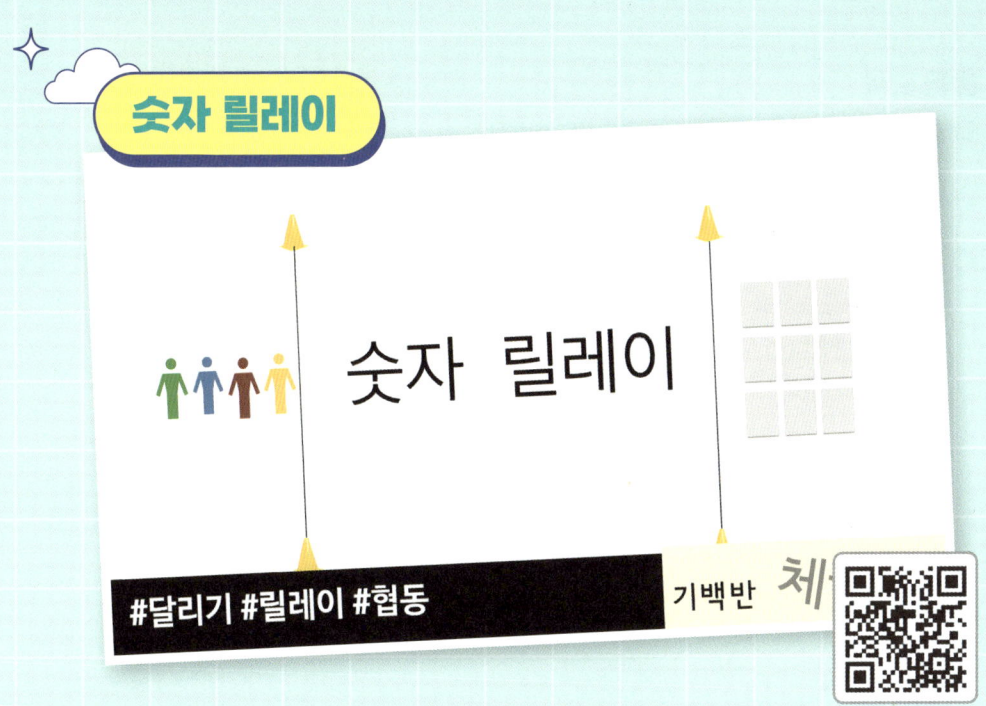

#달리기 #릴레이 #협동

활동 소개
이 활동은 무작위로 섞여 있는 숫자 카드를 1부터 9까지 순서대로 가져오는 활동이다. 모둠에서 한 명씩 가서 카드를 뒤집어볼 수 있으며, 그 정보를 모둠 친구들과 공유하여 공동의 목표를 달성하는 활동이다. 1부터 순서대로 가져와야 하기 때문에 기억력이 좋아야 한다. 활동에 열심히 참여하면 순발력과 협동심을 기를 수 있다.

기본 사항
- **인원** 4~30명   **소요 시간** 10분
- **준비물** 모둠별로 숫자 카드 set(1~9까지)
- **경기장** 출발선이 있고, 반환선에 숫자 카드를 3×3으로 배치한다.

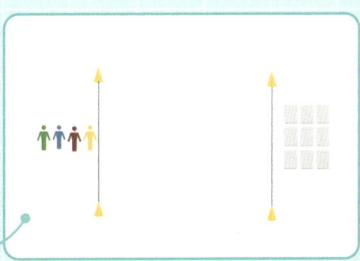

활동 순서

❶ 한 모둠에 4~5명씩 구성을 하고, 1번~끝번까지 순서를 정한다.

❷ 각 모둠별로 숫자 카드를 주고, 다른 팀에서 숫자 카드를 3×3으로 섞어서 배치한다.

❸ 게임이 시작되면, 1번 주자가 달려가서 숫자 카드 1장을 뒤집어 숫자를 확인한다. 이때 머리 위로 들어 다른 친구들도 확인한다.

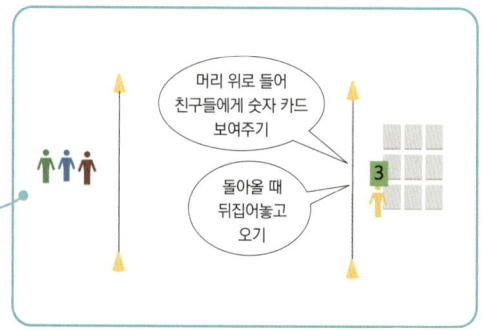

❹ 1이면 가져오고, 1이 아니면 다시 뒤집어 놓는다.

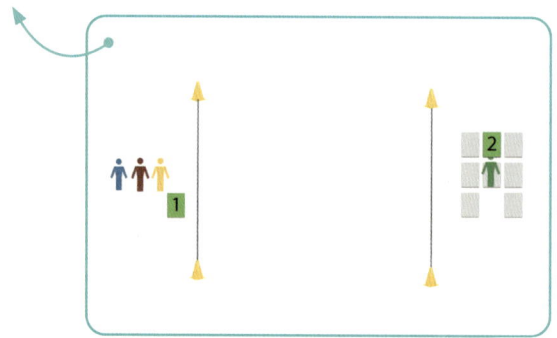

❺ 2번, 3번, 4번 친구들이 돌아가며 숫자 카드를 가지러 릴레이를 한다.

❻ **승패** 1부터 9까지 숫자 카드를 먼저 모으는 모둠이 승리한다.

열정기백쌤의 수업 경험담

숫자 카드의 순서를 1~9가 아니라 역수로 하거나, 홀수나 짝수로 해도 된다. 또는 다른 과목과 융합해서 숫자가 아닌 다른 단어로 변형할 수 있다. 한국사의 주요 사건 순서를 적용해서 게임을 진행해도 재미있다.

❷ 함께 움직이며 공동의 목표를 이루는 활동

협동하는 체육 활동의 두 번째는 함께 움직이며 공동의 목표를 이루는 것이다. 첫 번째 협동이 각자 개개인이 분절적으로 움직였다면, 이번에는 동시에 함께 움직이는 활동이다. 함께 움직이기 때문에 한 명이라도 제대로 참여하지 않으면 금세 좋지 않은 결과로 이어진다. 따라서 우리 팀의 승리를 위해 열심히 참여할 수밖에 없는 구조이다. 함께 움직이기 때문에 의사소통과 협력이 중요하다.

활동 소개

'애지중지 공 모시기'는 학생들이 모둠 친구들과 공을 결승점까지 빠르게 전달하고 뛰면서 공동체 의식을 기를 수 있다. 공을 전달하는 방법이 여러 가지이기 때문에 다양한 방법으로 전달하며 협동심을 기를 수 있다. 이 활동의 핵심 활동은 공을 전달하는 것과 각자가 팀을 위해 계속 열심히 뛰는 참여 의식이다.

기본 사항

- **인원** 8~30명   **소요 시간** 5분
- **준비물** 공, 팀 조끼, 콘
- **경기장** 출발선과 반환점에 콘을 놓는다.

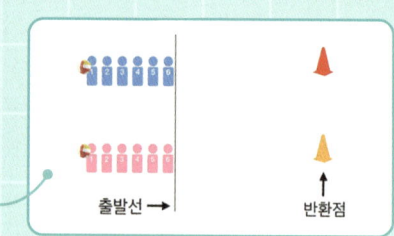

활동 순서

❶ 한 모둠에 4명씩 구성한다.

❷ 각 모둠별로 1, 2, 3, 4번 순서를 정한다.

❸ 출발선에 등지고 일렬로 선다. 이때, 4번이 출발선 바로 앞에 있고, 1번이 가장 멀리 있게 된다.

❹ 시작 신호에 맞춰 맨 앞에서부터 공을 머리 위로 들고 뒤로 전달한다.

❺ 공을 뒷사람에게 전달한 사람은 재빨리 뒤쪽으로 뛰어가서 자리를 잡고 공을 전달받는다. 공을 든 상태에서는 이동하지 못한다.

❻ 공을 계속 뒤로 전달해서 반환점을 돌아 다시 시작점까지 돌아온다.

❼ 승패 공이 결승선을 가장 빨리 통과한 순서대로 순위를 정한다.

열정기백쌤의 수업 경험담

경기를 하다 보면 순서가 엉키지만 괜찮다. 모둠에서 처음에 정한 순서를 꼭 지킬 필요는 없다. 다만 경기를 하다 보면 순서를 지키는 게 가장 빠른 길임을 알게 된다.

초등학교 저학년은 반환점을 돌지 말고 결승선을 통과하도록 하고, 고학년은 게임의 원래 규칙처럼 반환점을 돌아오도록 한다. 고학년 방법이 난이도가 더 높다.

공을 전달할 때는 머리 위로 전달하기, 다리 아래로 전달하기, 머리 위로·다리 아래로 전달하기, 한쪽(오른쪽 또는 왼쪽)으로만 전달하기, 왼쪽·오른쪽 번갈아 가며 전달하기 등 다양한 방법을 적용한다. 학생들이 좋아하는 방법으로 하면 게임을 더 오래 할 수 있다.

뛰는 방향도 다양하다. 뒤를 보고 할 수도 있고, 앞을 보고 할 수도 있다. 이렇게 하면 총 10가지 방법이 나온다. 변형 요소를 적용해 재미있는 체육 수업을 만들어보자!

협동 Up & Down 공 이어달리기

협동 Up & Down 공 이어달리기

#달리기 #릴레이 #협동 #공   기백반 체육

활동 소개
이 활동은 공을 주고받는 과정에서 공과 친해지기, 한마음 한뜻으로 공동의 목표를 위해 열심히 경기에 참여하며 협동심 기르기, 순발력 기르기 등 3가지 목표가 있다. 규칙이 까다롭지 않아 대부분의 학생들이 쉽게 참여하며, 학생들끼리 서로 노력해야 하는 활동이기 때문에 협력하는 모습이 자연스럽게 나온다.

기본 사항
- 인원 12명~30명
- 소요 시간 10분
- 준비물 공, 콘, 팀 조끼
- 경기장 콘 앞뒤 반환점에 콘 2개를 놓는다.

활동 순서

❶ 2~3모둠으로 구성한 뒤, 각 모둠별로 콘 사이에 한 줄로 선다.

❷ 맨 앞사람이 공을 가진 상태에서 시작한다.

❸ 게임이 시작하면 맨 앞사람은 뒷사람에게 머리 위로 공을 넘긴다.

❹ 뒷사람은 머리 위로 공을 받고 다리 사이로 뒷사람에게 보낸다. 이런 식으로 공을 위, 아래, 위, 아래로 넘긴다.

❺ 맨 마지막 사람은 공을 받으면 앞쪽 콘을 향해 뛴다. 앞쪽 콘을 한 바퀴 돈 다음에 뒤쪽 콘을 가서 돈다.

❻ 다시 맨 앞으로 와서 위, 아래, 위, 아래로 공 전달하기를 반복한다.

❼ **승패** 처음 시작한 사람에게 공이 도착하는 순간 경기가 끝난다.

열정기백쌤의 수업 경험담

모둠 구성을 할 때 인원수가 맞지 않는 경우가 있다. 이때는 많은 팀을 기준으로 한다. 예를 들어, 7명과 8명으로 나누었다면 7명 팀에서 1명이 한 번 더 해서 8번을 뛴다. 이때 7명 팀이 공을 위, 아래로 옮기는 횟수가 1회 적으므로 콘 거리를 앞뒤로 1m 정도 멀리 한다. 1명에 2m 차이가 나도록 하는 것이다.

한 학년 전체가 합동 체육으로 해도 좋다. 사전에 영상을 주고 각 학급별로 연습할 시간을 준다. 그러고 나서 가장 인원이 많은 학급을 기준으로 해도 재미있다.

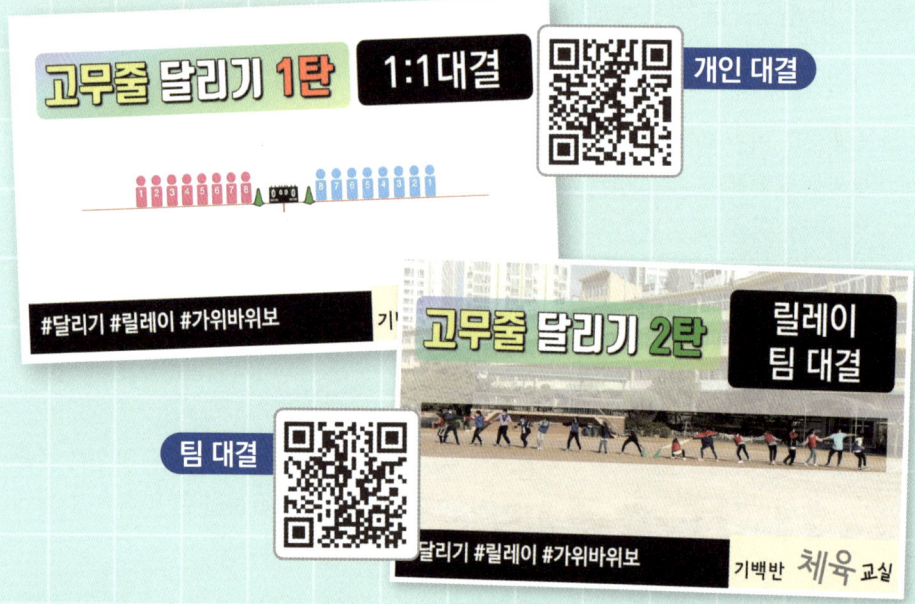

활동 소개

두 팀이 대결하는 달리기로 고무줄처럼 줄을 늘어났다 줄어들게 하는 활동이다. 그래서 이름이 '고무줄 달리기'이다. 상대 팀이 우리 팀으로 오면 줄을 길게 늘어뜨려 더 많이 뛰게 하고, 우리 팀이 오면 줄을 줄여 조금만 뛰게 한다.

이 게임은 2단계로 구성된다. '개인 대결'은 한 명씩 대결하며 빨리 오면 1점을 얻는다. '팀 대결'은 팀 전원이 릴레이 달리기를 해서 빨리 온 팀이 이기는 경쟁 게임이다. 내가 한 바퀴 뛰고 다음 친구의 등을 태그하여 계속 릴레이 경기를 진행한다. 개인 대결이 한 판, 한 판 하는 재미가 있다면, 팀 대결은 경기를 지속하며 몰입하는 재미가 있다.

기본 사항

- **인원** 14~30명 **소요 시간** 10분
- **준비물** 콘 2개, 팀 조끼, 점수판
- **경기장** 운동장이나 체육관에서 한다. 콘 2개와 점수판을 가운데 놓는다.

활동 순서

개인 대결

① 참여자를 두 팀으로 나눈다.

② 같은 팀 친구들끼리 손을 잡고 중앙 콘 옆에 일렬로 선다.

③ 어깨를 맞닿은 상태가 가장 줄이 짧고, 손이 끊어지지 않을 정도로 길게 늘어선 상태가 줄이 가장 길다.

④ 게임이 시작되면 가장 바깥쪽에 있는 사람이 상대팀 쪽으로 뛴다.

⑤ 뛰는 방향은 왼쪽 방향으로 반시계방향이다.

⑥ 상대 팀이 오면 줄을 길게 만들고, 우리 팀이 오면 줄을 짧게 만든다. 이때 손이 끊어지지 않도록 주의한다. 그리고 가장 안쪽에 있는 사람은 콘에 손을 대고 있다.

⑦ 한 바퀴를 돌아 가장 바깥쪽에 있는 사람의 손을 잡는다. 이 손을 더 빨리 잡은 팀이 1점을 득점한다.

⑧ 줄을 늘어뜨리거나 줄이다가 손이 끊어지면 상대편이 1점을 획득한다. 즉, 고무줄이 끊어지지 않는 것이 가장 중요하다. 각 팀에서는 너무 욕심부리지 말고 적당히 줄을 늘였다가 줄이는 것이 중요하다.

⑨ **승패** 모든 구성원이 경기를 뛴 후 점수를 비교하여 승패를 가린다.

> **팀 대결**

① 맨 처음 시작하는 사람(각 줄 뒤에 있는 사람)에게 팀 조끼를 하나 더 입힌다. 이렇게 하면 이 사람을 기준으로 승패를 가릴 수 있어 좋다.

② 게임이 시작되면 가장 바깥쪽에 있는 사람(첫 주자)이 상대팀 쪽으로 뛰며, 진행 방법은 개인 대결과 동일하다.

③ 한 바퀴를 돌아 다음으로 뛸 사람의 어깨를 살짝 밀며 터치한다.

④ 터치당한 사람은 앞의 친구와 똑같이 재빨리 뛰어서 돌아온다.

⑤ 직전에 뛴 사람은 게임에 방해되지 않게 콘 옆으로 가서 자기 팀 줄의 맨 앞에 선다. 그렇게 한 칸씩 뒤로 밀려나게 된다.

⑥ 모든 사람이 다 뛰어서 가장 마지막 사람이 가장 먼저 시작한 사람의 등을 터치하면 다 함께 앉는다.

⑦ **승패** 모든 구성원이 릴레이 경기를 해서 더 빨리 성공한 팀이 승리한다.

 열정기백쌤의 수업 경험담

모든 학생들이 함께 움직이는 게임이므로 주의해야 할 점이 있다. 줄을 줄일 때 어깨가 줄에 가지런히 들어가서 맞닿아 있어야 한다. 너무 줄여서 한 줄로 서지 않고 삐져나오면 안 된다. 줄을 과도하게 줄이다가 넘어질 수 있기 때문이다. 반대로 줄을 늘일 때 줄이 끊어지지 않도록 욕심을 과하게 부리지 말라고 당부한다. 또한 다른 팀 학생이 상대 팀으로 돌아갈 때 충돌하지 않도록 서로 조심하도록 한다.

개인 대결에서 득점하면 그 사람이 가운데 점수판에서 자기 팀 점수를 1점 올린다. 이런 규칙을 미리 정해놓으면 게임이 순조롭게 진행된다.

서바이벌 협력 오래 이어달리기

활동 소개
이 활동은 어떻게 하면 아침에 학생들이 즐겁게 운동장을 뛸 수 있을까 고민하다가 만들었다. 오래달리기는 자기 자신과의 싸움이며 힘들고 재미가 없다. 그래서 여기에 게임 요소를 넣어보았다. 예를 들어, '누군가가 나를 쫓아오는데 그가 좀비라면?', '그 좀비를 피해서 도망가야 한다면?' 등의 상황은 학생들을 설레고 흥분하게 만든다.
'서바이벌 협력 오래 이어달리기'는 이름처럼 친구들과 함께 달리되, 오래 달려야 유리하다. 이 게임은 다른 팀의 봉망치에 맞으면 탈락하므로 계속 빠르게 뛰어야 한다. 이름에 '서바이벌'이 들어가는 이유는 오랫동안 살아남는 팀이 이기기 때문이다.

기본 사항
- **인원** 10~30명 **소요 시간** 10분
- **준비물** 라인을 표시할 도구(콘, 접시콘, 라인기 등), 봉망치 2개, 팀 조끼(2가지 색깔)
- **경기장**
  ㉮ 운동장이나 체육관에서 육상 트랙처럼 만든다.
  ㉯ 경기장 트랙을 그리고, 마주 보는 곳(180도 지점)에 각 팀의 출발점을 표시한다.

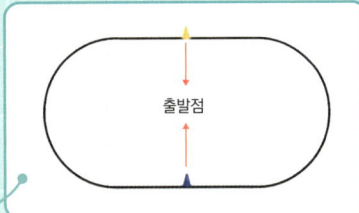

활동 순서

❶ 두 팀으로 나누고, 각 팀은 서로 마주 보는 180도 지점에서 대기한다.(스피드스케이팅이나 팀추월과 비슷하다.)

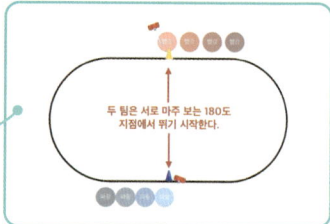

❷ 처음 한 명이 뽕망치를 들고 있고 게임이 시작되면 다 같이 뛴다.

❸ 상대팀의 뽕망치에 등을 터치당하면 탈락하고, 탈락한 사람은 경기장 가운데에 앉아서 쉰다.

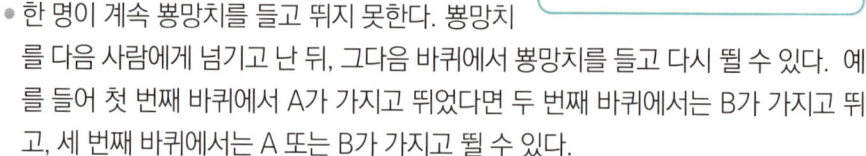

❹ 뽕망치를 든 사람은 한 바퀴를 뛰고 다음 사람에게 넘겨야 한다.
  - 한 명이 계속 뽕망치를 들고 뛰지 못한다. 뽕망치를 다음 사람에게 넘기고 난 뒤, 그다음 바퀴에서 뽕망치를 들고 다시 뛸 수 있다. 예를 들어 첫 번째 바퀴에서 A가 가지고 뛰었다면 두 번째 바퀴에서는 B가 가지고 뛰고, 세 번째 바퀴에서는 A 또는 B가 가지고 뛸 수 있다.

❺ 뛰다가 힘들면 그냥 포기하고 경기장 안으로 들어와 쉬면 된다.

❻ **승패** 다음 2가지 방법이 있다.
  ㉮ 정해진 시간 동안 많이 살아남는 팀이 승리(3분 또는 5분)
  ㉯ 정해진 사람 이내로 탈락하는 팀이 패배
    - 생존자가 3명이 되는 순간 패배, 상대팀 승리
    - 상대팀을 모두 탈락시키면 승리

열정기백쌤의 수업 경험담

이 활동은 심폐지구력을 기를 수 있는 활동으로 상당한 체력을 요구한다. 그래서 자칫 큰 사고로 이어질 수 있으므로 처음부터 빨리 뛰게 하면 안 된다. 처음에는 학생들이 게임에 익숙해지도록 빠른 걸음으로 해본 다음에 뛴다. 처음에는 3분 이내로 짧게 하고, 차츰 시간을 늘리면서 수업을 진행한다. 이 활동은 1시간 안에 끝내지 말고 주기적으로 하는 것을 추천한다.

뽕망치로 상대방을 터치할 때 어깨 부분을 터치하도록 한다. 다른 부분을 터치하면 기분이 나쁘고 상대방의 오해를 살 수 있기 때문이다.

후프 기차 놀이 ver 1.0

#후프 #협동 #공동체의식

활동 소개

이 활동은 훌라후프를 뒤에서 앞으로 전달하며 차례차례 이동하는 게임이다. 학생들이 하나의 공통된 목표를 수행하는 과정에서 협동심과 소속감을 기를 수 있다. 특히 훌라후프를 이용한 모둠 협력 이동의 기초 활동으로, 이후 훌라후프를 이용한 이동 활동에 다양하게 이용될 수 있다.

기본 사항

- **인원** 8~30명 **소요 시간** 5분
- **준비물** 훌라후프(각 모둠별 인원만큼), 콘 4개(출발선 및 도착선 표시)
- **경기장** 콘으로 출발선 및 도착선을 표시한다.

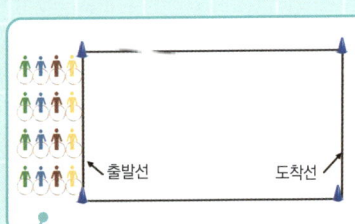

활동 순서

① 출발선에 훌라후프를 4개씩(모둠원 수만큼) 나란히 놓고 그 위에 한 명씩 선다.

② 게임이 시작되면 맨 뒷사람이 한 칸 앞으로 온 후, 맨 뒤에 있는 자기 훌라후프를 들고 앞사람에게 차례차례 전달한다.

③ 맨 앞사람은 뒤에서 훌라후프를 받으면 자기 훌라후프 앞에 놓는다.

④ 앞사람부터 앞 훌라후프로 이동한다.

⑤ 이 과정을 반복하며 목표한 지점까지 건너간다.

⑥ **승패** 가장 빨리 온 모둠이 승리한다.

열정기백쌤의 수업 경험담

학교에 훌라후프가 충분히 있다면 재미있게 할 수 있는 활동이다. 주의할 점은 첫째, 훌라후프 밖으로 발이 나오면 안 된다. 둘째, 이동하는 훌라후프가 바닥에 닿아야 맨 뒤에 있는 훌라후프를 이동시킬 수 있다. 마음이 급해서 여러 훌라후프를 동시에 이동하는 경우가 있는데 이 부분을 지도해야 한다. 셋째, 훌라후프끼리 간격이 떨어져 있으면 안 된다. 맨 앞에 훌라후프를 놓을 때 딱 붙여놓아야 한다.

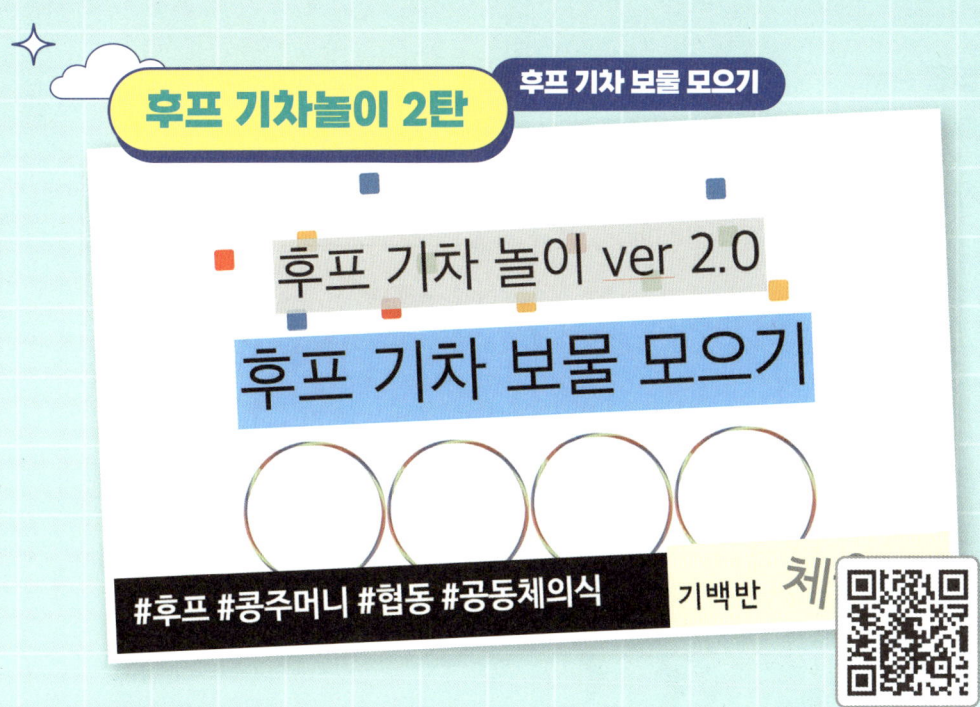

활동 소개

이 활동은 '후프 기차놀이 1탄'을 바탕으로 자기 모둠의 콩주머니를 많이 모으는 모둠이 승리하는 게임이다. 이동 움직임을 훌라후프로 했고, 협력을 가르치기 위해 콩주머니 많이 모으기를 추가 과제로 제시했다. '후프 기차놀이 1탄'보다 더 협력해야 하며 리더의 역할이 중요하다.

기본 사항

- **인원** 8~30명 **소요 시간** 10분
- **준비물** 개인당 훌라후프 1개, 콩주머니 색깔별로 여러 개, 콘 4개
- **경기장** 콘 4개로 직사각형 경기장을 만들고, 그 안에 콩주머니를 여기저기 흩뿌려 놓는다.

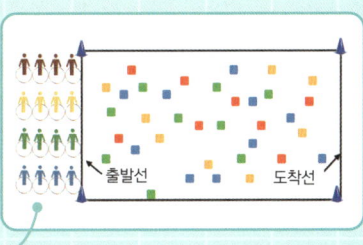

활동 순서

❶ 출발선에 훌라후프를 일렬로 넣고 선다.

❷ '후프 기차놀이 1탄'과 같은 방법으로 이동하며 자기 모둠의 콩주머니를 최대한 많이 모은다.

❸ 맨 앞사람만 콩주머니를 주울 수 있다.

❹ 모은 콩주머니는 모둠원들이 나눠서 보관하며 이동한다.

❺ **승패** 일정 시간(3분)이 지난 뒤, 콩주머니를 많이 모은 모둠이 승리한다.

 열정기백쌤의 수업 경험담

'후프 기차놀이'에 익숙한 학생들은 이 활동에 잘 참여한다. 다만, 훌라후프를 뒤에서 앞으로 옮길 때 모든 사람들의 손이 닿아야 한다고 설명해야 한다. 마음이 급하다 보면 맨 뒷사람이 맨 앞사람에게 바로 주기도 한다. 이렇게 하면 협력을 배울 수 없다. 그리고 맨 앞의 훌라후프가 땅에 닿아야 맨 뒤의 훌라후프를 들어 옮길 수 있다. 연습 게임을 하면서 이런 상황이 나왔을 때 교사가 지도하고, 본 게임으로 들어가자.

후프 기차놀이 3탄

땅따먹기 후프 기차

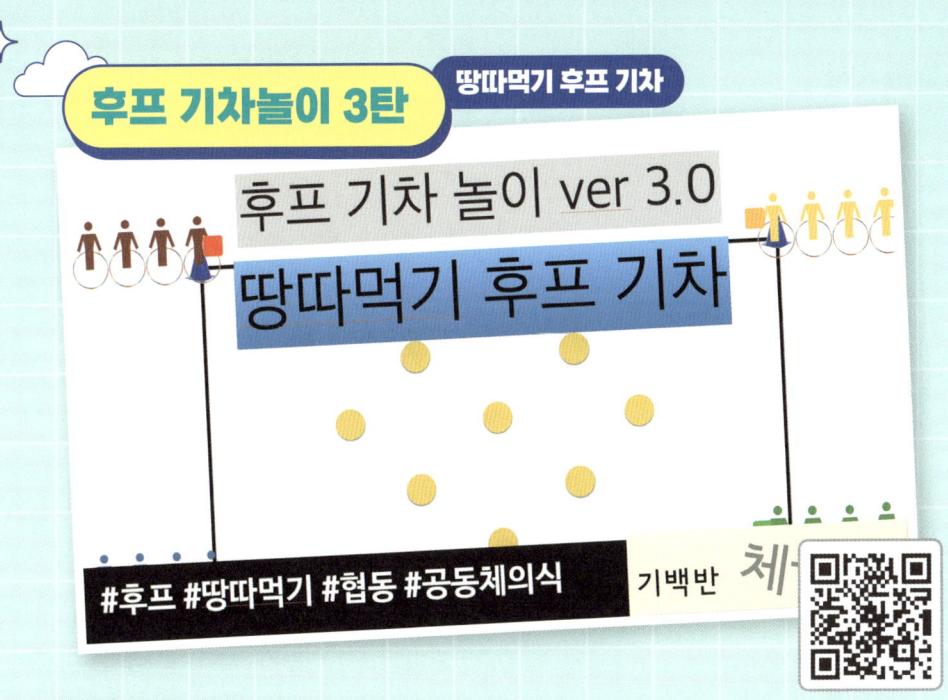

활동 소개

이 활동은 '후프 기차놀이 1탄'에 나오는 훌라후프 옮겨 이동하기가 기본이다. 여러 땅(원마커)에 콩주머니를 갖다 놓으며 땅을 차지하는 게임이라 '땅따먹기'라는 이름을 붙였다. 학생들이 협력하면서 이동하며 어떤 땅을 차지할지 전략적으로 고민해야 한다.

기본 사항

- **인원** 8~30명   **소요 시간** 10분
- **준비물** 훌라후프 개인당 1개, 콩주머니 색깔별로 12개씩, 원마커 9개, 콘 4개
- **경기장** 콘 4개로 직사각형 경기장을 만들고, 원마커(땅) 9개를 경기장에 배치한다.

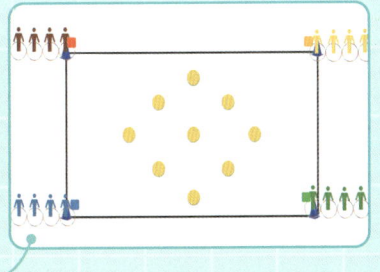

활동 순서

❶ 경기장 꼭짓점에 있는 콘에 각 모둠별로 정렬한다.

❷ 각 모둠별로 콩주머니를 12개(개인당 3개씩)씩 준다. 이때 모둠별로 콩주머니의 색깔은 통일되어 있어야 한다.

❸ '후프 기차놀이 1탄'의 방법으로 이동하며 경기장에 있는 원마커에 자기 모둠의 콩주머니를 놓는다.

❹ 다른 모둠이 먼저 콩주머니를 놓은 원마커에 우리 모둠이 뒤이어 놓을 수 있다.

❺ 콩주머니는 한번에 한 개만 놓을 수 있고, 그 원마커에 더 놓고 싶으면 다른 원마커에 가서 콩주머니를 놓고 다시 돌아와야 한다.

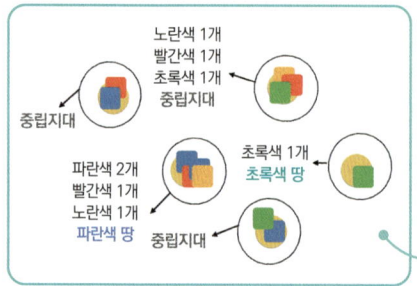

❻ **승패** 일정 시간(3분)이 지난 뒤, 원마커가 많은 모둠이 승리한다. 원마커에 콩주머니가 많은 모둠이 그 원마커를 차지한다. 만약 콩주머니의 개수가 같다면 원마커는 '중립지대'로 처리한다.

 열정기백쌤의 수업 경험담

  이 활동을 할 때는 어떤 땅을 차지하는 게 유리한지 전략을 세워야 하므로, 모둠끼리 의사소통을 해야 한다. 게임을 하다 보면 학생들이 이동하기 귀찮다는 이유로 원마커 근처에서 콩주머니를 던지는 경우가 발생한다. 이때 원마커에 걸치지 않고 밖으로 나가면 무효이다. 이 부분을 정확하게 가르쳐주어야 한다.

  각 모둠에서는 처음에 제공된 12개의 콩주머니를 먼저 사용하고, 모두 사용한 경우에는 바닥 원마커에 두었던 우리 모둠 콩주머니를 이동한다.

❸ 같은 팀 친구를 배려하고 도와주는 활동

협동적인 체육 활동의 세 번째는 같은 팀 친구를 배려하고 도와주는 것이다. 체육 수업에서 활동을 할 때 모든 친구들의 기능이 동일하지 않다. 어떤 친구는 기능이 뛰어나지만 그렇지 않은 친구도 있다. 그래서 기능이 부족한 친구들을 배려하고 도와주면서 활동에 참여해야 우리 팀을 승리로 이끌 수 있다. 이런 활동을 통해 학생들은 나만 잘한다고 되는 것이 아니라 서로 배려하고 도와주어야 한다는 사실을 깨닫고 협동을 실천할 수 있다.

하이파이브 배려 달리기

하이파이브 배려달리기
우리 모둠 친구 배려하며 심폐지구력 기르기

활동 소개

모둠별로 협력하는 체육 활동에는 여러 가지가 있다. 그중에서 이 활동은 같은 모둠 친구를 배려하면서 협력하는 활동이다. 모둠 4명의 달리기 능력은 모두 다르다. 이 활동을 할 때는 잘 뛰는 사람은 잘 못 뛰는 사람을 배려하여 한 걸음이라도 더 뛰는 마음을 내야 한다. 이것이 이 활동의 목적이다. 그 과정에서 모두 열심히 참여하고 다른 사람을 배려하는 협동심을 기를 수 있다.

기본 사항

- **인원** 8~30명 **소요 시간** 10분
- **준비물** 콘, 팀 조끼
- **경기장** 콘 4개로 정사각형 경기장을 만든다.

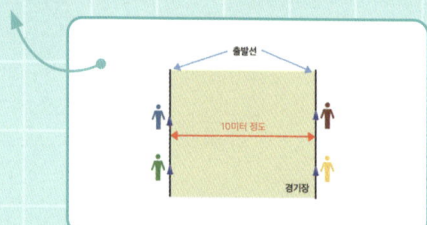
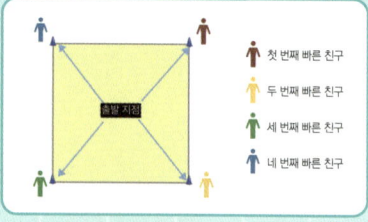

활동 순서

활동1 2명 하이파이브 배려 달리기

❶ 같은 모둠 4명이 각자의 능력을 고려하여 2명씩 짝을 이룬다.

❷ 짝을 이룬 친구들끼리 출발선에 마주 보고 선다.

❸ 게임이 시작되면 경기장 어디서든 만나서 하이파이브를 한 후 원래 출발선으로 돌아와서 콘을 돈다.

❹ 콘을 돈 후 다시 경기장 어디선가 친구를 만나 하이파이브를 하고 돌아온다.

❺ 하이파이브를 5번 빨리 하는 모둠이 승리한다.

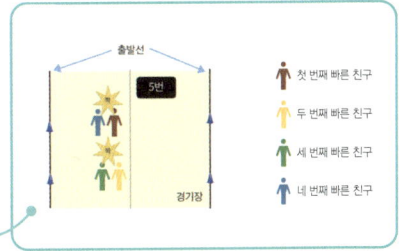

활동2 4명 하이파이브 배려 달리기

❶ 같은 모둠 4명이 각자의 능력을 고려하여 어디서 만날지 이야기를 나눈 뒤, 정사각형 경기장의 꼭짓점에 선다.

❷ 경기가 시작하면 경기장 어디에서든 만나 4명이 한 손을 모아 하이파이브를 한 후 출발선으로 돌아와 콘을 돈다.

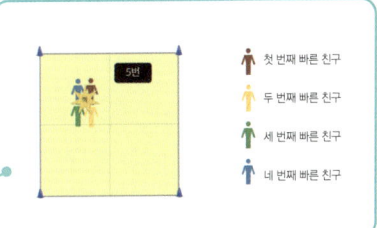

❸ 출발선의 콘을 한 바퀴 돌아 다시 경기장 어디에서 만나 4명이 손을 모아 하이파이브를 한다.

❹ **승패** 하이파이브를 5번 빨리 하는 모둠이 승리한다.

 열정기백쌤의 수업 경험담

　이 활동의 전략은 달리기 능력에 따라 어느 자리에 누가 설지, 어디에서 만날지를 정하는 것이다. 단순히 신체활동만 하는 것이 아니라 머리를 써야 하며, 느린 친구를 위해 빠른 친구가 한 걸음이라도 더 뛰어야 한다. 느린 친구를 배려하면서 활동해야 우리 팀이 유리하다. 그런데 계속 가운데에서 만나는 친구들이 있을 수 있다. 이 활동의 전략과 핵심을 이해하지 못한 것이니 다시 한 번 활동의 목적을 알려준다.

　또한 각자 최선을 다해 뛰는 것이 기본이고, 팀에서 느린 친구를 위해 한 걸음이라도 더 뛰는 것이 협력임을 강조한다. 게임을 하다 보면 만나는 장소는 상황에 따라 계속 달라진다. 인원이 홀수인 경우 교사가 참여하여 짝을 맞춘다. 이 활동은 다음 2가지로 변형할 수 있다.

❶ 하이파이브 대신 접시콘 놓기
　손으로 하이파이브를 하면 준비물이 필요 없다는 것이 장점이다. 그런데 하이파이브를 제대로 했는지 확인하기가 애매하다. 그래서 접시콘을 일정 지점에 놓는 것으로 변형할 수 있다.

❷ 하이파이브 대신 콩주머니 주고받기
　둘이 할 때는 콩주머니를 주고받아도 좋다. 하이파이브보다 명확하기 때문이다. 그런데 4명이 할 때는 콩주머니를 몇 개 갖고 주고받을지 애매하다. 그래서 이 변형 방법은 2명이 할 때만 추천한다.

활동 소개

이 활동은 스피드스케이팅 단체 추발 경기에서 아이디어를 얻어 만들었다. '달리기가 빠른 친구와 느린 친구가 한 팀이 되어 함께 달리면 어떨까?'라는 질문에서 시작되었다. 모둠 친구들이 함께 뛰는데, 맨 마지막 친구는 배턴을 들고 뛰다가 배턴을 놓는 지점에 다다르기 전에 맨 앞으로 달려나와 그 지점에 배턴을 놓아야 한다. 그 배턴을 다시 맨 마지막에 있는 친구가 잡고 다음 배턴 놓는 지점에 다다르기 전에 맨 앞으로 나온다. 이 과정을 반복하면서 함께 날려 잎 팀을 따라잡는 게임이다. 학생들은 이 활동을 하며 협동심과 심폐지구력을 기를 수 있다.

기본 사항

- **인원** 8~30명   **소요 시간** 15분
- **준비물** 콘(모둠수 x 2개, 모둠별 색깔이 다르면 좋음), 팀 조끼
- **경기장**
  ㉮ 적당히 뛸 수 있는 원을 그린다.(반지름을 12걸음(9m 정도))

❹ 모둠 수에 맞춰 모둠 출발점에 라바콘을 놓는다. 모둠이 6개면 60도, 4개면 90도 각도로 콘을 배치한다. 그 옆에 배턴 라바콘을 나란히 놓는다. 이때 각 모둠별로 다른 색깔을 주면 팀별 표시가 명확해서 좋다.

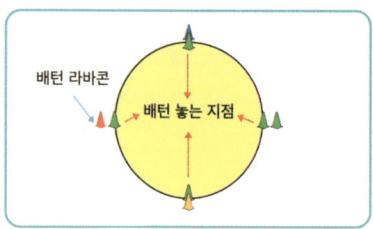

활동 순서

❶ 4명씩 한 모둠을 만들고, 모둠별로 1, 2, 3, 4번을 정해 순서대로 선다.

❷ 이때 맨 뒤에 있는 4번이 배턴(라바콘)을 들고 있는다.

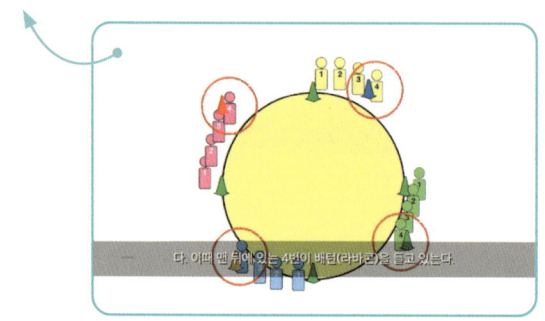

❸ 게임이 시작하면 함께 앞으로 뛰기 시작한다.

❹ 맨 뒤에 있는 4번은 앞에 있는 배턴 놓는 지점에 다다르기 전에 맨 앞으로 올라와야 한다. 이때 맨 앞에 있는 친구는 뒤에 있는 친구가 맨 앞으로 올 수 있도록 천천히 뛰어야 한다.

❺ 맨 뒤에 있는 친구가 맨 앞으로 온 다음 배턴 놓는 지점에 배턴을 놓는다.

❻ 그 후 다들 지나치는데 맨 마지막 사람(이제 3번이 맨 뒤에 있음)만 배턴을 들고 전에 했던 것과 똑같이 한다. 즉, 이 게임의 중요한 점은 줄의 맨 마지막 사람이 배턴을 들고 맨 앞으로 뛰어온 다음, 그다음 지점에 배턴을 놓는 것이다.

❼ 이렇게 모둠 전체가 한 팀이 되어 앞서거니 뒤서거니 하며 협동 이어달리기를 한다.

❽ **득점**
- 앞 모둠을 따라잡아 터치하면 2점을 얻는다.
- 따라잡혀 터치당한 모둠은 0점을 얻는다.
- 나머지 모둠은 1점을 얻는다.

❾ **승패** 정해진 시간 동안 점수를 가장 많이 얻는 모둠이 우승한다.

열정기백쌤의 수업 경험담

　이 게임은 혼자 달리기를 잘한다고 이길 수 없다. 같은 모둠 친구들끼리 최선을 다해 균형을 맞춰야 한다. 잘하는 친구가 잘 못하는 친구를 배려하면서 서로 격려해야 한다.
　게임 규칙은 다소 복잡한 편이다. 그래서 게임을 바로 시작하면 학생들이 게임 규칙을 잘 이해하지 못한다. 처음에는 연습할 시간을 주고 어느 정도 익숙해지면 한 모둠씩 뛰고, 1바퀴 도는 데 걸리는 시간을 측정한다. 그런 뒤에 게임을 하면 수업이 매끄럽게 진행된다.

마녀 술래잡기

활동 소개

콘을 머리 위에 올리고 균형을 잡으며 이동하는 활동이다. 다른 팀의 콘은 떨어뜨리고, 자기 자신은 균형을 잡고 살아야 하는 긴장감 넘치는 게임이다. 평형성을 기를 수 있고, 팀원을 살려주며 협력하는 마음도 기를 수 있다.

이 활동은 교사 vs 학생, 또는 학생 vs 학생으로 진행할 수 있다. 본 게임을 하기 전에 간단한 리드업 게임으로 하기에도 좋다.

기본 사항

- **인원** 10~30명   **소요 시간** 5~10분
- **준비물** 콘(참여자 수만큼), 팀 조끼
- **경기장** 사각형으로 활동 공간을 정해준다.

활동 순서

활동1 학생 vs 교사

① 학생들은 콘을 머리에 쓰고 경기장 곳곳으로 흩어진다.

② 교사는 머리에 콘을 쓰지 않은 상태에서, 학생들의 머리에 있는 콘을 살짝 쳐서 바닥에 떨어뜨린다. 이때 교사는 뛰지 않고 걸어야 한다.

③ 머리에서 콘이 떨어진 학생들은 움직이지 못한다.

④ 다른 친구가 바닥에 떨어진 콘을 주워 콘이 떨어진 친구의 머리에 올려주면, '부활'하여 다시 움직일 수 있다.

⑤ **승패** 교사가 정해진 시간 안에 학생들을 모두 아웃시키면 교사가 승리, 그렇지 않으면 학생들이 승리한다.

활동2 학생 vs 학생

① 두 팀으로 나눈다. 조끼나 콘 색깔로 팀을 구분한다.

② 두 모둠이 서로 마주 본 상태에서 시작한다.

③ 서로에게 다가가 손으로 상대방의 콘을 쳐서 바닥에 떨어뜨린다.

❹ 머리에 있는 콘이 바닥에 떨어지면 더 이상 움직일 수 없다.

❺ 아웃된 친구를 부활시키기 위해 같은 팀 친구가 바닥에 떨어진 콘을 주워 그 친구의 머리에 씌워준다.

함께 협력하는 훈훈한 모습

❻ 자기 스스로 이동하다가 콘이 떨어져도 아웃된다.

❼ 콘에 손을 대고 이동하면 안 된다.

❽ **승패** 상대 팀의 콘을 모두 바닥에 떨어뜨리면 승리한다. 또는 정해진 시간이 지났을 때 더 많이 살아있는 팀이 승리한다.

열정기백쌤의 수업 경험담

이 게임은 학기 초에 교사와 학생간 대결로 학급 세우기 활동으로 좋다. 교사가 악당 역할을 하면 학생들끼리 서로 도와주는 협력적 모습이 펼쳐진다.

단, 콘 때문에 다치지 않도록 조심해야 한다. 특히 콘을 너무 세게 치면 떨어지는 과정에서 다칠 수 있으니 살살 치도록 지도한다. 콘의 종류가 크기별로 있으니 여러 가지로 해보며 상황에 맞는 콘을 찾는다.

사거리 놀이

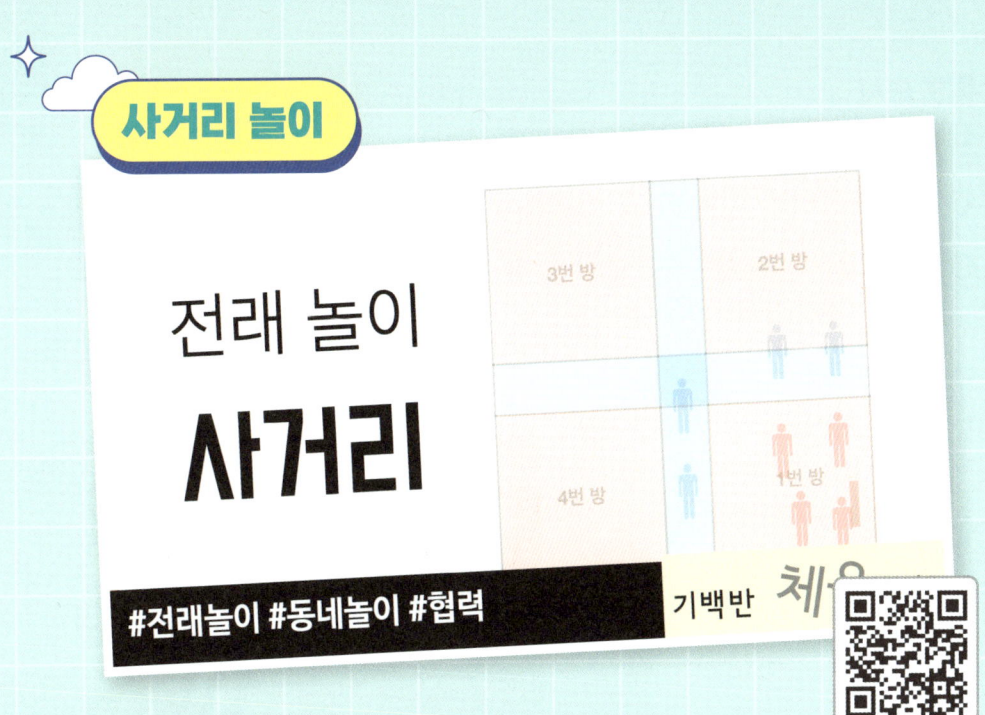

전래 놀이
사거리

#전래놀이 #동네놀이 #협력

기백반 체육

활동 소개
사거리, 십자가 놀이, 콩쥐팥쥐, 호떡찐빵 등 지역에 따라 다양한 이름으로 전해오는 전래 놀이이다. 사거리 모양으로 생긴 경기장에서 수비를 피해 나뭇가지를 이동하는 게임이다. 나뭇가지를 던지고 이동하며 재미를 느끼고 친구들과 협동심을 기를 수 있다. 이 게임의 핵심은 나뭇가지가 한 바퀴 돌면 목숨이 1개 생기고, 우리 모둠에서 아웃된 친구를 부활 시킬 수 있다는 점이다. 이렇게 같은 팀 친구를 배려하고 도와줄 수 있다.

기본 사항
- 인원 6~30명
- 소요 시간 15분
- 준비물 나뭇가지(또는 나무젓가락)
- 경기장 밭 전(田) 자 모양의 가운데에 사거리가 있는 모습으로 경기장을 만든다.

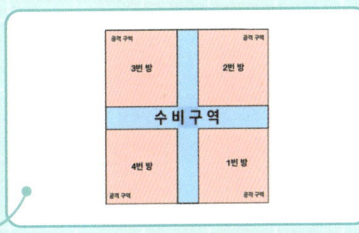

활동 순서

❶ 한 모둠을 4~5명으로 구성하여 두 모둠으로 나눈다.

❷ 공격 모둠은 나뭇가지를 가지고 1번 방에 들어가고, 수비 모둠은 수비 구역에 선다.

❸ 네모난 방(1~4번 방)에는 공격 모둠만 움직일 수 있고, 가운데 사거리 길(수비 구역)에는 수비 모둠만 움직일 수 있다.

❹ 공격하는 방법

㉮ 공격 모둠은 나뭇가지를 반시계 방향(1번-2번-3번-4번)으로 방마다 이동시켜 1바퀴 돌린다.

㉯ 나뭇가지를 던지는 방법은 수비 위로 던져도 되고, 수비들 사이사이로 던져도 된다.

㉰ 1바퀴를 돌면 목숨 1개가 생겨, 공격 모둠 친구 1명을 살릴 수 있다.

㉱ 그 과정에서 수비를 피해 다음 2가지 방법으로 이동한다.

- 수비를 피해 사거리(수비 구역)를 직접 가로질러 이동하는 방법

- "호떡찐빵!"을 외치며 양발 뛰기 4번으로 경기장 밖으로 이동하는 방법

- 이동은 어느 방향으로든 할 수 있다. 2번 방(원래 방향), 4번 방(반대 방향), 3번 방(모두 이동 가능)

❺ 수비하는 방법

㉮ 수비는 수비 구역(사거리)에만 발을 두고 수비할 수 있다.

㉯ 수비는 공격 모둠을 터치하여 아웃시키고, 나뭇가지 이동을 방해해야 한다.

㉰ 공격 모둠이 보낸 나뭇가지가 수비 구역 근처에 떨어져 수비수의 손이 닿는 경우, 다음과 같이 수비 또는 공격이 이루어진다.

- 수비는 나뭇가지보다 한 뼘 위에서 손바닥을 흔들며 공격수를 방해할 수 있다. 이 경우 공격과 수비는 일대일 상황이 되며, 다른 수비수들은 나뭇가지를 빼내려는 공격수를 터치하지 못한다.

- 공격수는 나뭇가지를 빼내는 과정에서 수비수가 공격수를 터치하는 경우 아웃된다. 반대로 빼내면 경기를 이어간다.
- 일대일 상황에서 해당 공격수가 아웃되면 나뭇가지를 그 방 가운데로 옮기며 다른 공격수가 공격을 이어간다.
- 아웃된 공격수는 밖에 나가서 구경한다.
- 모든 공격수가 아웃되면 공격과 수비를 교대한다.

❻ 득점

다음 2가지를 모두 충족하는 경우 목숨 1개가 생긴다.

- 공격 모둠의 나뭇가지가 반시계 방향으로 1바퀴 돌아와야 한다.
- 모든 공격수가 시작하는 1번 방을 떠났다가 전원 다시 돌아와야 한다. 만약에 계속 1번 방에 머무르거나, 모든 공격 모둠이 다 돌아오지 않은 경우 득점으로 인정되지

않는다.
- 목숨 1개가 생기면 가장 먼저 아웃된 공격 모둠의 사람부터 살릴 수 있다.

❼ 아웃인 경우와 아웃이 아닌 경우가 있다.

[아웃인 경우]
- ㉮ 공격수가 나뭇가지를 던졌는데 선 밖으로 나가거나 선에 걸친 경우, 수비가 잡은 경우, 수비가 쳤는데 나가거나 선에 걸린 경우, 방 안에서나 또는 이동할 때 수비한테 터치당한 경우
- ㉯ "호떡찐빵!"을 외치며 야외로 이동했는데 다음 방으로 들어올 때 선을 밟거나 아예 들어오지 못한 경우
- ㉰ "호떡찐빵!"을 외치다가 발이 미끄러져 '다닥' 하는 경우 2번 디딘 것으로 하여, 4번 안에 못 들어오는 경우

[아웃이 아닌 경우]
- ㉮ 수비가 나뭇가지를 쳤는데 방에 들어와 있는 경우
- ㉯ "호떡찐빵!"을 외치며 야외로 이동하는 과정에서 수비가 수비 구역을 벗어나 터치하려고 한 경우

열정기백쌤의 수업 경험담

이 게임은 규칙이 조금 복잡하지만, 그만큼 재밌고 쉽게 질리지 않는 장점이 있다. 그러므로 처음부터 완벽하게 하려고 하지 말고 연습하면서 규칙을 이해한 다음에 제대로 된 게임을 한다.

공격과 수비의 비율은 4:4 또는 5:5 정도가 적당하다. 학급 인원이 20명 이상이면 경기장을 3개 그려 나눠서 하는 것이 좋다. 만약 6:6 이상으로 할 경우 경기장을 더 크게 그려야 한다.

이 게임을 할 때는 처음에만 교사가 심판을 하고, 어느 정도 익숙해지면 학생들끼리 알아서 의사를 결정하도록 한다. 만약 아웃 여부를 두고 계속 시비가 생기면 가위바위보를 하도록 한다.

경기장 밖으로 이동할 때 "호떡찐빵!"을 외치며 양발 뛰기로 이동한다. 난이도를 높이려면 앙감질(호핑)로 변형한다.

부록

교사가 꼭 알아야 할 체육 수업 안전사고

....

교사의 보호·감독 의무를 어디까지 볼 것인가? 이 범위가 너무 넓으면 교사가 모든 책임을 져야 하니 교육 활동이 위축될 수밖에 없다. 학생들이 조금만 다쳐도 모든 책임을 져야 하므로 복지부동하고 아무것도 하지 않으려고 할 것이다. 반대로 이 범위가 너무 좁으면 교사의 책임이 줄어들기 때문에 학생이나 학부모 입장에서 억울한 일이 발생하고 교사의 무관심을 불러일으킬 수 있다.

체육 수업에서 안전사고가 불편한 이유

학교라는 공간에서 교육 활동이 이루어지다 보면 학생들이 다치는 경우가 발생한다. 체육 수업도 마찬가지다. 신체활동을 기본으로 하는 체육 교과는 다른 교과보다 안전사고가 더 많이 발생한다.

2021년 학교안전공제회 측에서 보낸 공문에 의하면, 학생들이 집에서 온라인 수업을 했음에도 불구하고 체육 수업으로 인한 안전사고 비율이 50%가 넘었다. 이는 신체활동을 하다가 다친 것을 학교 측에 알린 경우이다. 학교안전공제회는 정상적인 교육활동 중 일어난 학생들의 치료에 대해 보험금을 지급해준다. 온라인 수업임에도 보험금이 지급된 것이다. 이처럼 체육 수업은 안전사고가 많이 발생하는 과목이다.

체육 수업에서 안전사고가 발생하면, 우선 학생이 다쳤기 때문에 교사 입장에서 마음이 아프다. 내가 가르치는 학생이 다쳤는데 마음이 아프지 않은 교사가 어디 있겠는가? 그리고 그 책임을 교사가 져야 한다. 교사가 책임지는 것은 당연하지만, 문제는 체육 교과가 다른 교과보다 안전사고가 일어날 확률이 높다는 점이다. 게다가 학생이 다치면 학부모의 원망이 뒤따른다. 내 자식 귀하지 않은 부모가 어디 있겠냐마는 그 정도가 심할 때는 교사도 상처를 받는다.

더 큰 문제는 이 같은 문제가 자주 발생하면 체육 수업에 대한 교사의 열정이 사라진다는 데 있다. 학생이 다치는 사고를 경험한 교사는 체육 수업을 기피하고, 되도록이면 신체활동을 하지 않으려 한다. 그렇게 되면 이 피해는 체육을 좋아하는 아이들에게 돌아간다. 교사가 체육 수업을 점점 하지 않기 때문이다. 따라서 체육 수업에서 발생하는 안전사고를 최대한 예방해야 한다.

그러나 예방을 철저히 한다고 안전사고가 체육 수업에서 완벽하게 사라질까? 안전사고를 줄이기 위해서 보통 안전 교육을 열심히 한다. 안전 교육을 하면 학생들이 안전에 필요한 기본 지식을 익히고, 경각심을 갖게 되어 안전사고가 줄어들 것이라 생각한다. 하지만 안전 교육을 완벽하게 해도 안전사고가 전혀 없을 수는 없다.

그런데 안전사고는 작은 사고들이 중첩된 뒤에 벌어진다. 300건의 자잘한 사고가 있고, 그다음 29건의 작은 사고가 발생한 후, 1건의 대형 사고가 발생한다는 하인리히의 법칙(1:29:300의 법칙)을 기억해보자. 이것은 29건의 작은 사고들이 발생할 때 큰 사고가 일어날 수 있음을 알고 경계하라는 뜻이다.

결국 우리는 작은 경고들을 알아채고 예방에 힘써야 한다. 하지만 체육 수업에서 사고는 교사의 노력과 상관없이 발생할 수 있다. 그러므로 무엇보다 중요한 것은 사고가 발생했을 때 매뉴얼에 따라 신속·정확하게 행동하는 것이다.

체육 수업에서 교사의 의무와 책임

교사는 체육 수업에서 발생한 사고에 대해 어떤 의무가 있고 어떤 책임을 져야 할까? 교사는 학생에 대한 보호·감독의 의무가 있다. 부모가 의무 교육에 의해 자녀를 학교에 보낸 이상 그 책임은 교사에게 옮겨진다. 따라서 교사는 교육 활동 중에 학생들이 다치지 않도록 보호하고 감독해야 하는 의무가 있다. 만약 안전사고가 발생하여 학생이 다치면 학부모는 교사나 학교를 대상으로 손해배상청구 소송을 제기할 수 있고, 이 경우 교사의 보호·감독 의무를 생각해 판결이 난다.

그런데 교사의 보호·감독 의무를 어디까지 볼 것인가? 이 범위가 너무 넓으면 교사가 모든 책임을 져야 하니 교육 활동이 위축될 수밖에 없다. 학생들이 조금만 다쳐도 모든 책임을 져야 하므로 복지부동하고 아무것도 하지 않으려고 할 것이다. 반대로 이 범위가 너무 좁으면 교사의 책임이 줄어들기 때문에 학생이나 학부모 입장에서 억울한 일이 발생하고 교사의 무관심을 불러일으킬 수 있다. 교사들의 보호·감독 의무는 다음 3가지로 생각할 수 있다.

교사의 보호·감독 의무 3가지

1. 교육활동과 밀접 분가분의 관계가 있는가?

학생이 하교 후에 집 앞 놀이터에서 놀다가 다쳤다. 이것은 교사의 책임일까? 그렇지 않다. 교육활동, 즉 교사가 교육과정에 의거하여 진행한 수업과 관련이 없기 때문이다. 그런데 교사가 과제로 집 앞 놀이터에서 놀면서 그 느낌을 일기로 써오라는 숙제를 냈다면 이야기가 달라진다. 이것은 교육활동과 밀접 분가분의 관계가 있다고 해석할 수 있기 때문이다. 교사가 과제를 제시했고, 학생이 그것을 수행하다가 벌어진 사고이기 때문에 교사에게도 책임이 있다.

이것을 체육 수업으로 연결해보자. 교사가 진행하는 체육 수업은 모두 교육활동과 밀접한 관련이 있다. 그러므로 체육 수업에서 발생하는 사고는 모두 교사의 책임이다. 교사는 이 부분을 알고 안전사고 예방 및 사고 후 처리에 최선을 다해야 한다.

정과 외 체육 수업으로 과제를 제시했을 때도 교사에게 책임이 있을 수 있다. 위에서 이야기한 교육활동과 밀접 불가분이 관계에 있다고 해석될 수 있기 때문이다. 따라서 교사는 정과 외 체육 수업을 안내할 때 위험할 수 있는 상황을 미리 알려주고, 다치지 않도록 안내하는 안전사고 예방 교육을 확실히 해야 한다.

2. 구체적인 위험을 충분히 예측했는가?

예측 가능성은 교사가 사고가 발생할 구체적 위험을 충분히 예측할 수 있었는지 여부에 해당한다. 사고가 났는데 누가 봐도 예측이 가능했다면 교사는 예방을 미리 했어야 한다.

예를 들어, 피구형 게임을 할 때는 공이 학생의 얼굴로 갈 수 있고, 안경을 쓴 학생은 안경에 공을 맞아 다칠 수 있다. 이런 예측이 가능하다면 교사는 피구형 게임을 하기 전에 학생들에게 안경을 벗고 하도록 지시하거나, 안경 위에 쓰는 보안경을 주어야 한다. 이처럼 사전 조치를 취하지 않고 피구형 게임을 하다가 사고가 발생하면 해당 교사는 예측 가능성 측면에서 충분한 조치를 취하지 않았기 때문에 책임을 질 수밖에 없다.

교사는 체육 수업을 기획할 때 안전사고에 대해 충분히 생각해야 한다. 그리고 예측되는 위험한 상황에 대해서는 사전에 예방 조치를 충분히 해야 한다. 활동에 들어가기 전에는 학생들에게 안전사고를 충분히 설명하고, 사고 발생시 행동 요령도 알려주어야 한다.

3. 사고 발생 후 적절히 대처했는가?

안전사고는 교사의 의지와 상관없이 언제든 발생할 수 있다. 그러므로 교사에게 필요한 것은 사고 발생 후 교사의 적절한 대처이다. 매뉴얼대로 대처를 잘했을 경우 최악의 상황이더라도 교사의 책임은 가벼워질 것이고, 그렇지 않을 경우 교사의 책임은 무거워질 것이다.

예를 들어, 왕복 오래달리기(셔틀런)를 하다가 학생이 쓰러져서 호흡 곤란을 겪는다면 교사는 119에 신고하고, 심폐 소생술을 실시해야 한다. 이런 응급조치를 제대로 하지 않은 채 방치했다가 인명 사고로 이어진다면 교사의 책임은 더 무거워진다. 교사는 체육 수업에서 안전사고 발생시 대처 방법을 정확하게 알고 행동해야 한다.

교사가 꼭 해야 할 체육 수업 안전사고 예방법

학기 초 몸이 좋지 않은 학생 파악하기

학기 초가 되면 대부분의 학교에서 보건 교사가 몸이 좋지 않은 학생이 있는지 확인하는 가정통신문을 가정에 보낸다. 담임교사는 이 가정통신문을 학생들에게 걷어 주의 깊게 살펴봐야 한다. 선천적으로 몸이 좋지 않은 학생이 있을 수 있고, 수술한 학생이 있을 수도 있다. 학생의 건강 사항은 생활기록부 및 교사 수첩에 꼼꼼히 기록한다. 또한 학기 초에 상담을 하고, 부족하다면 학부모 상담을 반드시 한다. 어디에 문제가 있는지, 교사로서 어떤 점을 조심해야 하는지 묻고 기록한다.

예를 들어, 기흉이 있어 심하게 뛰는 것이 곤란한 학생은 그런 활동이 있을 때 제외시켜야 한다. 약하게 뛰는 활동이라도 수업하기 전에 다음 두 가지를 체크해야 한다.

(1) 할 수 있는가?

(2) 하다가 힘들면 선생님에게 바로 이야기하고 수업에서 빠져도 된다.

수업 전에 다시 한 번 확인하기

체육 수업을 시작하기 전에 몸이 좋지 않은 학생이 있는지 확인해야 한다.

"오늘 체육 활동하는데 혹시 몸이 안 좋은 사람 있니?"

만약에 몸이 좋지 않은 학생이 있다면 어디가 어떻게 안 좋은지 물어보고, 보건실에 보내거나 체육관이나 운동장에 앉아서 쉬도록 배려해야 한다. 만약 이 과정을 거치지 않고 체육 수업을 하다가 다쳤을 경우, 교사는 보호·감독 의무에서 자유롭지 못하다. 교사도 깜빡 잊을 수 있으니 아래 사진처럼 칠판 옆 게시판에 붙여 놓는다.

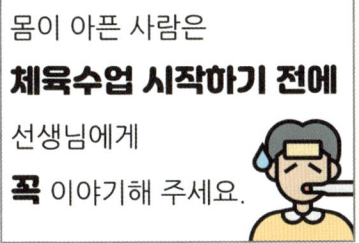
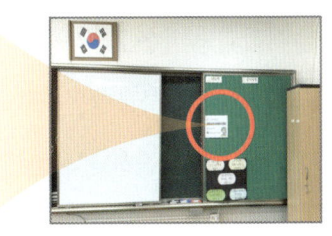

학기 초에 위와 같이 붙여놓고 학생들에게 사전에 교육을 한다.

"체육 수업 시작할 때 몸이 아픈 사람은 선생님에게 꼭 이야기하세요!"

이렇게 하면 교사가 깜빡 잊을 수 있는 부분을 보충해줄 것이다.

준비운동 하기

체육 수업을 시작하면 준비운동을 하고, 보통은 관절 풀기나 스트레칭을 한다.

보통 이런 활동을 할 때 다치지는 않는다. 그런데 운동장을 뛸 때에는 학생들에게 조심히 뛰라고 말해야 한다. 이렇게 말하는 것과 말하지 않는 것은 사고 발생 후 교사의 대처 측면에서 차이가 나기 때문이다. 그리고 준비운동을 더 의미 있게 하려면 기본 준비운동을 마친 뒤에, 그 시간에 많이 쓸 부위를 한번 더 풀어준다. 이러면 더 완벽한 준비운동을 할 수 있다.

활동하기

활동을 시작하기 전에 교사는 학생들에게 다음과 같이 물어본다.

"오늘 활동을 하면서 어디를 다칠 수 있을까요?"

이 질문을 통해 학생들의 주의를 환기하고, 예상해서 대비할 수 있도록 한다. 학생들이 교사의 질문에 대답하면 교사는 호응하며 오늘 활동에서 다칠 수 있는 부분들을 정확하게 설명하고 주의하도록 당부한다.

활동이 시작되면 다음 2가지를 학생들에게 분명히 고지해야 한다.

(1) 과격하거나 무리하게 행동하지 않기
(2) 다치지 않도록 집중하면서, 안전에 유의하며 활동에 참여하기

교사가 이처럼 고지해야 하는 이유는 교사에게 보호·감독의 의무가 있기 때문이다. 체육 수업에는 과격하고 무리하게 행동하는 학생, 집중력이 떨어지는 학생 등 다양한 학생들이 참여한다. 따라서 이런 학생들에 의한 사고 시 교사의 사전 안내 여부는 안전사고 소송에서 중요한 역할을 한다. 따라서 번거롭더라도 체육 시간 전에 사전 안내를 습관화해야 한다.

한편, 공으로 하는 활동을 할 때 안경을 쓴 학생들에게 사고가 날 수 있다. 예를 들어 피구형 게임을 하는데 안경을 쓰고 한다면 벗고 하라고 안내해야 한다. 그

런데 안경을 벗으면 잘 안 보이는 학생들이 있다. 이 경우에는 피구용 보호 고글을 제공한다. 안경 위에 쓰는 고글을 쓰면 공이 안경에 직접 맞아 다치는 일을 예방할 수 있다. 이런 상황에 대비하여 체육 부장이 피구용 보호 고글을 준비해놓으면 된다.

그런데 이런 보호 고글을 쓰면 땀이 차서 앞이 뿌옇게 변한다. 이럴 때 가장 좋은 것은 안경 쓴 학생의 가정에서 학기 초에 스포츠 고글을 미리 구입하는 것이다. 교사는 학부모 총회 때 체육 시간의 안전에 대해 이야기를 하고, 공으로 하는 스포츠 종목을 할 때에는 학생들의 안전을 위해 안경을 벗고 참여하게 할 테니, 그 점이 불편하다면 고글을 미리 구입하라고 안내한다.

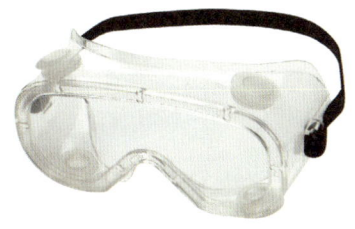

안경 위에 쓰는 고글

정리운동 하기

모든 활동이 끝나면 수업을 끝내기 전에 정리운동을 한다. 사실 많은 교사들이 정리운동을 하지 않는다. 준비운동은 꼭 해야 한다는 인식이 있지만 정리운동은 그렇지 않다. 본 활동을 재미있게 하다 보면 어느덧 수업 종이 울리고, 그러면 정리운동을 못하고 교실로 들어가는 경우가 많다. 그런데 정리운동을 하지 않고 교실로 들어가다가, 누군가 쓰러지고 이것이 큰 사고로 이어진다면? 아마도 교사의 보호·감독 의무를 제대로 이행하지 않았다고 하여 책임을 크게 질 것이다. 따라서 반드시 정리운동을 하는 습관을 길러야 한다.

체육 수업 안전사고 발생 시 교사 대처 방법

교사가 최선을 다해 안전사고 예방을 했음에도 불구하고 사고가 발생했다면 어떻게 대처해야 할까?

❶ 모든 활동을 중지하고 학생의 상태 확인하기

교사가 학생이 다친 것을 인지한 경우, 모든 활동을 중지하고 해당 학생의 상태를 살펴야 한다.

❷ 보건실로 보내기, 119 부르기, 응급 대처하기

학생의 상태가 경미하다면 보건실로 보내면 된다. 혼자 가기 어렵다면 다른 학생과 같이 보낸다. 학생이 이동하기 어렵다면 다른 학생을 보건실로 보내 보건 교사가 현장에 오도록 한다.

만약 크게 다치고, 누가 봐도 위중하다면 바로 119에 신고한다. 그다음 바로 응급처치를 실시한다. 맥박이 뛰지 않는다면 심폐소생술을 실시하고 자동심장충격기(AED)를 가져와 조치한다.

❸ 다친 학생의 학부모에게 전화하기

학생이 크게 다쳤다면 보건실에 갈 것이고, 보건 교사가 병원 후송 여부를 판단한다. 이 경우 보건 교사가 해당 학부모에게 전화하여 학생이 다쳤음을 알리고, 병원에 갈 경우 학부모를 학교에 오도록 한다. 대부분의 학교가 이런 시스템을 갖추고 있다. 학교마다 사정이 다르므로 담임교사가 해당 학부모에게 전화하기도 한다. 마찬가지로 학부모에게 경위를 설명하고 학생을 병원에 데려가도록 안내한다.

만약 상황이 심각해 119 구급차를 타고 갔다면, 어느 병원으로 이송되었는지 학부모에게 전화로 안내한다. 이 경우 학생 인솔은 보건 교사가 해야 한다. 담임교사는 남아있는 학생들을 보호·감독해야 할 의무가 있기 때문이다.

❹ 수업이 끝난 뒤에 병원 방문하기

학생이 병원에 입원했다면, 교사는 우리 학급 학생들을 하교시킨 후 병원에 방문한다. 학부모에게 유감을 표현하고, 학생의 빠른 쾌유를 기원한다. 그리고 학부모에게 '학교안전공제회 제도'를 안내한다. 학교안전공제회 제도는 학생이 교육 활동을 하다가 다쳤을 경우 학부모가 먼저 병원비를 계산하고, 나중에 영수증과 진료 내역을 제출하면 병원비를 돌려주는 제도이다.

그런데 학부모에게 이 제도를 안내할 때 주의할 점이 있다. '비급여'는 공제회에서 보험 처리가 안되기 때문이다. 따라서 학부모에게 학교안전공제회에서 '전액' 치료비를 제공한다는 말을 하지 말아야 한다. 자칫 미안한 마음에 그렇게 이야기할 수 있는데 그러고 나면 나중에 수습하기 어렵다.

❺ 48시간 이내에 학교안전공제회에 등록하기

교사는 다음날 학교안전공제회에 사고를 등록한다. 학교안전공제회 사이트에 들어가 해당 학교의 아이디와 비밀번호로 로그인을 한 후 사고 등록을 한다. 이후 학생의 치료가 다 끝나면 학부모가 직접 비용을 청구하든, 교사가 대신 청구하면 된다.